寺院縁起の古層

注釈と研究

小林真由美・北條勝貴・増尾伸一郎――編

法藏館

寺院縁起の古層——注釈と研究——＊目次

寺院縁起の古層

――注釈と研究――

総論　寺院縁起の古層

藤巻和宏

はじめに

一九九〇年代頃から、日本文学、特に中近世文学研究者による寺院（寺社）縁起研究が急速に進展してきた。それまで、日本文学研究の対象とみなされにくく、せいぜい〝文学作品〟を分析する際の雑多な関連資料のひとつという程度の認識でしかなかった〝周縁的〟な題材が、いまや日本文学研究のひとつのジャンルとして十分に成り立っているといっても過言ではない。それは、研究領域の拡大とともに、「大作家」「大作品」こそが文学研究の本道であるという偏頗な固定観念が相対化され、メジャーとはいえない作家や作品、そして「作家」「作品」という形態をとらない種々の事象や言説等も次々と研究対象とされていったこととも呼応する現象である。説話文学会や仏教文学会における寺社縁起関係の企画や(1)、近世略縁起の資料集刊行、寺社縁起研究会の発足等(2)、ここ二十数年は文学研究者が縁起研究を牽引してきた観がある。

他方、美術史研究の方面では、絵画作品の題材のひとつとして個別の縁起絵巻や掛幅縁起絵が採り上げられていた状態から、「縁起絵」という視点で総合化してゆく方向へと推移し、佐野みどりによる科研費「中世寺社縁起絵の総合的研究」(3)、およびその成果の一端である『中世絵画のマトリックス』(4)などに代表されるように、「縁起絵」というジャンルの確立へとステージは移っていった。そして、こうした既存の領域を横断する新たな枠組みの構築は、当然に学際的にならざるを得ず、美術史のみならず、文学・史学・思想史といった諸領域の研究者の協同が不可欠となる。それは文学研究を発信源とする縁起研究にしても同様であるが、縁起という前近代の事象を論ずるには、「文学」や「美術史」といった近代的な学問の枠組みの有効性には限界があり、どうしても複数領域に関わる知識と方法論が必要となる。要するに、近代の学問分類は「縁起研究」を想定して作られているわけではないので、その枠組みから無理に縁起を捉えようとすると、見えなくなってしまう部分が出てくる。それゆえ、近代学問の分類を基準にすれば、「学際的」と見える方法を採ることになる。ただ、麗々しく学際性を謳っても、現状、複数領域の研究者がそれぞれの得意な点を分担する共同研究であるとか、あるいは論集のなかに「専門」を異にする執筆者が並ぶとかいった段階であり、近代的な学問分類の束縛を脱して新たな枠組みによって縁起を論ずるという理論の構築は、まだまだ先であろう。そういう意味では、縁起の学際的研究はスタートラインに立ったばかりである。

一　中近世の縁起研究がもたらしたもの

寺社縁起研究の〝縁起〟、即ち起源を説明する際に、必ずといってよいほど挙げられるのが、一九七五年の岩波日本思想大系『寺社縁起』(5)と奈良国立博物館『社寺縁起絵』(6)である。もちろん、これ以前に寺社縁起の研究がおこなわれていなかったわけではないが[7]、両書によって多くの縁起資料が一挙に紹介され、縁起概念の定義も試みられ、研究の土壌が整備されたといってよい。それゆえ、この年を縁起研究の始発と位置付けることに大きな異論はあるまい。なお、翌年には桜井好朗『神々の変貌――社寺縁起の世界から――』[8]、その二年後には徳田和夫「勧進聖と社寺縁起――室町期を中心として――」[9]と続き、この時期、縁起研究に注目が集まっていたことがわかる。

さらに、一九七九年には逵日出典『長谷寺史の研究』『室生寺史の研究』[10]が刊行され、長谷寺・室生寺の縁起が大きく採り上げられる。一九八二年には、『国文学 解釈と鑑賞』で「寺社縁起の世界」という特集[11]が組まれ、翌年には日本庶民生活史料集成の一冊として『神社縁起』[12]が刊行される。また、神社縁起の集成ともいえる『神道集』を論じた福田晃『神道集説話の成立』[13]もこれに続く。もちろん、これ以外にも個別の寺社の縁起を論じた論考は枚挙にいとまない。

ここまで、民俗学・歴史学・美術史学・文学と、多方面にわたる研究者により縁起が多角的に論じられてきたが、時代でいうならば中世のものが圧倒的に多かった。そうした傾向に変化が見えてきたのは、一九九〇年の『略縁起集』[14]の刊行である。略縁起とは、中世に長文化した縁起を、近世に至り略述し仮名交じり文に改めたもので、庶民の参詣の活発化にともない大量に作成されたものである[15]。以降、近世の略縁起類への注目が集まり、九〇年代を通して膨大な略縁起・略縁起集の翻刻紹介が相次ぐ[16]。美術史でも近世縁起が注目され、小林忠による科研費「江戸時代寺社縁起絵巻の研究」[17]がある。

こうした中近世の縁起への関心の高まりを反映するのが、二〇〇五年の『寺社縁起の文化学』[18]の刊行である。これは、寺社縁起研究会・関西支部のメンバーを中心に企画された二〇〇一年の仏教文学会本部例会におけるシンポジウム「寺社縁起の解剖学――暴かれる怪異空間――」[19]を基盤としており、関東支部や会員外の執筆者も加わり一書をなす。序文2「新しい縁起研究に向けて」において橋本章彦は、日本思想大系『寺社縁起』解説の桜井徳太郎の言葉[20]を引きつつ、

桜井は、縁起研究の対象を広範囲に設定しつつも、しかし実際には、狭義の縁起に重点をおいた研究を構想していたように思われる。事実、その後に叙述される縁起の解説部分で取り上げられる対象は、縁起の名を冠さない霊験記や由来記などにも配慮がなされてはいるが、その中心は「縁起と称するタイトルをつけた、特定の文章」、それも比較的古いものにある。今日の眼からすれば、かかる研究対象の規定と叙述のあり方が、その後の縁起研究にある種の〝領域〟を与えてしまった可能性を思わせる。

と述べており、その現状を乗り越えるには、「由来」に関わるすべての言説を広義の「縁起」と捉え、その対象をさらに拡大してゆく必要があるという。また、堤邦彦も序文1「寺社縁起の転換期――近世から近現代へ――」で、口頭伝承、生活文化はもとより、文芸、芸能、大道芸、絵画から出版メディア、さらには映画、マンガ、電子情報といった今日的な話題を含めたあらゆる〈縁起的なるもの〉を捕捉し、系統解剖学のごとく体系化するところに、本書の学問的な挑発の試みが存するといってよかろう。

としている。ともに、縁起研究の対象を寺社に限定せずに拡大してゆくことを目指しており、時代も中世から近世、さらに近現代にも降りうるとしている。収録される論文も近世以降を対象とするものが過半数を占め、続編である『遊楽と信仰の文化学』[21]は、ほぼ近世に特化した内容となっている。後者はタイトルに「縁起」という語は見えないが、ともに「縁起学」の構築を目指すものである。

近世に重点を置き、しかも対象を寺社だけに限定しないという点では、近世史研究における「由緒論」との関わりが想定される。「由緒」とは、家や村といった特定集団が特定の政治権力との関係を根拠に自らの正統性を主張

するための歴史的言説と定義され、こちらも一九九〇年代以降、多彩に展開しているテーマであるが[22]、不思議なことに両者はほとんど交わることなく棲み分けがなされている[23]。

ところで橋本は、先に引いた『寺社縁起の文化学』序文では、宗教的事象に限定せず、広く事物の起源・由来に関わる言説全般が縁起研究の対象となる可能性を示唆していたものの、『遊楽と信仰の文化学』総論「縁起学への招待」においては、縁起は「モノとコトの関係性によって宗教的価値を創出する言説」であり、縁起学とは「縁起性の視点によって宗教的文化現象の理解を目指す学問」であると述べており、宗教性は縁起論にとって不可欠な要素であると前稿を修正している。由緒論の展開を意識したうえでの路線変更かどうかは不明であるが、宗教性の有無によって縁起と由緒とは分節されるべきであり、妥当な指摘といえよう。それは、「縁起」「由緒」それ自体が有する本来の語義というよりも、それぞれの研究史のなかで意味付けし直された結果であると思われる。縁起について述べるならば、橋本が「研究対象の規定と叙述のあり方が、その後の縁起研究にある種の〝領域〟を与えてしまった」として、桜井の縁起認識を、乗り越えるべき過去の水準と位置付けるが、縁起研究史におけるこの桜井の指摘はきわめて大きい。多くの研究者が、桜井の示した「ある種の〝領域〟」のなかで、様々な事例や資料と向き合い、挌闘してきた。その過程で、さらにまた新たな問題が生成し、それを考察する。そういったことの繰り返しのなかで、おのずと縁起研究の領域が明確になってきたのではなかったか。縁起研究を宗教性と不可分なものとしたのは、「縁起」の語史から見れば非常に短いこの四十年の研究史であり、決して「仏教語に由来するから」という単純なものではない。それゆえ、現在では「縁起と称するタイトルをつけた、特定の文章」でなくとも、縁起論の対象とすることが可能な段階に達してきており、例えば「縁起」という語にこだわらず日本以外の事例を論ずることもできる[24]。それは由緒論も同様である[25]。互いに重なる意味を有しつつも、こうした研究史の上に定位することで、縁起研究は宗教性と不可分であり、宗教性の有無が問題とならない事例は由緒研究の対象であるという棲み分けが可能となるのだ。

このように、宗教性を縁起研究に不可欠な要素であるとするならば、事物に権威・聖性を付与する超越的なモノの存在を想定することで、その〈聖なる力〉によって、ある場所が〈聖なる場〉へと変容していった歴史的経緯を説明することが縁起という言説であると定義できる[26]。さらに、これを「参詣」と対置することにより、次のように、〈聖なる場〉を基点とする双方向的な現象として把握することも可能となる。即ち、事物の起源・由来を指す「縁起」を「宗教性・信仰の介在する起源」と限定することで、「縁起」とは、〈聖なる力〉がそこを〈聖なる場〉へと変容させた経緯を叙述し、外部に対してその権威・聖性を主張する言説である。そして「参詣」とは、〈聖なる力〉によって権威・聖性が保証される〈聖なる場〉に、その権威・聖性に何らかの形で繋がることを求めて外部から接近を試みることである――と[27]。

二　縁起の古層へ

さて、このように研究史を概観してみたが、当然のことながら縁起研究は中近世だけの、そして日本文学だけの専有物ではない。本書は、古代史研究者を中心に、文学や思想史の研究者も含め、中世以降複雑に展開してゆくことになる寺院縁起の前段階、即ち〝古層〟を探るという目的で編まれた。それは、単に中世に先行する「古代」という時代における縁起の様相を探るということのみならず、そういった縁起の古層が、後の時代にどう受け継がれているのかという視点をも含む。

古代の縁起がこれまで研究対象となっていなかったわけではない。美術史の分野では、『粉河寺縁起絵巻』や『信貴山縁起絵巻』がかろうじて平安末期の成立であり、古代にはほとんど研究対象とされる縁起絵巻がないため、必然的に古代縁起という問題機制は現れにくいが、古代から存在していた縁起が中世に絵巻化された場合には、当然、絵巻前史として参照されるはずである。日本文学では、「古代」は「上代」と「中古」とに細分されるが、上代・中古文学研究者による縁起を主とした研究は非常に少ない。あるとすれば、中世縁起の成立を考察する過程で、それ以前の縁起も検討対象とするか、僧伝や聖徳太子伝研究のなかで関連寺院の縁起を扱うかという形になるが、美術史同様、いずれも中世という視点からの研究といって大過ない。これは、日本文学研究における時代区分が、単なる便宜を超え、時代固有のイメージを必要以上に強く打ち出してしまう傾向とも相俟って、説話的なものや仏教的なものは（たとえ奈良・平安時代のものであっても）中世文学研究の対象と考えられやすいこととも関わる問題である[28]。

しかし、古代史においては、特に寺院史研究の文脈で特定寺院の縁起を採り上げるという形でならば、先行研究は枚挙にいとまない。そのなかで、薗田香融は、

奈良・平安朝の縁起類が、たとえ国家の命令によって、作成せしめられたものであったとしても、そこに盛られた内容そのものに、寺院側の主体的表現を看取することはさまでむつかしいこととは考えられない。私はこのような観点から、古代から中世にかけての諸寺縁起の集成と整理研究を課題としている。このことが、充分の手続きと批判の上になされるならば、上代寺院史乃至仏教史のヴィヴィッドな復原が可能ではないかと考えている。

と述べており[29]、思想大系『寺社縁起』を遡る一九五九年という時期に、すでにこうした展望を持っていたことは注

目に値する。

とはいえ、ここから古代を含む縁起研究の総合化という動向へと繋がらなかったのは、研究環境がいまだ十分に整備されていない状況における、あまりにも早い指摘であったためだと思われる。未紹介・未検討の資料が多いうえに、縁起という資料の位置付け（正史との位置関係等）が難しかったこともあり、まずは個別の縁起をひとつひとつ丹念に論ずるという過程を経ることが求められた。それは、中近世の縁起にしても同様である。

しかし、個別縁起の考察を経て中近世縁起の総合化がそれなりに進展しつつある現在、古代縁起もこうした動向と無縁ではいられまい。そしてまた、「歴史研究は史実を、文学研究は作品を扱う」などという単純な二元論的枠組みがもはや過去のものとなり、専門領域の異なる研究者が同じ対象を扱うということ自体は珍しいことではなく、縁起を論ずる研究者の専門が多領域にわたりうることも当然となった。様々な目的で、種々の方法論により、縁起を論ずることが可能である。本書は、そうした古代縁起の研究を総合化へと導き、中近世縁起を相対化しうる古層を見いだし、ひいては縁起の通史的研究基盤を構築するための階梯となることを目指している。

三　醍醐寺本『諸寺縁起集』から見る縁起の古層

さて、本書では種々の縁起を採り上げるが、なかでも醍醐寺本『諸寺縁起集』（以下、「醍醐寺本」）所収縁起にもっとも紙幅を割いている。醍醐寺本は建永二年（一二〇七）の書写であるが、その内容は平安期に遡るものも多く、藤田経世は、『校刊美術史料』寺院篇・上巻所収の解題で、一一世紀初期頃のものが増補された縁起集を底本としていると推測する。(30)

ところで、『校刊美術史料』寺院篇・上巻には、醍醐寺本のほかに『七大寺日記』『七大寺巡礼私記』『建久御巡礼記』『諸寺建立次第』、護国寺本『諸寺縁起集』、菅家本『諸寺縁起集』、『阿娑縛抄』諸寺略記といった縁起集・巡礼記類が収録されている。これらは共通する寺社の縁起を収録しており、その内容もほぼ同文のものから、まっ

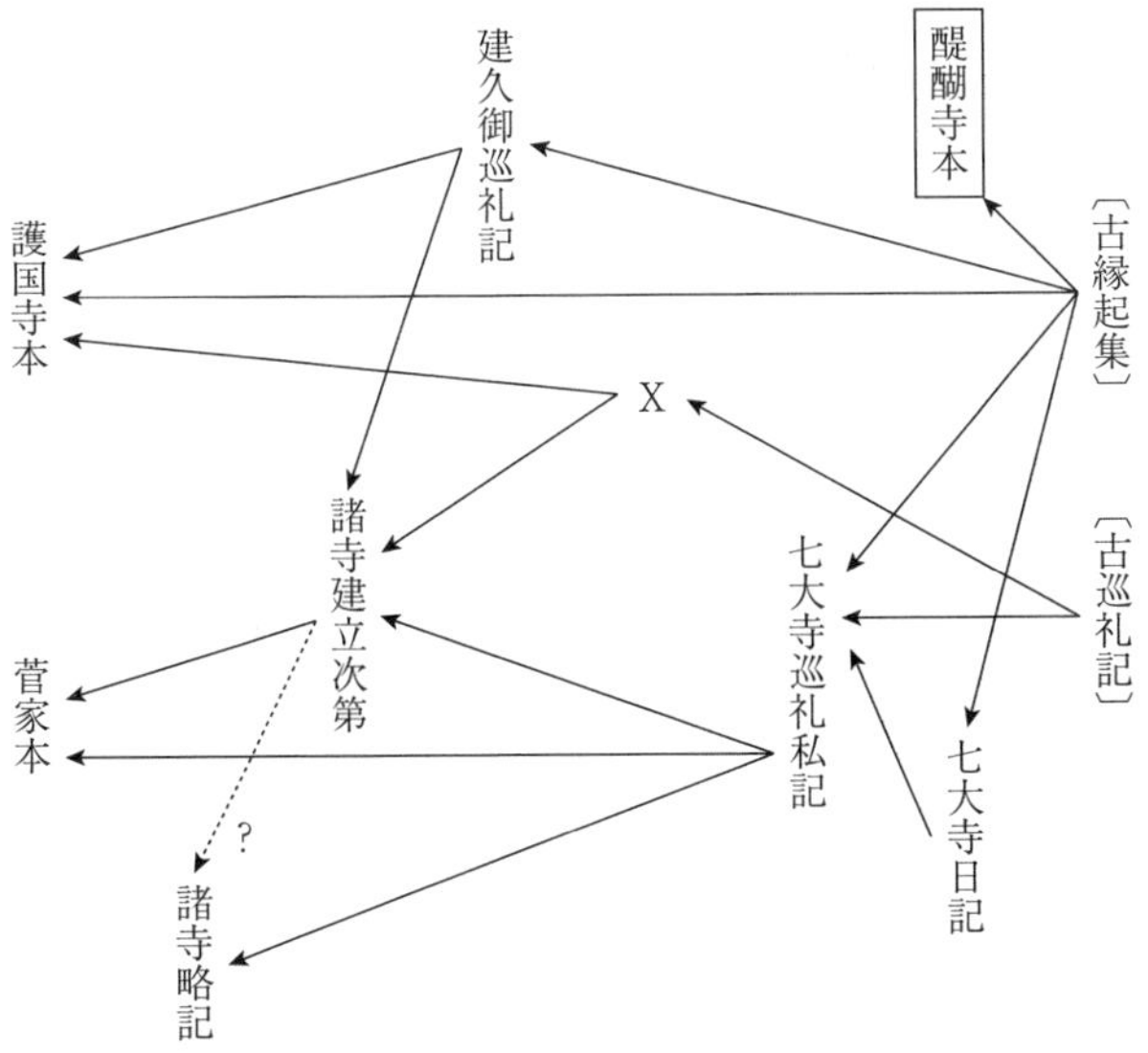

縁起集・巡礼記類の系統図（福山による図を元に作図）

たく異なるものまで多岐にわたっている。福山敏男による『諸寺建立次第』解題（同書所収）のなかで、これら縁起集・巡礼記類の関係は、上図のように想定されている。それぞれの集に収録される個々の縁起がみな同一位相にあるわけではないので、必ずしもこの図のとおりでないものもあるが、大まかな傾向を知るには参照価値は高い。

　この図からもわかるように、多くの縁起集・巡礼記類同士の間で直接的な影響関係が想定されているが、醍醐寺はやや孤立しているといえよう。東大寺や元興寺等、他と共通する寺院の縁起を収録しているものの、本文は大きく異なる場合が多い。しかし、個々の縁起を検討してみると、例えば護国寺本の招提寺条前半が醍醐寺本「招提寺建立縁起」とほぼ同文であったり、同じく護国寺本の勝尾寺条に含まれる「善仲善算縁起」が、醍醐寺

本「弥勒寺本願大師善仲善算縁起文」根幹部分の同文的略述であったりと、直接的な関係ではないにせよ、同一原拠からそれぞれ派生していったとおぼしい節も見られ、この図にある散佚〔古縁起集〕（藤田の推測する一一世紀初期に成ったものであろう）の姿を醍醐寺本からある程度推測することが可能である。このことはまた、文暦二年（一二三五）以降の成立とされる護国寺本という中世縁起集のなかに、一一世紀初期まで遡る記述が存する可能性の想定にも繫がるのである。[31]

ここで、醍醐寺本「薬師寺縁起」に注目してみたい。薬師寺の縁起は他にも所見するが、もっとも充実した内容を持つものとして、元弘三年（一三三三）書写の薬師寺本『薬師寺縁起』がある。これは、①長和四年（一〇一五）所撰の薬師寺縁起、②永保二年（一〇八二）の僉議状、③成立年代不明の薬師寺縁起、④東塔檫名（別筆）の計四部から成っており、醍醐寺本「薬師寺縁起」は①とほぼ同文である。[32]

薬師寺本の①～③には「流記」が多く引用されている。霊亀二年（七一六）に国家が諸寺に命じて作成させた資産台帳である「資財帳」に、のちに縁起が付属するようになり、天平十九年（七四七）には「伽藍縁起幷流記資財帳」という形式が成立した（法隆寺・大安寺・元興寺のものが伝わる）。流記とはその一部であるが、縁起や資財帳に比してその性格がやや曖昧である。「後世に伝える記録」と解されることもあるが、松田和晃は、

「流記」を、大安・法隆寺帳中に散見するような、個々の資財の流動経歴に関する注記と理解すると、縁起幷流記資財帳は、各寺の由来のみならず資財の具体的由緒までも把握しうる台帳という意味で落ち着くのである。

としている。[33]ただ、「流記」と題された資財帳とそうでないものとの間に、その内容において明瞭な相違はない。[34]資財帳の国家への提出は、延喜五年（九〇五）の『観世音寺資財帳』を最後におこなわれなくなるが、「流記」という名を持つ文献はこれ以降も散見し、その内容は資財帳に類するものも、縁起といって差し支えないものも存し、

厳密な使い分けがなされていたとは考えられない。特に中世の流記は縁起とほぼ同義であるといってよい(35)。

薬師寺本③は、末尾に「委如二縁起流記帳一云々」として、この縁起が「縁起流記帳」からの抄出であることを示す。③の本文は縁起と資財帳いずれの内容も含んでおり、「縁起流記帳」と並列されたうちの「流記」は資財帳である可能性が高い。また、①には「流記帳」「流記文」「旧流記」「寺内流記帳」という複数の流記が引かれ、②にも「天平乃宝亀年中注録寺家流記」が引かれている。やはり資財帳と思われる内容であるが、②は、

薬師寺　養老二年戊午元明姫太上天皇、奏聞下勅、従二彼高市郡本薬師寺一、移二建於此添下郡平城右京一。今寺去天平乃宝亀年中注録寺家流記云、「寺院地十六坊四分之一、四坊塔金堂幷僧坊等院、二坊大衆院以上本寺。四分之一花苑院、一坊温室幷倉垣院、一坊苑院、二坊賤院」。

というものであり、次に示す①所引「寺内流記帳」とほぼ同内容である。

一、寺内流記帳云、「寺院地拾陸坊肆分之、四坊堂塔幷僧坊院、二坊大衆院、五坊塔金堂幷僧坊等院、一坊大衆院、一坊苑院、一坊温室幷倉垣院、二坊残院」。

今案垣内十二町四曲、未申四丁堂院、辰巳二丁別院、戌亥　四丁政所町、今二丁職、掌町云々　五丁東□町宿院地、南二丁花苑幷八幡宮。

①は、このほかにも「流記帳」「流記文」「旧流記」という少なくとも三種の流記を参看している体裁を採るが、これらがどの程度厳密に記し分けられているかは不明である。

さて、この流記に注目しつつ、醍醐寺本「薬師寺縁起」を確認してみたい。所引流記も含め、大部分は薬師寺本①とほぼ同文であるが、一部、薬師寺本に引かれない流記を参看している箇所もある。薬師寺本が、

一、宝塔二基　各三重、毎レ重有二裳層一。高十一丈五尺、縦広　三丈五尺。

右両塔内安二置尺迦如来八相成道形一也。東塔因相、入胎・受生・受楽・苦行。或本ニ出家第四也　西塔果相、成道

内降魔相在之・転法輪・涅槃・或本ニ分舎利。

と記す箇所を、醍醐寺本は、

一、宝塔二基　各三重、毎レ重有二裳層一。高十一丈五尺、縦広三丈五尺。

右両塔内安二置尺迦如来八相成道形一也。東塔因相、入胎・受生・受楽・苦行。西塔果相、成道・転法輪・涅槃・分会。流記云、「宝塔四基、二口在二本寺一云々」。

とし、流記を引くことで「宝塔二基」という記述に対する異説を示している。

なお、醍醐寺本は「西大寺縁起」のなかに薬師寺関係の記事が混入しており、ここにも流記が引かれている。

薬師寺旧流記資財帳云、「一金銀銅鉄銭鍬幷供養具、絁・糸・綿・長布・交易庸布・紺布・裌帳布・白米等有レ員。

右以養老六年壬戌十二月四日納二賜平城宮御宇天皇一者」。

一、仗楽弐具　以天平三年辛未四月七日、同天皇納賜者。

一、奴婢……

一、水田……

（中略）

旧流記張(帳)云、「通分穀一万五千六百五十三石七升五合六夕、四千六百八十三石四斗四升在二寺家内一、一万九百六十九石六斗三升五合六夕在二三国一」。

いずれも薬師寺本所引流記とは重ならない内容であり、薬師寺内で繰り返し流記が作成・更新されていたことがわかる。これは、絶え間なく流動する寺院の資産状況を反映するのであろうが、年紀が示されていないゆえ、ここから資産の変動を復元することは困難であろう。であるにしても、ある時期の寺院内部の状況を生々しく伝える記述であることには変わりない。こうした情報が、中世になってもそのまま書写され、場合によっては追記や改変されたりもしていたのである。

以上、ここではひとまず、流記に注目することから垣間見える縁起の〝古層〟のほんの一隅を指摘するにとどめたが、醍醐寺本所収縁起のひとつひとつを丹念に読み解くことから様々な成果が期待でき、その一端は本書に収録した各論を参照されたい。それ以外の縁起についても同様である。

おわりに

先に、「参詣」と対置することにより、中世縁起のある側面を定義することができると述べたが、これをそのまま古代に当てはめることは難しい。特に、まだ「参詣」という営為が発生する以前の段階では、対置自体がほとんど意味をなさないし、また、各寺社に期待される霊験利益の個性化がさほど進んでいない時代には、権威や聖性を保証するものも異なってくるであろう（資財もそのひとつといえるかもしれない）。近世は近世で、幕府による寺社統制や、参詣・巡礼のさらなる浸透、印刷技術の進展……等々、やはり注目すべき点は大きく異なってくる。時代区分は便宜的なものであり、時代が変われば即座に思想や言説が変わるわけではないが、時代に大きく左右される側面も確かにある。歴史研究であれ文学研究であれ、当然の認識である。

時間の経過とともに積み重なり、〝古層〟として歴史を支えているものが、時に埋もれることなく引き継がれ、時に新たに浮上してくることもある。縁起とは、繰り返し作られ、語られ、写されるものである。その過程で、次々に変容を遂げてゆく一方、引用や再利用という形で保存される部分もある。ひとつの縁起のなかには、位相の異なるそうした種々の要素が混在しているが、それは書写の段階では同一位相のものとして写され、伝わってゆく。縁起を扱うには、そうした構成要素のひとつひとつを丹念に読み解く注釈的作業と、それに裏打ちされた精緻な分析がなによりも重要であり、縁起研究の総合化は、そうした研究の積み重ねを抜きにして達成されることはないのである。

注

（1）説話文学会大会 シンポジウム「社寺縁起」（一九八三年）、説話文学会大会 シンポジウム「縁起と説話」（一九八六年）、説話文学会・仏教文学会・合同例会 シンポジウム「大江匡房と説話・縁起」（一九九二年）、仏教文学会支部例会 シンポジウム「縁起・本地物研究の現在」（二〇〇一年）、仏教文学会本部例会 シンポジウム「寺社縁起の解剖学――暴かれる怪異空間――」（二〇〇一年）、仏教文学会本部例会 特集「寺社縁起」（二〇〇二年）、説話文学会・仏教文学会・合同例会 シンポジウム「寺社縁起」（二〇〇四年）、仏教文学会本部例会 特集「寺院縁起〈略縁起〉をめぐって」（二〇〇六年）、仏教文学会本部例会 小特集「略縁起」（二〇〇七年）、仏教文学会本部例会ミニシンポジウム「西国巡礼縁起」（二〇〇九年）、仏教文学会支部例会 特集「縁起の成り立ち」（二〇一〇年）のほか、縁起集的な性格を有する『神道集』に関わるシンポジウムや、縁起に関わる個別の研究発表等から、両学会における縁起研究の盛行が見て取れる。

（2）一九九八年四月に藤巻が早稲田大学で「寺社縁起研究会」を設立。当初は護国寺本『諸寺縁起集』の輪読をおこなっていたが、後に寺社縁起に関わる研究発表が中心となる。二〇〇一年四月に堤邦彦・橋本章彦らの「縁起学研究会」（京都精華大学）と合併し、それぞれ寺社縁起研究会の「関東支部」「関西支部」として再発足。現在は、徳竹由明の「東海支部」（中京大学）、松本真輔の「ソウル支部」（ソウル大学校）を併せた四支部体制。なお、ソウル支部は現在活動休止中、関東支部は会場を近畿大学東京センターに変更。
（3）佐野みどり「中世寺社縁起絵の総合的研究」（科学研究費補助金・基盤研究B、二〇〇七〜〇九年度）。
（4）佐野みどり・新川哲雄・藤原重雄編『中世絵画のマトリックス』（青簡社、二〇一〇年）。
（5）桜井徳太郎・萩原龍夫・宮田登編『寺社縁起』〈日本思想大系20〉（岩波書店、一九七五年）。
（6）奈良国立博物館監修『社寺縁起絵』（角川書店、一九七五年）。
（7）一九七五年以前にも、個別寺院の縁起を論じたものはある程度あるが、総合的な視点に立ち縁起研究の展望を意図したものとして、薗田香融「承和三年の諸寺古縁起について」（魚澄先生古稀記念会編『魚澄先生古稀記念 国史学論叢』、一九五九年）、逵日出典「寺院縁起絵巻の性格私考」（『文化史研究』九・一〇合併、一九五九年）、同「寺院縁起絵巻の構成内容に関する考察」（『精華学園研究紀要』四、一九六六年）を挙げることができる。
（8）桜井好朗『神々の変貌――社寺縁起の世界から――』（東京大学出版会、一九七六年）。
（9）徳田和夫「勧進聖と社寺縁起――室町期を中心として――」（『国文学研究資料館紀要』四、一九七八年）。
（10）逵日出典『長谷寺史の研究』『室生寺史の研究』（ともに巌南堂書店、一九七九年）。後者には室生寺のみならず、縁起全般についての論考も収める。
（11）『国文学 解釈と鑑賞』四七―三（至文堂、一九八二年）。
（12）谷川健一・池田末則・宮田登編『神社縁起』〈日本庶民生活史料集成26〉（三一書房、一九八三年）。
（13）福田晃『神道集説話の成立』（三弥井書店、一九八四年）。
（14）矢代和夫・宮本瑞夫・志村有弘編『略縁起集』（宮本記念財団、一九九〇年）。
（15）多くは『〇〇寺略縁起』等と題されるが、「略縁起」と銘打たないものや、「本縁起」のない（最初から略縁起として作成された）略縁起もある。一方で、中世の縁起集にも従前の縁起を抄出集成したものもあり、「略縁起」とは称されないながらも、実質的には略縁起である。そういう意味では、「略縁起」の概念規定はいまだ明確ではない。
（16）中野猛編『略縁起集成』第一〜六巻（勉誠社、一九九五〜二〇〇一年）、略縁起研究会編『略縁起 資料と研究』第一〜三巻（勉誠社、一九九六〜二〇〇一年）、稲垣泰一編『寺社略縁起類聚』Ⅰ（勉誠社、一九九八年）、簗瀬一

雄『社寺縁起の研究』（勉誠社、一九九八年）。ほかに、資料集ではないが略縁起に関する著書として、中野猛編『説話と伝承と略縁起』（新典社、一九九六年）、石橋義秀・菊池政和編『近世略縁起論考』（和泉書院、二〇〇七年）、中野猛（山﨑裕人・久野俊彦編）『略縁起集の世界――論考と全目録――』（森話社、二〇一二年）もある。

(17) 小林忠「江戸時代寺社縁起絵巻の研究」（科学研究費補助金・基盤研究B、一九九六〜九七年度）。

(18) 堤邦彦・徳田和夫編『寺社縁起の文化学』（森話社、二〇〇五年）。

(19) パネリストによる報告は、「法然上人伝と女性をめぐる平家伝承」佐谷眞木人、「僧と妖魔の怪異風景――高僧伝・寺社開創譚から江戸怪談へ――」堤邦彦、「説話の受容と展開」山田厳子。司会は橋本章彦。

(20) 桜井徳太郎「縁起の類型と展開」（前掲注（5）『寺社縁起』）では、「宇宙万有、一切衆生の生起を、すべて因と縁の理法によって説明しようとする仏教の根本義にのっとり、神社仏閣の草創・沿革、またはその霊験などを言い伝えた文書や詞章、それらのすべてを総称して寺社縁起とよぶことにしたい。もちろん、これを内容に則してみると、寺院縁起は広く仏法僧の全般に触れ合うから、造像記、開眼記、荘厳記録、建造再建の由来記、仏徳の讃歎・功徳・霊験の記、経典の内容来歴を解説したもの、住僧伝、一代記、あるいは勧進記などがことごとく含まれよう。神社縁起においても、祭神の示現・神格、神事の由来、祭事の奇瑞、社殿の開創、祭神の鎮座記、祝詞・祭文の内容来歴を説いたもの、神職家と神社との因由を述べたもの、さらに氏子の奇縁伝承を集めたものなど、広範に亙っている。寺社縁起と称して、これらすべてを包含して研究の対象とすることは、縁起の性格を検討する場合には必要である。けれども、これを狭義にとるときは、高僧伝、僧記、往生伝、寺記、法会記、儀式帳、参詣記、祭礼記、託宣記などを除外し、草創や沿革とその霊験を強調するために「縁起」と称するタイトルをつけた、特定の文章を指すことになる」と縁起を定義する。

(21) 堤邦彦・徳田和夫編『遊楽と信仰の文化学』（森話社、二〇一〇年）。

(22) 単行書としては、久留島浩・吉田伸之編『近世の社会集団――由緒と言説――』（山川出版社、一九九五年）や、歴史学研究会編『由緒の比較史』（青木書店、二〇一〇年）がある。論文については、これらの中で多数紹介されている。

(23) 山本英二は「日本中近世における由緒論の総括と展望」(前掲注(22)『由緒の比較史』)において、「縁起」が「由緒」の下位に分類される概念であるという認識を有してはいるものの、「縁起」それ自体を問題にはしておらず、また、縁起研究者が「由緒」に言及したケースも少ない。数少ない言及の例としては、佐谷眞木人・堤邦彦・徳田和夫・橋本章彦・山田厳子「シンポジウム「縁起学」の可能性」(前掲注(18)『寺社縁起の文化学』)と、黒田智「縁起を物語る力」(藤巻企画・勉誠出版編集部編『縁起の東西――聖人・奇跡・巡礼――』〈アジア遊学115〉勉誠出版、二〇〇八年)がある。
(24) 藤巻編『聖地と聖人の東西――起源はいかに語られるか――』(勉誠出版、二〇一一年)。
(25) 前掲注(22)『由緒の比較史』。
(26) 藤巻「聖地の成立と変容」(前掲注(24)『聖地と聖人の東西』)。
(27) 藤巻「縁起・参詣論の射程」(徳田和夫編『中世の寺社縁起と参詣』〈中世文学と隣接諸学8〉竹林舎、二〇一三年)。
(28) 藤巻「学問領域と研究費――日本中世文学という辺境からの覚書――」(井田太郎・藤巻和宏編『近代学問の起源と編成』勉誠出版、二〇一四年)で、こうした時代イメージの弊害や現況について触れた。
(29) 薗田香融前掲注(7)論文。
(30) 藤田経世編『校刊美術史料』〈寺院篇・上巻〉(中央公論美術出版、一九七二年)。
(31) 『校刊美術史料』解題でも指摘されているように、書写は康永四年(一三四五)だが、当麻寺条に文暦二年の年紀が記されていることより、成立はそれ以降とみられる。
(32) 藤田経世編『校刊美術史料』〈寺院篇・中巻〉(中央公論美術出版、一九七五年)。
(33) 松田和晃「資財帳作成制度の成立と展開」(同編『索引対照　古代資財帳集成　奈良期』すずさわ書店、二〇〇一年)。
(34) 飯田瑞穂「縁起流記資財帳」(『国史大辞典』第二巻、吉川弘文館、一九八〇年)。
(35) 藤巻「縁起と流記をめぐる覚書――長谷寺流記の検討を起点として――」(『説話文学研究』四〇、二〇〇五年)。

比叡山造鐘譚に見る嵯峨上皇

——伝円澄「比叡山建立縁起」を起点として——

冨樫　進

一　はじめに——伝円澄「比叡山建立縁起」について——

「延暦寺建立縁起」は、九世紀前半に成立したと考えられる寺院縁起である。その書き出しによると、本縁起は「今年二月十一日」に到来した「去年十一月廿八日」付の僧綱からの転牒によって上申されたものである。その牒は「民部卿藤原朝臣」の宣旨により、僧綱を経由するかたちで年紀を明記した縁起の勘申を「十五大寺[1]」ならびに「代々天皇皇后御願建立」の寺に対して求める内容であったという。

「比叡山建立縁起」本文中に編者名は明記されていないものの、明和八年（一七七一）金龍敬雄編纂・文政十二年（一八二九）および文久二年（一八六二）羅渓慈本校訂・増補の『天台霞標』は、延暦寺第二代座主・円澄（七七二～八三七、在位八三四～八三七）を編者に比定する。『天台霞標』説について薗田香融は「何ら根拠が示されていない」点において「多少の不安を蔵しつつ」も、「民部卿藤原朝臣」を天長九年（八三二）十一月二日から承和三年（八三六）五月十一日、および承和八年（八四一）三月二十日から同九年七月二十三日まで民部卿の地位にあった藤原愛発（七八八〜八四三）に比定することで、愛発の（第一次）民部卿在任期間中に相当する承和二年（八三五）もしくは同三年（八三六）、天台座主の地位にあった円澄が本縁起を編集したものと結論づけ、基本的に支持の姿勢を示している。[3] 本稿においても慈本ならびに薗田の説に従い、「比叡山建立縁起」の編者を円澄と考えたい。

『天台座主記』『元亨釈書』などによると、円澄は武蔵国埼玉郡出身で俗姓壬生氏、当時下野国大慈寺を拠点として東国一帯に教線を有していた道忠（?〜七四四〜七九七〜?）に十八歳で弟子入りをし、菩薩戒を受けて法鏡行者と称した。道忠は鑑真の門弟で「持戒第一」と評され（『叡山大師伝』）、延暦十六年（七九七）、南都七大寺の僧に対して最澄から発せられた写経援助の求めに対して「大小経律論二千余巻」を提供したことを機縁として、最澄（七六六または七六七〜八二二）との間に交流を生じるに至る。[4] 円澄は同年に比叡山へ入山、唐より帰朝直後の最澄から大同元年（八〇六）十一月に灌頂、翌二年には止観院において円頓戒をそれぞれ受けることになる。天長十年（八三三）に第二代天台座主（正確には延暦寺伝法師）[5] に任命され、承和四年（八三七）に六十六歳で入滅した。臨終間際、請学・留学の二僧を定期的に天台山国清寺に派遣して「円教の深旨」を請決せんという最澄の遺嘱をふまえ、自身と同じく道忠教団出身の円仁（七九四〜八六四）の「入唐請益」を実現させるよう、弟子の慧亮に遺言したという。[6] 円澄は大同二年（八〇七）二月に最澄によって修された『法華経』長講の際は「七碩徳」の一人として第二巻の講義を担当したり、翌三年三月の『金光明最勝王経』長講においては最澄より講師を任せられる[7] など、名実共に最澄の後継者として相応しい活躍を遂げた人物である。[8]

「比叡山建立縁起」の内容は、①縁起撰述の経緯（先述）にはじまり、最澄在世時の記事が②天台宗祖最澄の出自、③延暦四年（七八五）七月の比叡山入峰および比叡山寺開基、④延暦七年（七八八）の根本一乗止観院建立、

⑤延暦二十五年[9]（八〇六）正月の天台宗年分度者勅許、⑥弘仁三年[10]（八〇八）七月の法華三昧院建立、⑦弘仁十年（八一九）三月の「請立大乗戒表」奏上、⑧弘仁十三年（八二二）最澄死去の七項目、最澄没後の記事が⑨同年同月の大乗戒壇設立勅許、⑩弘仁十四年（八二三）二月の嵯峨天皇による寺号「延暦寺」賜与、⑪同年四月の義真（七八一〜八三三）による初の円頓戒授与、⑫天長二年（八二五）嵯峨上皇・淳和天皇両名による戒壇院建立支援を目的とした近江国への正税稲九万束の賜与、⑬天長四年（八二七）義真・円澄ら最澄の遺弟、ならびに藤原三守（七八五〜八四〇）、伴国道（七六七〜八二八）ら後援者による「先師（最澄）本願」の梵鐘鋳造、⑭承和二年（八三五）初代天台座主・義真による「判二行天台講師・読師各一名一」の奏上、という六項目、合計十三によって構成されている。

それぞれの項目については、最澄自身の著作（『四条式』）、最澄門弟の著作（釈一乗『叡山大師伝』、仁忠『最澄大師一生記』[11]、光定『伝述一心戒文』）、六国史およびそれを基にした類聚史料（『日本後紀』『続日本後紀』『類聚国史』『類聚三代格』）といった同時代史料によって裏づけのとれるものが過半数を占めるものの、中には『叡岳要記』『天台座主記』といった後世成立の史資料によってのみ裏づけが可能な記事（⑫の近江国を対象とした正税稲九万束の賜与、⑬の梵鐘鋳造）や、「比叡山建立縁起」のみに認められる記事（④の根本一乗止観院建立）が含まれている。

「延暦寺建立縁起」の内容について論じた先行研究としては、管見の限りにおいて、薗田香融によるものを指摘できるのみである。[12]薗田は、奈良・平安期に各地の諸寺院で作成された縁起・資財帳について、「たとえ国家の命令によって、作成せしめられたものであったとしても、そこに盛られた内容そのものに、寺院側の主体的表現を看取することは、さまでむつかしいこととは考えられない」（傍点薗田）と述べ、それまで国家による寺院統制の象徴と見なされる傾向にあった縁起・資財帳を「寺院の自己表現の手段」として捉え直すことにより、「上代寺院乃至仏教史のヴィヴィットな復原が可能」になると述べる。そのような「復原」を実現させる上で必須となる「厳格な文献学的操作と批判的識度の高邁さ」を実践するテストケースとして、薗田は、ほぼ同時期に編纂された「広隆寺縁起」とともに、「延暦寺建立縁起」を分析の俎上に載せる。薗田によると、両縁起はいずれも民部卿の宣によって発せられた僧綱の転牒（既述）に基づいて作成されたと思われる点、短編でありながら「人物・伽藍・寺地に関するレアルにして簡潔な記述態度が見出され」「同じ時代の他の寺院縁起の通例から、孤立し、逸脱した性格をもつ」「いわば中世的傾向を胚胎した」点が共通するという。そして、このような特色を有する二縁起が承和年間に作成された時代背景として、平安期以降における寺院統制の弛緩、および寺院や僧侶に対する験能の期待という風潮の二点を指摘する。

薗田の指摘は概略的でありながら、「比叡山建立縁起」の史料的価値を考える上で看過できないものであると思われる。本縁起の内容は一見すると単なる事実を羅列したに過ぎないもののように見える反面、先にも述べたように最澄在世時の記事七項目、最澄没後の記事六項目という構成には、宗祖最澄の伝記・延暦寺発展史のいずれにも偏ることのない、絶妙なバランス感覚を垣間見ることができよう。このような特質を有する「比叡山建立縁起」を、同時期に編纂された他の史料、たとえば円澄の盟友ともいうべき光定（七七九～八五八）『伝述一心戒文』などの記事と有機的に組み合わせることにより、まさしく〈沈滞期〉ともいうべき最澄没直後の比叡山における「主体的表現」「自己表現」を、より鮮やかに浮かび上がらせることができるのではないだろうか。

二 「比叡山建立縁起」本文・校異・読み下し

「比叡山建立縁起」本文は、永和五年(一三七九)以前成立と考えられる『叡岳要記』、および明和八年(一七七一)編纂・文政十二年(一八二九)および文久二年(一八六二)校訂・増補『天台霞標』(先述)に収録されている。『天台霞標』所収「比叡山建立縁起」(以下、「天台霞標本建立縁起」)奥書によると、同書は「行乱れ句脱け、殆ど章を成さず」という状態である(と慈本が判断した)『叡岳要記』所収「比叡山建立縁起」テキスト(以下、「叡岳要記本建立縁起」)に対し、「前後の文に就きて、校訂補綴」したものという。一方、「叡岳要記本建立縁起」奥書に、「写本の記に曰く、仁平元年(一一五一…富樫補記)六月六日、恭しくも大師の御筆を以て喜怖の心を懐きて書き畢んぬ、云々」とあるのが注目される。

ここに「御筆」の本来の所有者であると思しき「大師」の具体的な諡号が特記されていないということは、この「大師」こそがまさしく「比叡山建立縁起」の編者であるということを示唆するのではないか。[13]「恭以大師御筆……書畢」の意味するところが「大師」直筆のテキストを筆写したということなのか、あるいは「大師」遺品の筆を用いて筆写を行ったということなのかは判別としない。しかし、たとえ後者の意味であったとしても、筆写の対象となった「比叡山建立縁起」テキストもまた「大師」遺品、すなわち原編者の真筆本である蓋然性は決して低くあるまい。以上のような推測を前提とするならば、信頼に足る「比叡山建立縁起」テキストを作成するには、表現面においては「叡岳要記本建立縁起」に、全体構成および内容面においては「天台霞標本建立縁起」に拠るのが最善の策ということになるのかもしれない。

しかし、「天台霞標本建立縁起」「叡岳要記本建立縁起」とは異なる系統のテキストが発見されていない現段階において、「比叡山建立縁起」原形テキストの完璧な復元は極めて困難である。「比叡山建立縁起」を起点として九世紀初頭における比叡山延暦寺の情勢について考察することを目的とする本稿の立場においては、十分な準備や方針のないまま、徒に「比叡山建立縁起」原形テキストの復元を目指すよりは、記事内容をできる限り正確に理解しうるような「比叡山建立縁起」テキストの整備を心がけるほうが無理なく、しかも合理的であろう。

したがって、以下の部分では「天台霞標本建立縁起[14]」を底本（テキストは大日本仏教全書本）、「叡岳要記本建立縁起[15]」を対校本とした上で、私に校合テキスト本文（以下、「建立縁起」）を作成し、校異・訓読を示した上で次章以降の分析に供していく。底本・対校本ともに公刊本のみを用いるという点であくまでも簡易版のテキストではあるが、本稿における所期の目的を果たす上では十分だと考える。

【本文】

[1]延暦寺建立縁起

延暦寺[2]在近江國滋賀郡比叡山北面大嵩。勘申建立當寺緣起事。右僧綱。去年十一月廿八日轉牒。今年二月十一日到來偁。權少外記坂上常蔭。今月廿日仰云。民部卿藤原朝臣宣。十五大寺。[3]竝代[4]代　天皇。皇后。御願建立緣起。宜令僧綱勘申者。所仰如件。每寺宜承知。件緣起慥注年紀。速言上。不可怠者。寺謹引換舊紀[5]。

根本大師。諱最澄。俗姓三津首。近江國。志賀郡人也。先祖後漢孝獻帝之苗裔。[6]登萬貴王也。輕島明宮御宇[7]天皇之世。遠慕聖明。歸于仁化。仍賜滋賀地。自此改姓賜三津首也。去延暦四年七[8]月中旬。登陟叡峯。結草為[9]菴。奉[10]爲　桓武天皇。創建根本一乗止観院。今謂中堂是也。四恩。每日轉讀法華[11]。金光明。仁王般若等經。一心精勤。[12]同七[13]年。奉爲三部大乗長講。于今不絶。同廿（ママ）年[14]。正月廿六日。下　勅給毎年試度。毗盧遮那經。摩訶止観。兩業年分度者。各興於此時。弘[15]仁二（ママ）[16]年七月。建立法華三昧院[17]。長[18]講[19]法華。于今不絶。其後同十年三月。大師奏請立天台戒壇院。傳菩薩大戒。而　天判未下。大師遷化。弘仁十三年六月四日。是忌日也。　爰故遣唐副使。左少辨。古麻呂宿禰之孫。參議右大辨國道。爲寺家別當。尋宿昔良縁。奏請遂大師本願。同十三年[20]六月十一日。卽[21]賜前件二人年分。於比叡山[22]。得度[23]受戒[24]。卽十二年不聽出山。四種三昧。令得修練之　詔。籠山之稱。起自斯[25]矣[26]。同十四年[27]二月廿六日。下　詔[28]改易本名。號延暦寺。別[29]傳云。弘仁十四年三月三日。勅置延暦寺別當。權中納言藤原三守。右中辨大伴國道。同月十一日。大伴別當爲試天台宗年分度者。向延暦寺。十七日　國忌。新度年分二人。　厥後[30]四月十四日。義眞爲傳戒師。圓仁大法師爲教授師。傳授菩薩戒。特[31]蒙官聽[32]。始所行[33]之。天長二年。依　太上天皇嵯峨皇帝先勅幷[34]。當代詔勅。從近江國。賜正税[35]九萬[36]束。造立戒壇院。正堂一宇。竝講堂細殿一宇也。○[37]叡岳要記曰、天長二年、請當國稲九萬束。造立戒壇堂一宇。著衣堂一宇。奉造金　釋迦像一體。彩色文殊。弥勒像。各一體也。　但未畢功之間者。根本止觀院。行受菩薩戒。幷[38]回心受大戒之事。同四年[39]五月[40]。十禪師義眞。十禪師圓澄。上座仁[41]忠。寺主道叡。都維那承天。僧光定。興善。圓仁等。爲遂先師本願。語於別當正三位行刑部卿藤原朝臣三守。參議右大辨[42]從四位上兼武藏守勳六等大伴宿禰國道。令正八位下赤麻呂[43]。大初位上櫟井福丸。高階姥彌丸。答他乙繼等。鑄作鐘一口。高八尺、口徑四尺六寸五分、口厚四寸五分。　用熟銅大六千七百斤也。叡[44]岳要記曰、天長四年、別當内供奉光定。奉制鑄鐘。淨野朝臣夏嗣銘、嵯峨天皇書。　承和二年[45]。依大法師義眞奏狀。賜於判行天台講師[46]。讀師各一人。以前建立當寺縁起。勘申如件。

本[47]按。此文應是圓澄和尚之所製矣。但叡岳要記之所載錄。行亂句脱。殆不成章。今就前後之文。校訂補綴。讀者知焉。

【校異】

- 対抗本の略号は以下の通り。底本＝底、『叡岳要記』群書類従本＝叡

1…底／叡は以下七字ナシ
2…底／叡は勘申建立當寺縁起事。在近江國滋賀郡比叡
山北面大嵩
3…底／叡は幷
4…底／叡は々
5…底／叡は記
6…底／叡は登舊王（傍書）萬貴歟
7…底／叡は（「天」字に傍記）應神
8…底／叡（「年」字の後、割注）歳次乙巳
9…底／叡は庵
10…叡／底は「爲」一字ナシ
11…底／叡は（「華」字の後）維〔摩〕
12…底／叡（「同七年」に傍書）于時五十二歳
13…底／叡は（「年」字の後、割注）歳次戊辰
14…底／叡は（「年」字の後、割注）歳次丙戌
15…底／叡（「弘仁二年」に傍書）于時年五十六也
16…底／叡は（「年」字の後、割注）歳次辛卯
17…叡／底は「院」一字ナシ
18…底／叡は（割注「絶」字の後、割注続き）六月四日
是忌日也
19…底／叡は以下「奏請遂大師本願」まで割注含む八十
四字ナシ

20…底／叡（「年」字の下、割注）歳次壬寅
21…底／叡は（「即賜」二字ナシ）更下勅綸言
22…底／叡は（「山」字の後）寺
23…底／叡は（「得」字の前）出家
24…底／叡は「受戒」二字ナシ
25…底／叡は（「斯」字の前）於
26…底／叡は畢
27…底／叡は（「年」字の後、割注）歳次癸卯
28…底／叡は（「詔」字の後）勅
29…底／叡は割注部分六十七字ナシ
30…底／叡（以下二十五字ナシ）寺家至仁寿三年。歳次癸酉。
（「至」に傍書）立了イ
31…底／叡は殊
32…底／叡は牒
33…底／叡は用之同彼（「行用」に傍書）恐有誤脱
34…叡／底は「幷」一字ナシ
35…叡／底（「税」字の後）稲
36…底／叡は万
37…底／叡は割注部分四十七字ナシ
38…底／叡は廻
39…底／叡（「年」字の後、割注）歳次丁未
40…底／叡（「月」字の後）中

41…底／叡は「仁忠」二字ナシ
42…底／叡は弁
43…底／叡は磨
44…底／叡は割注部分三十二字ナシ
45…底／叡（「年」字の後、割注）歳次乙卯
46…底／叡は「講師」二字ナシ
47…底／叡（以下四十五字ナシ）寫本記曰、仁平元年六月六日。恭以大師御筆懐喜怖之心書畢云々

【読み下し】

延暦寺建立縁起

延暦寺は近江国滋賀郡比叡山北面大嵩に在り。

当寺を建立する縁起を勘申する事

右僧綱、去年十一月廿八日転牒し、今年二月十一日到来す。

併く、権少外記坂上常蔭、今月廿日仰せて云はく「『民部卿藤原朝臣宣、十五大寺、並びに代々の天皇・皇后御願建立の縁起、宜しく僧綱に勘申せしむべし』てへれば、仰せらる所の件の如き毎寺、宜しく承知し、件の縁起慥かに年紀を注して、速やかに言上すべし。怠すべからず」てへれば、寺は謹んで旧記を引撿す。

根本大師、諱は最澄、俗姓は三津首。近江国、志賀郡の人なり。先祖は後漢・孝献帝の苗裔、登万貴王なり。軽島明宮御宇天皇の世、遠く聖明を慕ひ、仁化に帰す。仍りて滋賀の地を賜りて、此れより姓を改めて三津首を賜ふ。

去る延暦四年七月中旬、叡峯を登陟して、草を結びて菴を為す。四恩を奉らんが為、毎日法華、金光明、仁王般若等の経を転読す。

同七年、桓武天皇に奉らんが為に、根本一乗止観院を創建す。今中堂と謂ふ、是なり。三部の大乗の長講、今に絶へず。

同廿（ママ）年正月廿六日、勅を下して年毎に試度を給ふ。毘盧遮那経・摩訶止観、両業の年分度者は、各の此の時に興

る。

弘仁二《（ママ）》年七月、法華三昧院を建立す。法華を長講す。今に絶へず。

其の後、同十年三月、大師奏して天台戒壇院を立て、菩薩大戒を伝ふることを請ふ。天判未だ下らざるに、大師遷化す。弘仁十三年六月四日、是れ忌日なり。爰が故に遣唐副使、左小弁、古麻呂宿禰の孫、参議右大弁国道、寺家の別当に為りて、宿昔の良縁を尋ね、奏して大師の本願を遂げんことを請ふ。

同十三年六月十一日、即ち前件二人の年分、比叡山に於いて、得度受戒せしめ、即ち十二年山を出づるを聴さずして、四種三昧を修練するを得せしむる詔を賜ふ。籠山の称、斯より起こる。

同十四年二月廿六日、詔を下して本名を改易し、延暦寺と号す。別伝に曰く、弘仁十四年三月三日、勅して延暦寺別当を置く。権中納言藤原三守、右中弁大伴国道なり。同月十一日、大伴別当、天台宗年分度者を試せんが為、延暦寺に向かふ。十七日、国忌なり。年分二人を新たに度す、と。

厥の後四月十四日、義真、伝戒師に為り、円仁大法師、教授師に為り、菩薩戒を伝授す。特に官の聴しを蒙りて、始めて行ふ所なり。

天長二年、太上天皇嵯峨皇帝先勅幷びに当代詔勅に依りて、近江国より正税九万束を賜はりて、戒壇院を造立す。正堂一宇、並びに講堂細殿一宇なり。○叡岳要記に曰く、天長二年、当国稲九万束を請ひて、戒壇堂一宇を造立す。著衣堂一宇、金釈迦像一体、彩色の文殊・弥勒像、各一体を造り奉る、と但し未だ功を畢へざるの間、根本止観院、菩薩戒を受け、幷びに回心の大戒を受くるの事を行ふ。

同四年四月、十禅師義真、十禅師円澄、上座仁忠、寺主道叡、都維那承天、僧光定・興善・円仁等、先師の本願を遂げんが為、別当正三位行刑部卿藤原朝臣三守・参議右大弁従四位上兼武蔵守勲六等大伴宿禰国道に語らひて、正八位下赤麻呂・大初位上櫟井福丸・高階姥弥丸・答他乙継等をして、鐘一口を鋳作せしむ 高さ八尺、口径四尺六寸五分、口厚四寸五分なり熟銅の大なること六千七百斤を用ふ。叡岳要記に曰く、天長四年、別当内供奉光定、制を奉りて鐘を鋳ると。浄野朝臣夏継が銘、嵯峨天皇が書なり、と。

承和二年、大法師義真が奏状に依りて、天台講師、読師各一人を判行するを賜ふ。以前当寺を建立するの縁起、勘中件の如し。

本の按ずるに、此の文は応に是れ円澄和尚の製る所なるべし。但し叡岳要記の載録する所、行乱れ句脱け、殆ど章を成さず。今前後の文に就きて、校訂補綴す。読者知るべし。

三　造鐘をめぐる二つの〈ハードル〉

以下の部分では章を改め、最澄没直後における比叡山における「主体的表現」「自己表現」を明確化すべく、前章にて作成したテキスト本文に基づき、「建立縁起」の内部構造に踏み込んでいくことにしたい。

このような問題を検討するにあたって必要となるのは、最澄在世時と最澄死没後それぞれにおける比叡山寺（延暦寺）と朝廷との関係を、「建立縁起」がどのように把握・理解していたかを明らかにすることであろう。まずは最澄の存命時に皇位の座にあった桓武・平城・嵯峨の三帝と最澄および天台宗との関わりを概観する。

桓武天皇（七三七〜八〇六、在位七八一〜八〇六）は、灌頂師としての資格を携えて唐から帰国した最澄を厚遇した。彼は最澄の帰国直後にあたる延暦二十四年（八〇五）九月一日、和気氏の氏寺である高雄山寺に灌頂壇を築かせ、当時病の床にあった自身の名代として「石川・檉生の二禅師」[16]すなわち勤操（七四八〜八二七）、修円（?〜八三五）の両名を対象とした[17]灌頂を行わせるとともに、同月上旬には五仏頂法を[18]、また同月十七日には内裏において毘盧舎那法を修めさせている[19]。これらの功績が認められた結果、翌延暦二十五年（八〇六）正月三日の年分度者割り当てを以て、天台宗が公認されるに至る。これについては当然のことながら「建立縁起」にも特記されており、直前に配された延暦七年（七八八）「奉為桓武天皇」を目的とした根本一乗止観院建立という本縁起独自の記事（前章にて既述）の存在ともども、「建立縁起」編者が桓武天皇を最澄の強力な後援者と見なしていたことを窺わせる内容となっている。

一方、平城天皇（七七四～八二四、在位八〇六～八〇九）治世下の大同年間には、円澄ら百余人を対象とした初の円頓戒授与（大同元年）[20]、『法華経』長講（同二年）[21]、『金光明最勝王経』長講（同三年）[22]、一乗止観院における長講法華経始修（同四年）[23]や初の天台宗年分度者得度、および『金光明経』『仁王経』『法華経』の長講（同五年）[24]など、比叡山の歴史を鑑みる上で画期となるはずの行事や法会が複数実施されている。しかし、「建立縁起」本文にはそれらの事蹟が全く反映されておらず、桓武天皇没後の記事は、嵯峨天皇（七八六～八四二、在位八〇九～八二三）および淳和天皇（七八六～八四〇、在位八二三～八三三）両名の治世下におけるもののみとなっている。

とくに大乗菩薩戒檀独立運動期に在位した嵯峨については、空海との交友関係がクローズアップされる傾向にある一方[25]、最澄の熱望した比叡山上への大乗菩薩戒壇設置に対する勅許が下ったのは、最澄の没後七日を経た弘仁十三年（八二二）六月十一日のことであった。当時の大僧都護命（七五〇～八三四）や玄蕃寮頭真苑宿禰雑物（生没年不詳）、および玄蕃寮助大神船公（生没年不詳）といった南都側の主要人物はいずれも法相教学を奉じる立場にあり、最終的な大乗戒壇設置の可否を下すべき嵯峨天皇にして、最澄の生前は、「戒道有らば将に論の事を成さん。戒道無くんば論旨を成さず。他宗の法師等、将に論を見んとせんことを乞はば、他の法師に授けん。最澄の論を作すに之を見れば戒道有らん[26]」と判断を保留せざるを得ない状況にあった。灌頂師としての資格を携えて唐から帰国したばかりの最澄に対し、「此の間の風俗、和万の執猶深く、師を尊する志未だ厚からず。（中略）宜しく朕が躬に相ひ代わりて、尊を屈して軀《す》を捐て、弟子等を率いて経教を尋ね検べ、此の法を受伝し、以て国家を守護し、衆生を利益せよ。世間の誹謗を憚るべからず[27]」と檄を飛ばした桓武と比較する時、嵯峨の態度は、表面上中立的あるいは消極的な態度に見える。

それでは、最澄の遺弟たちはそのような嵯峨の振舞をどのように理解していたのだろうか。前章にて作成した「建立縁起」【読み下し】のうち、嵯峨天皇即位以降の記事のみを抜き出し、各項目毎にA～Jの記号を付したものを以下に示す。

法華三昧堂を建立す。法華を長講す。今に絶へず。**（A 弘仁三 ※「建立縁起」では弘仁二・七）**

大師、奏して天台戒壇院を立て、菩薩大戒を伝ふるを請ふ。**（B 弘仁十・三）**

而るに、天判未だ下らざるに、大師遷化す。弘仁十三年六月四日、是れ忌日なり。**（C 弘仁十三・六・四）**

爰に遣唐副使左大弁古麻呂宿禰之孫、参議右大弁国道、寺家の別当と為る。宿昔の良縁を尋ね、奏して遂に大師の本願を遂げんことを請ふ。**（D 弘仁十四・三）**

即ち前件二人年分、比叡山に於いて得度受戒せしめ、即ち十二年山を出づるを聴さずして、四種三昧もて修練を得しむるの詔を賜ふ。籠山の称、斯より起こる。**（E 弘仁十三・六・十一）**

詔を下され、本の名を改め易へ、延暦寺と号せらる。**（F 弘仁十四・二・二十六）**

義真を伝戒師と為し、円仁大法師を教授師と為て、菩薩戒を伝授す。特に官の聴しを蒙りて、始めて之を行ふ所なり。**（G 弘仁十四・四・十四）**

太上天皇嵯峨皇帝の先勅幷びに当代の詔勅に依りて、近江国より正税九万束を賜はりて、戒壇院を造立す。（中略）**（H 天長二・月日不明）**

十禅師義真・十禅師円澄・上座仁忠・寺主道叡・都維那承天（乗天カ）・僧光定・興善・円仁等、**先師の本**

願を遂げんが為、別当正三位行刑部卿藤原朝臣三守・参議右大弁従四位上兼武蔵守勲六等大伴宿禰国道・令正八位下赤麻呂・大初位上櫟井福丸・高階姥弥丸・答他乙継等に語らひて、鐘一口を鋳作す。高さ八尺、口径四尺六寸五分、口厚四寸五分なり。熟銅大六千七百斤を用ふ。叡岳要記に曰く、天長四年、別当内供奉光定、制を奉りて鐘を鋳る。浄野朝臣夏継の銘し、嵯峨天皇の書せらる。**（I　天長四・五）**

大法師義真、奏状に依りて、天台講師・読師各一名を判行するを賜ふ。**（J　承和二・月日不明）**

ここで注目したいのは淳和への譲位が完了したH以降において、嵯峨による天台宗・比叡山への積極的関与が目立つことである。すなわち、在位中のA～Gにおける嵯峨と天台宗・比叡山との関わりが、大乗菩薩戒壇設置に伴う比叡山上での得度授戒制度勅許（E）、寺号「延暦寺」の賜与（F）、伝戒師・義真による初の円頓戒施授の勅許（G）といった制度的・形式的な次元のものに止まるのに対し、退位後の天長年間以降には戒壇院建立を目的とした近江国からの正税九万束賜与（淳和天皇と共同・H）および梵鐘銘文の揮毫（I）という具合に、比叡山の施設、しかも大乗菩薩戒の精神に深く関わる性質を有するものに対して具体的な関与が行われている。(28) その中で本稿がとくに注目したいのが、自他共に認める能筆たる嵯峨が手ずから揮毫した（割注傍線部分）という、天長四年（八二七）五月の梵鐘鋳造記事（I）である。

比叡山上への梵鐘設置は比叡山上における大乗菩薩戒壇建立事業を後世に伝えようとする最澄の「本願」(29)に基づくものであるが（太字部分）、鋳造・設置が実現するまでには紆余曲折が存在した。そのことを示す光定の生々しい証言が、彼の手になる『伝述一心戒文（以下、『一心戒文』）』中において克明に記されている。

弘仁十年三月を以て、弟子（光定…冨樫補記）鴻鐘の様を持ちて、良峰の左大弁（安世…冨樫補記）に上《たてまつ》るに、此の様を看了りて述ぶる旨に云はく「且く須臾を待て。鐘の様を出すこと勿れ。事の成ずる後に、此の様を出すべし」と。忽然の間、弟子、鐘の様を持ちて、内裏右近の陣に参る。左近大将藤原大納言（冬嗣…冨樫補記）

に、之を披きて看せしむるに、同所に在りし良峰の左大弁の云はく「火急に外に出づべし」と。弟子、赴面を知らず。忽然の間、小童に持たしめて、左衛門の曹司を出づ。彼の十日の夕、良峰の左大弁云はく「未だ宗事成らざるに、鴻鐘を作る勿れ。宗事の成りて後、此の鐘を作るべし、云々」と。山に登り、先師（最澄…冨樫補記）に聞かしむるに、先師の云はく「左右の事、尊の宣に随ふのみ」と。(30)

〔一心戒文・巻中〕

ここでは、「鴻鐘様（梵鐘の模型のようなものか？）」を準備した光定が、「事」すなわち大乗戒壇設立の勅許が下りるまで「様」の存在を伏せておくよう指示した良岑安世（七八五〜八三〇）の意に反し、嵯峨の信任厚い藤原冬嗣（七七五〜八二六）のもとに「様」を持参・披見させたことで、同席していた安世の不興を買って退席を余儀なくされたこと、その後、安世から大乗菩薩戒壇設置の勅許が下るまで造鐘を見合わせるよう再度釘を刺された光定がその旨を最澄に報告したところ、安世の指示に従うように諭されたことが述べられている。以上のような光定の証言によれば、造鐘計画は当初安世の意向により、対外的に伏せられていたことがわかる。

良岑安世は延暦二十一年（八〇二）に臣籍降下を果たした桓武の皇子で、天台宗にとっては有力な後見人の一人であった。最澄同様、父桓武の「御願」実現を切望していたはずの安世が造鐘事業について光定（および最澄）に自重を求めた理由は、造鐘事業が「宗事」、つまり当時暗礁に乗り上げていた大乗菩薩戒壇建立計画と密接な関係を有するものであり、手順を一歩誤ることでそれまでの準備や根回しが悉く水泡に帰してしまう危険性を有していたからに他ならない。次章において詳しく確認するように、最澄の造鐘事業は桓武・嵯峨両帝と天台宗との結びつきを顕示するという政治的性格を有していた。弘仁十年（八一九）に本格化した比叡山の造鐘計画実現に八年もの歳月を要した理由は、天台一門が大乗菩薩戒壇建立という〈政治的ハードル〉と、鋳造・設置資金の調達という〈経済的ハードル〉との二つを克服する必要があったからであることを、ここで確認しておきたい。

再び「建立縁起」（Ｉ）の記事に戻ると、この梵鐘は義真・円澄・仁忠・光定・円仁ら主だった最澄の高弟により、延暦寺別当の地位にあった藤原三守・大伴国道の両名をはじめとする在俗有力者の後援を得て製作されていることが明らかとなる。『叡岳要記』からの引用によると（割注傍線部分）梵鐘鋳造の制は『伝述一心戒文』の編者・光定が承ったことになっているが、右の『一心戒文』における光定自身の証言からも窺えるように、これは大乗菩薩戒壇建立実現への働きかけと並行するかたちで梵鐘鋳造計画が進められていたことと関係するだろう。光定は大乗菩薩戒壇建立実現にあたり、最澄と朝廷・南都とを繋ぐ〈メッセンジャー〉的役割を果たしているが、その光定作の漢詩「東山に遊ぶ」に対する嵯峨の応和詩「和㆘光法師遊㆓東山㆒之作㆖」一篇が『文華秀麗集』（梵門）に収録されている。中国文化に造詣の深い嵯峨が、漢詩や書を通じて空海（七七四～八三五）と盛んに交流していたことはよく知られているが、「外学」すなわち文事にも造詣の深かったとされる光定もまた、嵯峨と詩作を介した親密な交際を行っていたようだ(31)。大乗菩薩戒壇建立の実現には光定の存在が大きく影響していたというのが当時の一般的な見解であったことから(32)、大乗菩薩戒壇建立と密接な関係を有する梵鐘鋳造事業もまた、嵯峨との個人的関係を有する光定によって主導されてきたとみるのが適切であろう。この梵鐘鋳造は弘仁十三年（八二二）以降進展しつつあった東塔周辺の整備事業の一環として進められ(33)、『叡岳要記』『山門堂舎記』などの記録によると、梵鐘は「鐘台」に懸けられた(34)。

光定に対する造鐘制発布や鐘銘の撰述・揮毫について述べる「建立縁起」（Ｉ）の割注は『叡岳要記』上巻からの引用文であり、当縁起の原テキストには備わっていなかったものである。また、残念なことに嵯峨上皇の宸筆が刻まれた梵鐘も比叡山上には現存しない。しかし、先にも一部確認したように、『一心戒文』巻中「鴻鐘東塔成弁文」において当事者の光定自身が造鐘に至るまでの詳細な経緯および鐘銘文を記録している。したがって、「建立縁起」(Ⅰ)の記事という〈骨格〉に対して『一心戒文』をはじめとする同時代史料を用いた〈肉付け〉を行うことにより、最澄の遺弟が「建立縁起」を通じて表現しようとした当代における延暦寺の使命・存在意義を明確化することができるだろう。

四　比叡山東塔造鐘事業の意義(一)――「息苦」の梵鐘――

本章ではこれまでに確認した諸事項をふまえ、同時代史料を援用しながら「建立縁起」における天長四年の梵鐘造鐘事業(以下、「造鐘事業」)の意義を明らかにしていく。

それに先立ち、寺院に設置された梵鐘の起源・用途について先行研究(35)を参照しつつ、必要に応じた内容を可能な限り簡潔にまとめることにしたい。

まず梵鐘の起源であるが、『平家物語』で知られる「祇園精舎の鐘の音」(『中天竺舎衛国祇洹寺図経』)や修多羅院の石鐘(『律相感通伝』)などの語句から、ともすると梵鐘の起源はインドにあると考えられる傾向にある。また、寺院の梵鐘は梵語「揵椎《けんち》(揵遅・犍地・揵稚・犍鎚・乾椎などとも)」を以て鐘に宛てる場合があり、鐘銘にも多用される。しかし、これらの熟語は材質・形状を問わず「音声を発するもの」の汎称であったようだ。日本に現存する和鐘および朝鮮鐘の起源はインドにではなく中国に求めるのが適切と考えられており、また梵鐘が必ずしも仏教固有のものであるわけではない。

古代中国においては楽が礼・刑・政とともに王道政治の前提として重視されており、鐘は鼓とともに「安楽」「民声」を和するための重要な道具として位置づけられていたことが『礼記』などに記されている(36)。殷末期以降、銅を素材とした鐘が製作されるようになり、これが仏教世界にも影響を及ぼすことで、現在みられる梵鐘が鋳造されるに至ったと考えられている。

中国の伝統的な祭器に起源を有する梵鐘は、直接的には寺院における斎会・仏事の合図として用いられたが、毎朝毎夕定期的に撞かれる鐘の音には衆生の迷夢を覚まし、悪業を離れて仏道に帰依させるという役割が期待されるようになった。さらに迦膩色迦《カニシカ》王（『付法蔵因縁伝』巻五）や唐僧智興（『続高僧伝』第二七）、梁武帝（『釈子稽古略』）や南唐李王（『金陵梵刹志』）の説話に象徴されるように、鐘声を聞くことで地獄の厄災を逃れ、すみやかに楽土に至り得るという信仰が発生するに至る。

また、「天長四年の造鐘事業」が比叡山東塔整備の一環として実施されたことに象徴されるように、梵鐘と塔とは密接な関連を有しているが、その典型例として挙げられるのが、明州鄮県（現・浙江省寧波市郊外）にある古刹・阿育王寺である。阿育王寺は唐・天宝三載（七四四）、二回目の渡日に失敗した鑑真一行が土地の官憲によって留置せられた寺院として著名である。淡海三船（七二二〜七八五）によって著された『唐大和上東征伝（七七九成立。以下、『東征伝』）』によると、阿育王寺の所在地には仏滅後百年、仏教を保護したことで知られるインドのアショーカ王（阿育王、在位前二六八〜二三二）が鬼神を駆使して建立したという八万四千の阿育王塔のうちの一つ（以下、「鄮山育王塔」）が建っており、その中に「懸鐘」があったという。[37] 時を経て鄮山育王塔は地中に埋没し、いったんは生い茂る草むらの中に高さ「数仭」[38]ほどの「方基」がわずかに頭を覗かせる程度の状態となってしまうものの、西晋の泰康二年（二八一）に劉薩訶なる人物が閻魔王に命じられて土中から塔を掘り出したことが（阿育王寺建立の）発端となり、以後唐代に至るまで造塔・造堂が頻繁に繰り返されていると『東征伝』は述べている。[39] この説話の典拠に相当するのが、唐・道宣（五九六〜六六七）『集神州三宝感通録（以下、『感通録』）』巻上「西晋会稽鄮塔縁一」をはじめとする数々の霊験譚である。[40] 鄮山育王塔に関する説話は同じ道宣の手になる『法苑珠林』をはじめ、『広弘明集』や『宋高僧伝』巻第十三・慧達伝などにも伝えられるが、[41]『感通録』所収のものが最古の形態と考えられる。[42]

『感通録』では、生前の劉薩何（『東征伝』では「劉薩訶」）が狩猟を生業としていた点、死没後の劉薩何が「梵僧」から阿育王塔と「浮江（浮屠・浮図のことか）石像」の所在地における勤行と懺悔を命じられた点、蘇生した劉薩何が生前の罪業を反省し、出家し慧達と名乗った点、夜間に地下から鐘の音が聞こえたために寺を建立したところ、三日後に地中から宝塔と仏舎利が「踊出」した点や宝塔内に吊るされた銅鐘からは常に音が発せられていた点など、[43]天人からの冥感・感通によって自説の修正や新説の提起の正当性を強調する道宣に相応しく、[44]『東征伝』所収の鄮山育王塔説話と比較して詳細かつ霊験譚的性質の強い内容が目立つものの、[45] 基本的な話の筋立てに変わりはない。

鑑真一門を自身に先立つ天台の法匠と位置づけていた[46]最澄およびその門弟たちにとって、『東征伝』所収の鄮山育王塔説話は馴染み深いものだったはずである。また、鑑真は唐・神龍元年（七〇五）に道岸（六五四〜七一七）から菩薩戒を、また景龍元年（七〇七）には恒景（『東征伝』では弘景と表記）から菩薩戒を受けているが（『東征伝』）、両名はいずれも道宣を祖とする南山律宗の僧侶である。[47] 鑑真一門の法祖に当たる道宣の著作が日本仏教に与えた影響も無視できない。とりわけ、『感通録』の鄮山育王塔説話は、地中から七宝塔が「踊出」する『法華経』見宝塔品を髣髴とさせる点において最澄一門の好尚に適うものであったかもしれない。[48] 弘仁九年（八一八）、最澄は鎮護国家を目的として全国に六箇所の宝塔を建立する計画を立てている。[49] うち、最澄在世中に建立された上野国浄土院・下野国大慈寺の宝塔については梵鐘の鋳造・設置を示す記事が存在しないものの、最澄没後に建立された比叡山内の宝塔については「建立縁起」に記載のある東塔院に加え、西塔院にも梵鐘が設置されるに至る。[50] 最澄は比叡山への梵鐘設置について、自身の留学した天台山国清寺に範を求めたものと述べているが（後述）、宝塔と梵鐘とが併設された比叡山東塔および西塔の事例（および「宝塔」の有する本来的意義）を鑑みるならば、『東征伝』『感通録』等に認められる鄮山育王塔説話の影響をも考慮する必要があるだろう。

さて、以上に確認したような梵鐘一般の特質と、「天長四年の造鐘事業」とはいかなる関わりを有することになるのだろう。

以下の部分では『一心戒文』をもとに、「建立縁起」所収の梵鐘（以下、「東塔梵鐘」）鋳造・設置の趣旨・目的、および東塔梵鐘銘文の内容について確認することにしたい。

①四条式の文を案ずるに云はく「一宗の伝法、固く大鐘の腹に鏤めて、遠く塵劫の後に伝へん」てへれば、前の丹後守従五位下浄野朝臣《宿禰》夏嗣の鐘銘を撰し、冷然太上天皇（嵯峨上皇…冨樫補記）の御書なり。「冷然」等の二十三字は、従二位大納言良峰朝臣に賜ひ、某甲（光定…冨樫補記）自ら手書す。唐臣の琳が卒文を書くが如し。「叡山延暦寺鐘銘」等の七十五字は、冷然太上天皇の御書なり。茲をもて之を知るに、②先師（最澄…冨樫補記）の四条式の文は、南岳天台の迹を継ぎ、永代の後に流へん。③鐘銘の文を案ずるに「此の山の頽有れども、此の銘の闕無からん」てへれば、千仏の現れんことを期し、将に三学の竜華の朝に伝はらんとするに、深戒の香を開き、弥勒の大導師、一乗の仏位を開かる。南岳大師・大善大師・智者大師・僧照大師・灌頂等の六祖の大師、叡山大師・真言大師・義真大師・円澄大師・三綱の一衆、一師の闕無く、竜華に交接せむ。④今日の深法の旨、将に竜華の仏前に悟るに一乗の功徳を以てし、冷然太上天皇（嵯峨上皇…冨樫補記）を荘し奉り、淳和太上天皇を荘し奉り、承和天皇（仁明天皇…冨樫補記）を荘し奉り、贈正一位左大臣兼左近衛大将藤原朝臣冬嗣が尊霊を荘

し奉りて（中略）⑤代宗帝の大聖文殊閣の額を書するが如し。(51)　　　　[一心戒文・巻上]

右の記事によれば、東塔梵鐘鋳造・設置の趣旨・目的は以下の四点に要約できよう。

第一に「天長四年の造鐘事業」は弘仁十年（八一九）に最澄が朝廷に提出した天台宗学生の規則『四条式』をふまえ（傍線①部分）、慧思・智顗の教えを受け継いで未来永劫伝えていくことを誓約したものであること（傍線①・②部分）、第二に、東塔梵鐘は釈尊までの過去四仏と弥勒以下の未来九百九十六仏の出現を期すると同時に、最澄・義真・円澄ら天台宗の僧侶から三綱の諸僧に至るまでも一人残らず竜華会、すなわち釈迦滅度の五十六億七千年後に実現する弥勒下生への臨席実現を願うものであること（傍線③部分）、第三に、東塔梵鐘を造ることで嵯峨・淳和・仁明の三代、藤原良房（八〇四～八七二）、和気真綱（七八三～八四六）、さらに物故者である藤原冬嗣（七七五～八二六）、良峰安世（七八五～八三〇）、伴国道（七六八～八二七）、藤原三成《ただひら》（七八六～八三〇）、藤原是雄（?～八三一）、和気弘世（生没年未詳）、浄野夏嗣（生没年未詳）といった、天皇・上皇、在俗後援者らの供養や追善をも企図すること（傍線④部分）、嵯峨上皇の鐘銘揮毫が唐・代宗（七二六～七七九、在位七六二～七七九）による大聖文殊閣の額への揮毫と重ね合わせられていること（傍線⑤部分）である。

　このような趣旨・目的のもと、浄野夏嗣撰、嵯峨上皇（および光定）の揮毫により、以下のような鐘銘が作成・彫刻されたという。

⑥法王出現　開示衆生　天台教迹　⑦興（与カ）仏同情　明明智智　鷲嶺昔聴
双伝定慧　載弘妙経　⑧赫赫桓武　命茲澄公　乗杯求法　発彼童蒙
両人年分　三昧興隆　⑨弘仁御暦　闡揚遺風　文殊上座　因修（循カ）唐例
住山一紀　円戒異制　⑩欲鏤鯨鐘　流号後裔　義真法子　余軌是継

丁未《天長四》在歳　仲侶之月　事畢功満　清音発越[11]　四生福利　六道苦歇

此山有頽　此銘無闕(52)

［一心戒文・巻上］

右に示した東塔梵鐘銘文には、法王（釈尊）による『法華経』の教えの開示（傍線⑥部分）、慧思・智顗両名による霊鷲山同聴・『法華経』に基づく天台教学の宣布（傍線⑦部分）、桓武の命による最澄の唐留学・止観遮那両業の年分度者公認と比叡山における止観興隆（傍線⑧部分）、嵯峨治世下における（唐制にならった）一向大乗寺・十二年間籠山修行・南都の僧綱から独立した大乗菩薩戒壇の設置（傍線⑨部分）、『四条式』に表明された最澄の遺志を継承した初代天台座主・義真による天長四年仲侶之月（四月）の造鐘完了（傍線⑩部分）という五つの歴史的事象により、釈迦による霊鷲山での『法華経』説法に端を発する「一宗の伝法」が極めて簡潔に表されている。ここで注目すべきは、傍線⑧・⑨部分に認められるように、日本での天台宗確立が桓武、そして嵯峨による働きかけと不可分の事象として語られているということだ。東塔梵鐘には生きとし生ける全ての存在（四生・六道）への招福・抜苦（傍線⑪部分）と共に、桓武・嵯峨両帝と天台宗との強い結びつきが強く志向されていた。

　坪井良平の調査によると、推古期から平安時代にかけて鋳造されたと推定される梵鐘のうち、残存するものは三十五例あり、うち鐘銘を有するものは半数未満の十四例に過ぎない(53)。銘文の多くは鋳造の経緯や年月日を簡潔に示すに止まり、中には「聖躬」の語を用いた「興福寺観禅堂鐘銘文(54)」（神亀四年〈七二七〉）のような例はあるものの、銘文の表現から特定の天皇との具体的な関わりを読み取ることはできない。また、東塔梵鐘同様に文人が深く関わった、橘広相（八三七～八九〇）、藤原敏行（？～九〇一）、菅原是善（八一二～八八〇）による「三絶の鐘」こと神護寺鐘銘（貞観十七年）には、天皇・皇族や朝廷との関わりを示唆する表現が見当たらない。このように同時期に撰ばれた他の鐘銘と比較すると、東塔梵鐘は桓武・嵯峨両帝、および具体的な貴族との関連を強調する内容を有する点により大きな特徴があるといえよう。

それでは、東塔梵鐘に認められる右の志向は、最澄没後に義真・光定ら最澄門弟によって方向づけられたものなのだろうか。その疑問を解く鍵は、以下に引用する最澄自身の願文に含まれている。

> 忝聞するに、苦を息むるの妙術は鐘音最勝にして、衆を集むるの好厳は揵槌尤要なり。故に①罽賓の昵吒は刀輪を千頭に脱し、②隋朝の智興は夢もて絹千返を足せらる。③所以に支那の天子は鐘を鋳て遠く天竺に贈り、日本の聖帝は鐘を造りて精舎に懸く。銀地の上、鐘声谷に満ち、金地の辺、鐘響数里なり。
>
> 今我が比叡の峯は、日本国の名山にして、平安城の東岳なり。東に近湖を臨みて朝日に影を垂れ、西に帝苑を望みて夕月に郭を為す。南は海門に通じ、北は羅嶽に至る。是こを以て、④延暦の歳に円宗を蓮華に開き、弘仁の年に定慧を金字に題す。両箇の出家は歳歳天に長く、一乗の伝灯は年年地に久し。禅室は寂静にして、揵（槌カ）上行列す。房舎は帷を垂れて、谷側窓を開くに、白雲時に来たりて、青天は頂きに近し。
>
> ④最澄・義真・丹福成等、大唐貞元、師支（友カ）を天台に訪ね、大鐘を国清に見る。禅客時に候ひて、鐘を聞きて定を出づ。窃かに以みるに金銀七宝、業に順ひて有無あり。集衆の七具、方に随ひて亦別たり。伏して惟みるに、日本天下、金山の東に秀れ、金荘繁興す。銀島の西に崎《そばだ》ちて、宝鏊乏しき無し。鉄浜往往にして諸洲に散じ、銅岡は峨峨として、長く郡に出づる。金の種甚だ多し。何ぞ破竹を振るはんや。銅の聚むれども尽くること無し。豈に吹螺を仮らんや。
>
> 是の故に維れ弘仁十年、竜集己亥、夏四月、比叡山に於いて苦を息むるの鐘を禅院に鋳し、火血の刀を塵劫に転ずれば、斯文朽ちず、鐘銘損ずる無からん。（中略）伏して乞う、⑤聖主恩を降し、哲臣徳を垂れ、吠舎銅を加へ、首陀供に足り、鋳して大鐘を成さんことを。(55)
>
> ［一心戒文・巻中］

最澄が右の願文を著した経緯は必ずしも明らかではないが、文中に弘仁十年（八一九）四月の語が見えるところから、その成立は同年三月十五日の『四条式』制定・『請立大乗戒表』奏上直後と考えられ、先に見た「一宗の伝法、固く大鐘の腹に鏤めて、遠く塵劫の後に伝へん」（『四条式』）という最澄の理念を補完する内容をもつものと見なしていいだろう。ここでは、鐘声による済度を説く「罽賓の膩吒」すなわちカニシカ王説話（傍線①部分）、智興説話（傍線②部分）の内容を前提として、中国の皇帝および日本の天皇が梵鐘を重視してきたことを述べる（傍線③部分）。さらに、最澄は勝地としての比叡山を賞賛するとともに、延暦二十五年における天台宗年分度者公認、および嵯峨による桓武書写『摩訶止観』題への揮毫[56]という事蹟を取り上げ、後代における天台宗の隆盛を展望する。

以上の内容は、先にみた東塔梵鐘銘文の「一宗の伝法」における時間軸とパラレルな展開を見せており、桓武・嵯峨両帝と天台宗との結びつきを後代に伝えんとする「東塔梵鐘」銘文の骨格が、最澄の段階ですでに形作られていたことを雄弁に物語っている。さらに、最澄が鋳造せんとしている梵鐘の先蹤が天台山・国清寺に設置されていた「大鐘」に求められており（傍線④部分）、金・銀・鉄・銅の豊富な日本の比叡山に「苦を息むるの鐘」を設置することの正当性が主張される。「聖主」「哲臣」「吠舎《ばいしゃ》（「庶民」を意味する梵語 veśa の音訳語）」「首陀《しゅだ》（「農奴」などの最下層民を意味する梵語 śūdna の音訳語）というインド伝統の四姓制度に擬えられた傍線⑤部分の表現と、聖武天皇により発せられた〈大仏造立の詔〉における「国の銅《あかがね》を尽くして象《かたち》を鎔《い》、大山《たいさん》を削りて堂を構へ、広く法界に及《およぼ》して朕《わ》が智識とす。遂に同じく利益を蒙りて共に菩提を致さしめむ。（中略）如《も》し更に人有りて一枝の草一把の土《ひぢ》を持ちて像を助け造らむと情《こころ》に願はば、恣に聴せ。」（続日本紀・巻第十五・天平十五年十月辛巳条）という表現との論理的類似性を重視するならば、最澄による東塔梵鐘の鋳造・設置計画とは、上は天皇から下は庶民に至るあらゆる階層の賛助を通じて、その「苦を息むる」ことを企図したものであったといえる。

このように、あらゆる階層を包含した「息苦」を企図する最澄の姿勢は近接した時期に行われた御霊慰撫においても認めることができる。嵯峨・淳和期には早良親王（崇道天皇）や伊予親王らの「御霊」を慰撫する目的で数多くの法会が行われた。それらの中で、最澄主宰の法会には政治的敗残者たる早良・伊予らのみならず、さまざまな階層の多くの人が供養の対象にされているという顕著な特徴が存在する(57)。そのことと軌を一にするように、光定ら遺弟によって具現化された東塔梵鐘にも「息苦」の意識をみることが可能である。

最澄によって構想された梵鐘鋳造・設置事業は皇族・貴顕との繋がりを示す単なるモニュメントに留まるものではなく、その先に一乗思想に基づいた救済観念を含むものだったのである（次章にて詳述）。

五　比叡山東塔造鐘事業の意義（二）――「鎮魂」の梵鐘――

前章で確認したように、東塔梵鐘の銘文には生きとし生けるあらゆる衆生を救済せんとする強い志向とともに、桓武・嵯峨両帝、および貴顕の後援者と天台宗との結びつきを後代に伝えようとする、同時代の鐘銘には見られない顕著な特徴が存在した。また、このような特徴は義真・光定ら最澄の門人の独断に拠るものではなく、一乗思想に立脚した救済観念に基づき、すでに最澄自身が『四条式』制定の段階において明確に構想していたものであった。以下の部分では、「東塔梵鐘」銘文に認められる以上のような特質がいかなる意義をもたらしたのかという点について検討を加えてみたい。

「建立縁起」に示された東塔梵鐘の造鐘は大乗菩薩戒壇設置計画と密接な関係を有するのみならず、その設置場所である「近江宝塔院」（六所宝塔願文）整備とも一体の事業と見なされていた。先に確認したように、東塔梵鐘の鋳造・設置にあたっては大乗菩薩戒壇建立という〈政治的ハードル〉と、鋳造・設置資金の調達という〈経済的ハードル〉との二つを克服する必要があった。前者については弘仁十三年（八二二）六月十一日の大乗菩薩戒壇設立勅許によって障壁が取り除かれたことになるが、東塔梵鐘の落成まではさらに五年もの歳月を要していることから、後者の〈経済的ハードル〉克服が容易なことではなかったことがわかる。

桓武・嵯峨両帝と天台宗との強い結びつきのシンボルとなる東塔梵鐘の造鐘を実現するにあたり、〈経済的ハードル〉はいかにして跳び越えられたのか。『一心戒文』巻中「鴻鐘東塔成弁文」には、東塔整備の経緯について述べた部分が存在する[58]ので、以下にその梗概を示すことにする。

最澄が梵鐘の設置場所を東塔付近に決定した当時、好堅禅師なる人物が東塔の建立を一身に引き受けていた。最澄はその功績を認めて好堅を得度させようとしたが、東塔建立という事業は好堅一人の身には重く、長期間を費やすものの遂行は困難をきわめていた。弘仁十三年、「大殿藤原内侍専（冬嗣の同母兄、真夏か）」が従三位に叙せられた際、光定は「粟田乳母」からの伝言として「大師の功徳」たる東塔建立事業に対する援助を求めるとともに、「藤大臣」冬嗣を通じて嵯峨への奏上を依頼した。そこで「専」が直ちに冬嗣に東塔建立事業の件を伝えたところ、ほどなくして嵯峨の耳に達するところとなり、近江国へ「四百斛料」が下賜され、うち三百俵の米が比叡山に配当された。その結果、好堅と「専」は東塔落成という「大師の願」実現へと大きく前進するとともに、好堅は得度して「天照」と名乗るに至ったという。

藤原真夏が従三位に処せられたのは弘仁十三年正月七日のことであり（『日本紀略』ほか）、三百俵の米が比叡山に配当されたのは最澄死去に前後する時期であったと考えられる。大乗菩薩戒壇設置許可により、それまで凍結せざるを得なかった造鐘計画を公にすることが可能になったことと前後して、梵鐘造鐘と不離の関係にある東塔整備への援助が、他ならぬ嵯峨によって行われたのである。光定をはじめとする最澄の遺弟たちにとって、嵯峨による東塔造営への支援策は造鐘事業に対する〈結縁〉としても理解されたのではないだろうか。換言すれば、光定をはじめとする遺弟たちは、最澄から継承した東塔梵鐘の鋳造・設置計画に対する嵯峨からの〈後ろ盾〉を、東塔建立への支援策というかたちで獲得したということになると考えられる。このような認識はおそらく最澄一門の一方的な思い込みではなく、嵯峨や淳和の側にも共有されていた可能性が高い。そのことを論証するために、『一心戒文』に沿って東塔整備の経緯をもう少し追ってみることにしよう。

嵯峨天皇の援助が功を奏し、東塔建立事業は大いに進展したものの、梵鐘鋳造を含む「彼此の調度」の進捗は必ずしも順調ではなかった。そのような状況下、嵯峨の後を襲って即位した淳和が「金剛般若一万巻」[59]の転読を実施し、転読に参加した七十名の天台僧に対し「生絶（絁カ）二匹・調布等」を布施として賜与した。そこで、天台宗ではそれらの布施を売却して得た資金によって「四・五百貫の銅」を調達するとともに、光定自身も「銅七貫文」を喜捨することで、東塔梵鐘造鐘計画は俄に現実化の様相を帯びるに至ったのである。[60]すなわち、「金剛般若一万巻」転読によって発生した淳和天皇からの布施により、光定らに残された唯一の障壁である〈経済的ハードル〉が完全に撤廃されたことになる。

この「金剛般若一万巻」転読の行われた場所や時期、目的などについて、『一心戒文』では何ら触れるところがない。しかし、東塔梵鐘が落成した天長四年五月に近接する「天長四年中夏月朔乙酉」[61]、大極殿・清涼殿に「百僧」を屈請し、「雩《あまごひ》」を目的とした『大般若経』転読が実施されている点は注意すべきであろう。[62]『一心戒文』の「金剛般若一万巻」転読がこの『大般若経』転読のことを指しているのか否かは不明であるが、時期的にみて同じく「雩」を目的とした法会だった可能性までは否定できまい。[63]『大般若経』転読の際に空海の作成した願文「天長皇帝、大極殿に於いて百僧を屈する雩の願文」に見える「雩」について、渡邊照宏・宮坂宥勝校注『三教指帰・性霊集（日本古典文学大系）』は「夏の雨請い。年中の恒例であったと思われる」(64)と述べるものの、願文に見られる「霖節《りんせつ》に霖《ながあめ》せず、雨際《あめどき》に雨《あめふ》らず。其れ雨らむとし、其れ雨らむとして杲杲《かうかう》として霧巻く、霽《は》れなむと欲し、霽れなむと欲するに朦朦《もうもう》として雲舒《の》ぶ。密雲《びつうん》あって零《あめふ》らず。旬を経《へ》、日を渉る。之《これ》を河伯に祈るに、河伯国竭きぬ。之を山魅《さんび》に禱るに、山魅髪焦《こが》る」という表現からは、まさに時ならぬ異常気象のさまを読み取るのが妥当ではないだろうか。すなわち、東塔梵鐘の造鐘事業の決定打となった淳和天皇主催の「金剛般若一万巻」転読は、旱魃の終熄を期待して開催された法会であった可能性を考えたいのである。

東塔梵鐘落成のおよそ二年前にあたる天長二年（八二五）閏七月十九日、淳和天皇の主催によって『仁王護国般若経』の転読が実施された。この法会は「宮中・左右京・五畿内・七道諸国」において百の法坐を設置、八百人もの僧侶を招請して前後三日間にわたって実施された大規模なものであり、当時、少僧都の任にあった空海が呪願文作成を担当した(65)。空海の呪願文によると、『仁王護国般若経』の講説により、「五種からなる菩薩の階位の意義を明らかにし、たちまち災害や妖気の霧を追い払い、真諦・俗諦の二諦の真理を詳しく説き、すぐにめでたい前兆をもたらし、この善行はすべて天皇を助け奉ること」(66)が期待されていたというが、保立道久はこの『仁王護国般若経』転読のより具体的な目的を示唆する事件として、転読のおよそ半月前にあたる天長二年閏七月七日に柏原山陵に対して実施された、肥後国阿蘇郡・神霊池の水位低下の報告（『日本紀略』）を指摘する(67)。神霊池の枯渇は、延暦十五年（七九六）に「旱魃・疫病」の予兆として規定されたが(68)、時の桓武朝においては、当時、猛威を振るっていた早良親王の怨霊と関連づけられたようだ。また、『仁王護国般若経』転読が実施された天長二年閏七月前後も疫病や旱魃・飢饉の被害が全国的な拡がりをみせており、この時は早逝した淳和天皇の妻・高志内親王およびその父・桓武の怒りと関連づけられた可能性が高いという。[69]

右のような保立の指摘を手がかりとして、東塔梵鐘が落成した天長四年五月前後における嵯峨・淳和主催の法会の開催状況を調べていくと、ふたつの興味深い事実に行き当たる。

一点目は、伊予親王、およびその母親である藤原吉子の慰霊を目的とした法会が、嵯峨・淳和両名の主催で実施されていることである。大同二年（八〇七）、謀叛の嫌疑によって川原寺に幽閉、自害を遂げた藤原吉子・伊予親王母子の霊は九世紀前半に猛威を振るい、貞観五年（八六三）、京都神泉苑において催された御霊会では、早良親王（崇道天皇）・観察使（藤原仲成）・橘逸勢・文室宮田麻呂の四名とともに「御霊」として祀られるに至る。[70]この御霊会は、「近代以来、疫病繁発し、死亡するもの甚だ多し。天の下以為《おもへ》らく、此の災、御霊の生ずる所なり」[71]という状況下に実施されていることから、天長四年五月前後にも藤原吉子・伊予親王母子によると思われる「災」の頻発が認められ、伊予親王の異母兄弟にあたる嵯峨・淳和主導の慰霊行事が要請されたものと考えられる。

天長四年九月、淳和は橘寺に空海・豊安をはじめ各宗派から多数の僧侶を屈請して『法華経』八巻の講説を行わせると同時に[72]「若干の色の物」と「水田十余町」を施入し、異母兄弟にあたる伊予親王の追善供養を行った。[73]また、時期的にはやや遡るものの、弘仁年間にはすでに「東太上」すなわち嵯峨によって、藤原吉子・伊予親王母子の慰霊を目的とした白檀木による釈迦三尊像（釈迦牟尼仏・観世音菩薩・虚空蔵菩薩）造刻や諸天画像・曼荼羅の作成、および空海をはじめとする諸僧を屈請しての法会が実施されている。[74]弘仁期においては、最澄による護国三部経（法華経・金光明経・仁王般若経）の長講会を通じて、藤原吉子・伊予親王をはじめとする「御霊」が慰撫されていたという事実も見逃すべきではない。[75]

二点目は、嵯峨・淳和両名の父親である桓武天皇の慰霊を目的とした法会の開催である。

先に確認したように、天長二年に実施された『仁王護国般若経』転読の目的は、桓武の霊の怒りに起因すると観念されていた疫病や旱魃・飢饉を終熄させることにあった可能性が高い。桓武はその在位中、皇太子安殿親王（後の平城天皇）の病悩や実母高野新笠、皇后藤原乙牟漏や夫人藤原旅子らの相次ぐ死没、地震の頻発や富士山噴火を含む種々の災異に関し、藤原種継暗殺事件に連座して廃され憤死した早良親王（～七八五）の怨霊への対処に苦慮していた。その一方、皇族が死後〈ヒトガミ〉化して祀りあげられるという奈良時代以来の伝統[76]に則るかのように、桓武自身もその死後には「天皇霊」として観念化され、淳和期以降を中心に神意としての〈祟り〉[77]を頻発させる存在として、人々の畏怖の対象となっていた[78]。そのような桓武霊の動きに対応する嵯峨・淳和のリアクションの一つと見なしうるのが、東塔梵鐘落成の約一年前に西寺にて開催された『法華経』講説である。

丁丑、柏原（桓武…富樫補記）天皇の奉為《おほんため》に、西寺に於いて七个日を限りて『法華経』を説かしむ。別に朝議有りて、致仕大僧都護命法師を請ひて講師と為し、公卿以下は供事す。其の経は太上天皇（嵯峨…富樫補記）の手跡なり。紫震金字、玉軸繡帙なり。（中略）又、仏堂荘厳にして、種々の法物、奇を尽くし異を窮む。

［日本紀略・天長三年三月丁丑（十日）条］

右の『法華経』講説が実施される三か月後の天長三年六月、嵯峨天皇の居所と大極殿にそれぞれ百名の僧侶が屈請され、「防二疫癘一、祈二豊年一」を目的とする『大般若経』転読が実施されていること[79]から、右の『法華経』講説も桓武霊による祟りの鎮静化を期待する性格を含んでいた可能性が高い。大乗菩薩戒壇設立に反対の立場をとったことで知られる法相僧・護命（七五〇～八三四）を講師に迎えたこの法会で注目したいのは、嵯峨宸筆の金字『法華経』[80]が講説に用いられたという点である。すなわち、右の『法華経』講説は実質上、嵯峨・淳和が協同で執行したことになるのだが、この構図は、淳和からの資金提供・嵯峨の宸筆による銘文刻印によって落成した東塔梵鐘と同一であることが興味深い。

すなわち、弘仁十三年に単独で行った東塔建立事業への援助の際には梵鐘の鋳造・設置への結縁を果たすことのできなかった嵯峨は、淳和の資金提供によって大きく進展を見た造鐘計画に鐘銘への揮毫というかたちで参与することにより、東塔梵鐘の造鐘に主体的なかたちで結縁を果たしたことになる。藤原吉子・伊予親王母子に対する慰霊を目的とした法会や旱魃の終熄を祈念した『大般若経』講読と相前後して実施された東塔梵鐘の造鐘に対し、亡父・桓武の慰霊と祟りの鎮静化を意図した一年前の『法華経』講説の際と同様の方法で関与・結縁したということは、桓武以来の皇室と天台教団との理想的関係のモニュメントというべき東塔梵鐘に怨霊、および天皇霊慰撫の役割が期待されていたことを雄弁に物語る。大乗菩薩戒壇設立勅許に伴う〈政治的ハードル〉の克服以後も光定ら最澄の遺弟の前に立ちはだかり続けてきた〈経済的ハードル〉は、怨霊や天皇霊によるものと思しき度重なる災異を終熄せんとする嵯峨・淳和兄弟の助力によって克服され、ここに最澄生前からの悲願が実現するに至ったのである。

天長三年の『法華経』講読や天長四年の東塔梵鐘造鐘への援助に加え、嵯峨・淳和の両名が銘々で藤原吉子・伊予親王への慰撫を行われていることに象徴されるように、嵯峨・淳和兄弟は平安京政権の安定化を目標に、怨霊や天皇霊によって引き起こされる諸々の災異を共闘態勢で克服しようとした。ここで想起されるのが、弘仁十四年(八二三)、嵯峨上皇の提案によって実施された空海から平城上皇への灌頂(をはじめとする一連の仏教儀礼)の目的が、薬子の変以来の平城と嵯峨との関連修復、および近い将来に予定される淳和即位を見据えた〈政治的敗残者〉平城の怨霊化防止にあったとする阿部龍一の指摘である(81)。阿部の説をふまえた上で、右に確認したような東塔梵鐘を阻む〈経済的ハードル〉克服の道筋を改めて見直してみると、空海率いる真言宗との間に取り結んだ政敵排除・怨霊慰撫を目的とする「実務的」関係を、嵯峨・淳和の両名が光定らの率いる天台宗との間にも構築しようとしていたことが窺える。とくに天台宗の場合、両者の実父・桓武が大乗菩薩戒壇設置を「御願」としていた点が、嵯峨・淳和にとって重視されたことであろう。安殿親王が早良親王の怨霊による病に悩まされていた際、生前の早良親王の導師であった善珠が早良の慰霊を務めたという故事[82]からも、最澄の悲願であった梵鐘結縁には、藤原吉子および伊予親王、桓武およびその娘・高志内親王をはじめ諸々の怨霊や天皇霊の怒りを鎮める効果が期待されていた可能性が十分に考えられよう[83]。

おわりに

本稿では伝円澄「建立縁起」の校合テキスト提示、およびそこに含まれる東塔梵鐘銘造鐘に関する小記事を起点とし、最澄在世時より一貫して東塔梵鐘の造鐘に尽力した光定撰述『一心戒文』、その他の史料によって〈肉付け〉を施していくことで、『四条式』以来の悲願であった東塔梵鐘の鋳造・設置に込められた趣旨を明確化した。

最澄一門にとって、梵鐘の鋳造・設置とは大乗菩薩戒壇設置を通じて最澄が果たさんとした悲願、すなわちあらゆる衆生への招福・抜苦という救済と、大乗菩薩戒壇設置および護国仏教の発信源たる「宝塔」の建立と不可分のものであり、嵯峨（・淳和）以降の皇室と天台宗との間に構築されるべき理想的関係を象徴するモニュメントとしての役割を果たすものでもあった。しかし、その実現には大乗菩薩戒壇設置の勅許という〈政治的ハードル〉、そして鋳造・設置資金という〈経済的ハードル〉が障壁となっており、とくに後者の克服は、最澄没後における一門の大きな課題でもあった。一方、伊予親王・藤原吉子母子をはじめとする怨霊や桓武天皇・高志内親王の霊への対応に苦慮してきた嵯峨・淳和の両名は、詩文を通じて嵯峨と交友関係にあった空海・光定をそれぞれ仲立ちとするかたちで、諸霊を慰撫する「実務的」機能を備えた仏教思想への関心を深めつつあった。

このような天台側・皇室側の思惑が一致した結果、嵯峨による東塔建立への援助、および淳和による「金剛般若経一万巻」転読と嵯峨による東塔梵鐘銘文への揮筆が実現したと考えられる。光定・円澄ら天台側にとって、東塔への資金援助や転読の布施は東塔梵鐘に象徴化された天台宗と皇室との理想的関係に対する嵯峨・淳和からの承認を獲得したことを意味する一方、嵯峨・淳和ら皇室側にとっては東塔建立や東塔梵鐘の造鐘へと〈結縁〉することで怨霊や天皇霊、ことに最澄を重用した桓武（および、その娘である淳和皇后・高志内親王）の祟りの鎮静化が期待されたと考えられるのである。

本稿では「建立縁起」全体の詳細な検討、および〈楽器〉としての特質をふまえた梵鐘銘文の分析についてさまざまな課題を残すこととなった。それらの諸問題については再考を期し、ひとまず擱筆する。

注

（1）『延喜式』によると、東大寺・興福寺・元興寺・大安寺・薬師寺・西大寺・法隆寺・新薬師寺・本元興寺・唐招提寺・西寺・四天王寺・崇福寺・弘福寺・東寺が該当する（「類聚符宣抄」「大鏡裏書」「伊呂葉字類抄」「拾芥抄」に異説あり）。「十五寺」の初出は延暦廿五年四月廿五日付「応令十五大寺毎年安居奉講仁王般若経事」（『類聚三代格』巻二・経論幷法会諸僧事）であり、「天竺城中」の先例に倣い、夏安居の際、「七道諸国々分寺」とともに『最勝王経』『仁王般若経』を読誦するよう求められている（ただし、「十五大寺」を構成する諸寺については不明）。
（2）円澄が亡くなった承和三年から円仁が第三代天台座主に就任する仁寿四年（八五四）四月三日までの十七年間は天台座主不在の時期であり、検校・三綱が協同で寺務を司っていた（『天台座主記』）。
（3）薗田香融「承和三年の諸寺古縁起について」（魚澄先生古稀記念会編『魚澄先生古稀記念　国史学論叢』魚澄先

生古稀記念会、一九五九年）。

（4）　是時山家、本自無レ備、不レ能レ尽二部巻一矣。唯願七大寺々別衆僧、鉢別受二一匙之飯一、充二経生之供一。即差二使経蔵、妙證等一、謹勒二願文一、看二於諸寺一。（中略）又有二東国化主道忠禅師者一。是此大唐鑒真和上持戒第一弟子也。伝レ法利レ生、常自為レ事。知二識遠志一、助二写大小経律論二千余巻一、纔及レ満二部帙一。設二万僧斎一、同日供養。今安二置叡山蔵一、斯其経也。〔叡山大師伝〕

以下『叡山大師伝』本文は、佐伯有清『叡山大師伝の研究』（吉川弘文館、一九九二年）に拠る。

（5）巳《ママ》上二代（義真・円澄…冨樫補記）未レ被レ定二座主職一。但蒙下可レ為二伝法師一之宣旨上、執二侍寺務一。仍山上称二座主一。〔天台座主記〕

『天台座主記』本文は塙保己一・太田藤四郎編纂『続群書類従　第四輯下　補任部』（続群書類従完成会、一九二七年）に拠る。

（6）『元亨釈書』巻第二・慧解二之一、延暦寺円澄。

（7）　初大同二年二月一日、教（伝教、すなわち最澄…冨樫補記）始修二法華長講一。択二七碩徳一、各配二一巻一為二講師一。第一巻、教自講。第二巻、以レ澄（円澄…冨樫補記）領レ之。三年三月八日、修二金光明長講一、又以レ澄当二講師一。是本朝二経長講之始。〔元亨釈書巻第二・慧解二之一・延暦寺円澄〕

以下『元亨釈書』本文は、虎関師錬原著、藤田琢司編『訓読元亨釈書』（花園大学禅文化研究所、二〇一一年）に拠る。

（8）　弘仁八年三月、教、授二円教三身、蓮華因果、常寂光土等義一曰、我大唐伝来台宗奥旨、既入二汝心一。宜挑二流伝之灯一、永永不レ絶。十三年六月四日、臨終先、授二止観三徳之義一。止観心要是也。澄、悲喜交合。〔同右〕

（9）『天台霞標』『叡岳要記』ともども「同（延暦…冨樫補記）廿年正月二十六日」とするが、延暦二十五年の誤記もしくは書写過程における脱字であろう。『叡岳要記』所収の「比叡山建立縁起」テキスト当該箇所には「丙戌」の二語が付されるが（本書二八頁、【校異】［14］参照）、この干支は延暦二十五年に相当する。

（10）本縁起および『叡岳要記』には法華三昧院（法華三昧堂）の建立を弘仁二年のこととするが、『叡山大師伝』および『山門堂舎記』では翌三年のこととする。とくに『叡山大師伝』は最澄の没後間もない天長二年（八二五）正月以降に記されており、最澄の謦咳を受けた人物が豊富な資料に基づいて編纂した伝記として信頼するに足る内容を有している（佐伯有清『伝教大師伝の研究』吉川弘文館、一九九二年）。また、『叡山大師伝』最古の伝本である石山寺古写本は平安時代中期、一〇世紀から一一世紀はじめの成立とされ、多少の誤字・脱字が存在するものの、その原形をよく残存させていると考えられる（大屋徳城「石山寺所蔵旧鈔叡山大師伝に就いて」初出一九四三年、『大屋徳城著作選集5　日本佛教史論攷』国書刊行会、一九八九年）。

一方、『天台霞標』所収の「比叡山建立縁起」本文は『叡岳要記』所収のテキストに対し「前後の文に就きて、校訂補綴」を加えたものという（後述）。『叡山要記』所収の「比叡山建立縁起」テキストは仁平元年（一一五一）六月六日の写本を基にしており（本書二九頁、【校異】［47］参照）、先述の石山寺古写本『叡山大師伝』より時代的に後の成立となる。加えて、『叡山要記』および『天台霞標』所収の「比叡山建立縁起」本文には誤字・脱字が散見されることから（前掲注（9）参照）、史実としての法華三昧堂の建立は『叡山大師伝』に従い、弘仁三年（八一二）と考えるほうが適切であろう。

（11）『叡岳要記』下巻所収。
（12）薗田香融、前掲注（3）前掲論文。
（13）円澄は寂光大師と称されていた。
（14）『天台霞標』本文は、仏書刊行会編纂『大日本仏教全書　第一二五冊　天台霞標第一』（名著普及会、一九八一年復刻）に拠る。
（15）『叡岳要記』本文は、塙保己一編纂『群書類従　第二四輯　釈家部』（続群書類従完成会、一九二八年）に拠る。
（16）「大日本国初建灌頂道場定受法弟子内侍宣一首」（『顕戒論縁起』）。
（17）薗田香融「最澄とその時代」（安藤俊雄・薗田香融校注『最澄（日本思想大系4）』所収。岩波書店、一九七四年）。
（18）又九月上旬、臣弘世奉レ勅、令三最澄闍梨、為レ朕重修二行灌頂秘法一。即依二勅旨一、於二城西郊一、択二求好地一、建二創壇場一。又召二画工十余人一、敬図二五仏頂浄土一幅、大曼荼羅一幅一。勅使石川朝臣川主、検二校諸事一、自レ先受二灌頂弟子一。八大徳（道證・修円・勤操・正能・正秀・広円・円澄、および僧名不詳の一名…冨樫補記）外、更加二豊安、霊福、泰命等大徳一。灌頂既訖。

〔叡山大師伝〕

(19) 『日本後紀』巻第一三、延暦二十四年七月壬午（十七日）条。

(20) 大同元年冬十一月、於二叡山止観院一、（円澄…冨樫補記）法師為二上首一、与二百余人一、受二円頓菩薩大戒一。此亦天台師々相伝大戒之初也。
〔類聚国史・巻第一七八・仏道部五・灌頂〕

(21) 『元亨釈書』慧解二之一・延暦寺円澄（前掲注(7)、前掲史料）。

(22) 同右。

(23) 於レ是最澄等、率二一両同法一、大同四年春、二月十五日、建二立此長講、妙法蓮華経一。
〔最澄・長講法華経後文略願文（『伝教大師全集』巻四・二三九頁）〕

(24) 以二大同五年正月一、於二宮中金光明会一、始天台宗年分八人共出家也。年々度者、相続不レ絶。又同年春、勧二道心者一、於二一乗止観院一、起二始長講金光明・仁王・法華三部大乗経一。毎日長講一日不レ闕。此願此行、後際豈絶哉。
〔叡山大師伝〕

(25) ただし阿部龍一によると、空海の仏教者としての活動が飛躍的に発展するのは淳和天皇即位以後のこととされ、その理由としては、①嵯峨天皇が空海の書や詩才に関心を有していたこと、②嵯峨天皇が書や詩文以外で空海との関係から期待したのが、密教そのものに関する興味というよりは、怨霊の慰撫や過去の敵対者との和解といった「実務的」事柄にあったこと、の二点が指摘できるという（阿部龍一「平安初期天皇の政権交代と灌頂儀礼」サムエル・C・モース・根本誠二編『奈良・南都仏教の伝統と革新』勉誠出版、二〇一〇年）。

(26) 光定『伝述一心戒文』巻中（『伝教大師全集』巻一・六〇二頁）。

(27) 「叡山大師伝」（『伝教大師全集』巻五・附録二二頁）。

(28) ただし、ここには触れられていないものの、弘仁十三年（時期的には「建立縁起」本文・Cの前後に相当）に東塔造営への補助を目的として近江国へ「四百斛料」が下賜され、うち三百俵が比叡山に配当されたという（『伝述一心戒文』巻中「鴻鐘東塔成弁文」『伝教大師全集』巻一・五八四～五八六頁）。『伝述一心戒文』撰者の光定をはじめとする最澄の遺弟たちにとって、嵯峨による東塔造営への援助は「建立縁起」本文（I）の梵鐘鋳造と連続する事業と見なされているようである（第五章にて詳述）。したがって、本史料では嵯峨在位時における天台宗・比叡山への態度と嵯峨退位後におけるそれとを質的に隔絶したものとして理解するのではなく、嵯峨の態度が徐々に変化していったものと理解すべきであろう。

(29) 伏乞、陛下、自二維弘仁年一、新建二此大道一、伝二流大乗戒一利益。而今而後。固鏤二大鐘腹一、遠伝二塵劫後一。
[天台法華宗年分度者回小向大式（『伝教大師全集』巻一・一九頁）]

(30) 比叡山専修院附属叡山学院編纂『伝教大師全集』巻一（世界聖典刊行協会、一九八九年復刻）五八四・五八五頁。以下、『一心戒文』訓読文は上記テキスト所収の訓点および返り点に基づき作成した。

(31) 弘仁帝、好レ文。定（光定…冨樫補記）有二外学一、常陪二文宴一、以故狎レ帝。及叡壇立、定抱二戒疏草一、乞二宸筆一。帝笑而書。
[元亨釈書・巻第三・慧解二之二・叡山光定]

(32) 最澄上下建二大乗戒壇一之奏上、僧綱相共難論。仍付二光定一返却。十三年六月四日、最澄卒。後殊被レ許二伝戒一、此光定内供奉之力也。
[日本文徳天皇実録・巻十・天安二年八月戊戌（十日）条]

(33) 福山敏男「初期天台真言寺院の建築」（初出一九三六年、のち加筆修正の上、『福山敏男著作集三　寺院建築の研究　下』所収。中央公論美術出版、一九八三年）。

(34) 鐘台 淳和御宇、天長四年
檜皮葺二間、鐘台一宇。繋二銅鐘一口一。高八尺、口径四尺五寸。 別当内供奉光定、奉二制鋳鐘一。従五位前丹波守浄野朝臣夏野（嗣カ）作二鐘銘一、太上天皇振二宸筆一。

[叡岳要記・上（『群書類従』第二四輯・五二〇頁）]

『山門堂舎記』には「弘仁九年伝教大師鋳レ鐘建レ堂」（『群書類従』第二四輯・四七二頁）と、天長四年の造鐘事業以前に最澄主導で梵鐘が鋳造された旨の記録が存在する。しかし、その内容は当事者であった光定の手になる『一心戒文』に示された造鐘事業の経緯と矛盾する（四・五章参照）ことから、誤伝もしくは後世の創作と判断していいだろう。

(35) 坪井良平「梵鐘」(『考古学講座』所収。国史講習会雄山閣、一九二八～一九三九年)、同『日本の梵鐘』(角川書店、一九七〇年)、久保常晴「梵鐘名称考」(『立正大学文学部論叢』二九、一九六七年)。神田喜一郎監修・大谷大学編『日本金石図録』(二玄社、一九七二年)、奈良文化財研究所飛鳥資料館編『古代の梵鐘』(奈良文化財研究所飛鳥資料館、二〇〇四年)など。

(36) 是故、先王之制二礼楽一、人為二之節一。衰麻哭泣、所三以節二喪紀一也。鐘鼓干戚、所三以和二安楽一也。昏姻冠笄、所三以別二男女一也。射郷食饗、所三以正二交接一也。礼節二民心一、楽和二民声一、政以行レ之、刑以防レ之。礼楽刑政、四達而不レ悖、則王道備矣。

[礼記・巻第一九・楽記]

(37) 鄮山育王塔の構造について、安藤更生は鄮山育王塔を模して造ったと伝えられる顕徳二年(九五五)、呉越王・銭弘俶による八万四千塔(『仏祖統記』)を手がかりに「四枚の厚い銅板を寄せて四角い筒を作り塔身となし」、四面の内壁にそれぞれ四本生譚の図像を画いたもので(『東征伝』。注(39)後掲史料参照)、塔の内部の空洞部分に鐘が吊るしてあったものと推測する(安藤更生「鄮山阿育王塔の研究」『鑒眞大和上傳之研究』所収。平凡社、一九六〇年)。

(38) 周代の制によると、七尺ないし八尺(一尺は約二〇センチメートル)。

(39) 寺有二阿育王塔一。(中略)其育王塔者、是仏滅度後一百年時、有二鉄輪王一。名二阿育王一。役二使鬼神一、建二八万四千塔一之一也。其塔非レ金非レ玉、非レ石非レ土、非レ銅非レ鉄、紫烏色、刻鏤非レ常。一面薩埵王子変、一面捨眼変、一面出脳変、一面救鴿変。上無二露盤一、中有二県（ママ）鐘一。埋二没地中一、無二能知者一。唯有二方基一。高数仭、草棘蒙茸、罕レ有二尋窺一。至二晋泰始（ママ）元年一、并州西河離右（ママ）人劉薩訶者、死到二閻羅王界一。閻羅王教レ令二掘出一。自二晋・宋・齊・梁一至二於唐代一、時時造レ塔造レ堂、其事甚多。

[東征伝]

(40) 『感通録』「西晋会稽鄮塔縁一」の存在については、北條勝貴氏のご教示を得た。唐代以後の阿育王寺の推移や鄮山阿育王塔にまつわる種々の説話などについては、安藤更生、注(37)前掲論文を参照。

(41) 汪向榮・厳大中校注『唐大和上東征伝・日本考(中外交通史籍叢刊一四)』(中華書局、二〇〇〇年)五四～五六頁(汪向榮担当)。

(42) 安藤更生、注(37)前掲論文。

(43) 案二前伝一云。晋大康二年、有二幷州離石人、劉薩何者一。生在二畋家一、弋猟為レ業、得レ病死。蘇見二一梵僧一。語レ何曰、汝罪重、応レ入二地獄一。吾閔レ汝、無レ識且放。今洛下齊城、丹陽会稽、並有二古塔、及浮江石像一、悉阿育王所レ造。可三勤求礼懺。得レ免二此苦一。既醒之後、改二革前習一、出レ家学レ道、更名二慧達一。如レ言南行、至二会稽海畔一。山沢処処求覓、莫レ識二基緒一。達、悲塞煩惋、投レ告無レ地。忽於二中夜一、聞二土下鍾《ママ》声一。即迂二記其処一、剡レ木為レ刹。三日間、忽有二宝塔及舎利、従レ地踊出一。霊塔相状、青色似レ石、而非レ石。高一尺四寸、方七寸、五層露盤、似二西域于闐所レ造。面開二窓子一、四二周天鈴一。中懸二銅磬一、毎有二鍾《ママ》声一。疑此磬也。繞二塔身上一、並二是諸仏・菩薩、金剛・聖僧、雑類等像一。状極微細、瞬レ目注レ睛、乃有二百千像現一、面・目・手・足、咸具備焉。斯可レ謂三神功聖迹、非二人智所一レ及也。今在二大木塔内一。於二八王日一、舁二巡邑里一。見者莫レ不二下拝・念仏一。其舎利者、在二木塔底一。其塔左側、多有二古迹一。塔側諸曁縣。

「感通録・巻上・西晋会稽鄮塔縁一（『大正新修大蔵経』第五二巻、四〇四頁B一二〜C三）」

(44) 山崎宏「唐の西明寺道宣と感通」（『隋唐佛教史の研究』所収。法藏館、一九六七年）。

(45) 最古の原形を有する『感通録』所収の鄮山育王塔説話の内容と『東征伝』所収のそれとの内容・性質の相違を考える上で、山崎宏と安藤更生の指摘が参考になると思われる。山崎は「西晋会稽鄮塔縁一」を含む『感通録』上巻所収の舎利塔縁起譚全般の特徴として、「その叙述には余り力が入っていない」とし、その理由を「道宣が、東晋頃から不明になった堂塔の遺跡の因縁伝説を、感通によってインドの阿育王伝説に結びつけ、仏教の中国伝来をなるべく早期に、しかも広範囲に解説しようとした」ことに起因すると考えている（山崎宏、同右書）。一方、安藤は鄮山育王塔の色に関する描写について『感通伝』と『東征伝』との間に異同が生じていることに注目し、「『感通録』は青色といひ、『東征伝』は紫烏色といふが、道宣はこの塔を実見してゐない筈であるから、従来の伝へによって書いたのであらうし、（『東征伝』のもととなった『大唐伝戒師僧名記大和上鑑真伝』を記した鑑真門弟の…富樫補記）思託は親しくこれを見てゐるのであるから、天宝初年の実際を記してゐるのであらう」と述べている（安藤更生、注(37)前掲論文）。両者の説に従うならば、インドの阿育王伝説によって潤色された、鄮山育王塔　未見の道宣の手になる『感通録』所収の説話より、阿育王寺への留置体験を有する思託の記録に拠る『東征伝』のほうが、より実態に即した内容を有する可能性が高いだろう。

(46) 井上光貞『日本古代の国家と仏教』（岩波書店、一九七一年）。

(47) 塚本善隆「中国仏教史上における鑑真和上」（塚本善隆『塚本善隆著作集第六巻　日中仏教交渉史研究』所収。大東出版社、一九七四年）。

(48) 爾時、仏前有七宝塔。高五百由旬、縦広二百五十由旬。従地踊出、住在空中。種種宝物、而荘校之。五千欄楯、龕室千万。無数幢幡、以為厳飾、垂宝瓔珞、宝鈴万億、而懸其上。四面皆出多摩羅跋、栴檀之香、充遍世界。其諸幡蓋、以金・銀・琉璃・硨磲・碼碯・真珠・玫瑰、七宝合成、高至四天王宮。

［妙法蓮華経・巻一一（『大正新修大蔵経』第四六巻、三二頁B一七～二三）］

(49) 安東。上野宝塔院。在緑野郡。
安南。豊前宝塔院。在宇佐郡。
安西。筑前宝塔院。
安北。下野宝塔院。在都賀郡。
安中。山城宝塔院。在比叡山西塔院。
安総。近江宝塔院。在比叡山東塔院。

［六所宝塔願文（『伝教大師全集』巻五、三七三頁）］

(50) 西塔院設置の梵鐘には「比睿山延暦寺西宝憧《ママ》院鳴鐘天安二年八月九日至心鋳甄」という鐘銘が刻まれており（山田孝雄・香取秀真『続古京遺文』）、文徳天皇（八二七～八五八、在位八五〇～八五八）の御願によって嘉祥年間（八四八～八五一）に創建された宝幢院への造鐘計画により、天安二年（八五八）に鋳造・設置されたものと考えられる。この梵鐘は西塔から大雲寺（現・京都市左京区岩倉）に転じた後、現在は京都府立総合資料館にて保存されている（福嶋昭治「大雲寺鐘銘」上代文献を読む会編『古京遺文注釈』所収。桜楓社、一九八九年）。

(51) 『伝教大師全集』巻一、五四五～五四八頁。

(52) 『伝教大師全集』巻一、五四七～五四八頁。

(53) 坪井良平「梵鐘」(注(35)前掲論文)。

(54) 楗槌神器、金鼓仁風、声振鷲岳、響暢龍宮。奉為四恩　先霊聖躬、遊神寿域、晤言天衆。釦輪息下、折機清空。芥城伊竭、弘誓無窮。鋳銅四千斤、白鑞二百六十斤。神亀四年、歳次丁卯。十二月十一日鋳。□主徳因時。

[上代文献を読む会編『古京遺文注釈』一五三頁]

(55) 『伝教大師全集』巻一、五八七〜五八八頁。

(56) (弘仁…冨樫補記)六年春三月、先帝(桓武…冨樫補記)新写天台法門、纔装潢已。惟昔者、梁武帝書二達磨大師碑一、唐大宗帝書二慈恩寺碑一。則天皇后書二花厳題一、代宗帝書二大聖文殊閣額一。是並聖徳高蹤、永代不レ朽者矣。今、我大日本弘仁文武聖帝(嵯峨…冨樫補記)、雄筆微妙、希世霊珍焉。思念御二書金字摩訶止観題一、安二置七寺一、流二布万代一、所二以正教久住、国家永宝一也。十七日国忌、寄二左大臣藤原朝臣一、謹奏二聞内裏一。追福之隟、御筆揮レ勢、金題為レ光。瞻仰緇素、目不二暫捨一。歓悦随喜、劫尽豈窮哉。

[叡山大師伝(佐伯有清『伝教大師伝の研究』四二三頁)]

(57) 櫻木潤「嵯峨・淳和朝の「御霊」慰撫――『性霊集』伊予親王追善願文を中心に――」(『仏教史学研究』四七-二、二〇〇五年)。

(58) 『伝教大師全集』巻一、五八五・五八六頁。

(59) 現存の「金剛般若経」こと『金剛般若波羅蜜多経』はいずれの訳本も一巻本であり、「一万巻」を転読したという『一心戒文』の記事には不審な点も存在する。あるいは『大般若経(摩訶般若波羅蜜多経。現行のテキストは二七巻本)』など、他経典名の誤記・誤写という可能性も考えられよう。

(60) 『伝教大師全集』巻一、五八五頁。

(61) 渡邊照宏・宮坂宥勝校注『三教指帰・性霊集(日本古典文学大系71)』(岩波書店、一九六五年)二九二頁頭注五では「夏のなかば(また仲夏―陰暦五月の半ば)。」とする。

(62) 空海「天長皇帝於大極殿屈百僧雩願文」(『遍照発揮性霊集』巻第六所収)。

(63) 疫病流行や旱魃・飢餓の主要因とされた怨霊鎮撫に用いられた仏典としては大般若経・金剛般若経・法華経・般

若心経・金光明最勝王経・仁王経・薬師経が挙げられるが（田村圓澄「神宮寺と神前読経と物の怪」初出一九五四年。『飛鳥仏教史研究』所収。一九六九年、塙書房）、その中でも無相の理を説く内容を有し、呪術的側面を多分に有する『大般若経』が有効視される傾向にあったという（山田雄司「怨霊への対処――早良親王の場合を中心として――」初出二〇〇一年、『怨霊・怪異・伊勢神宮』所収。二〇一四年、思文閣出版）。

(64) 渡邊照宏・宮坂宥勝校注、注(61)前掲書、一九二頁、頭注四。

(65) 『類聚国史』巻百七七、佛道四、仁王会。

(66) 森田悌全現代語訳『日本後紀（下）（講談社学術文庫）』（講談社、二〇〇七年）二一二頁。

(67) 保立道久『歴史の中の大地動乱――奈良・平安の地震と天皇――（岩波新書）』（岩波書店、二〇一二年）。

(68) 『日本後紀』巻第五、延暦十五年七月辛亥（二十二日）条。

(69) 保立道久、注(67)前掲書。

(70) 『日本三代実録』巻七、貞観五年五月二十日条。

(71) 同右。

(72) 兼延二屈致仕僧都空海、少僧都豊安、致仕律師施平、律師載栄、泰演、玄叡、明福等一、以為二講匠一。泰命都講、慈朝達親。法相中継、隆長等。三論寿遠、実敏等。真言真円、道雄等、廿智象、聴法上首。四箇日間、開レ巻尽レ文、旗鼓談レ義。［空海・天長皇帝為故中務卿親王捨田及道場支具入橘寺願文］

(73) 「天長皇帝為故中務卿親王捨田及道場支具入橘寺願文」（『遍照発揮性霊集』巻第六所収）。

(74) 「東太上為故中務卿親王造刻壇像願文」（同右）。この法会の開催された時期・場所について願文には具体的な記載がないが、本稿では、大同二年の段階で剝奪されていたはずの両名の官位が復されている点などに基づき、本願文の作成時期を弘仁十年（八一九）以降のこととみる櫻木潤の指摘に従いたい（櫻木潤、注(57)前掲論文）。

(75) 櫻木潤「最澄撰「三部長講会式」にみえる御霊」（『史林』九六、二〇〇二年）。

(76) 佐藤弘夫『ヒトガミ信仰の系譜』（岩田書院、二〇一二年）。

(77) 高橋美由紀「神のタタリ性――古代日本の神観念についての一考察――」（初出二〇〇〇年、『神道思想史研究』

所収。ぺりかん社、二〇一三年）。

（78）在位中に怨霊への対処に苦慮した天皇がその死後、祟りを発現させる「天皇霊」として観念化されるという〈不条理〉に関し、淳和が死の二日前に恒貞親王に対して発した「予聞、人没、精魂皈レ天。而空存二塚墓一、鬼物憑焉。終乃為レ祟、長貽二後累一。今、宜三砕レ身為レ粉、散二之山中一」（『続日本後紀』巻九・承和七年五月辛巳条）という遺勅は、足かけ十年に及ぶ在位期間中、「鬼物」の存在に苦しめられ続けた淳和の本音を窺い得る発言として興味深い（保立道久、注(67)前掲書）。

（79）（天長…富樫補記）三年六月壬寅、屈二一百僧於御在所及大極殿一、限二三箇日一、転二読大般若経一。防二疫癘一、祈二豊年一也。
〔類聚国史・巻一七三・災異七・疾病〕

（80）桓武天皇崩御の際、嵯峨は「太行皇帝の奉為に金字の法華経一部七巻」を書写して西寺に献納したものの、後にその経巻は雷火によって焼失してしまった。そのため、嵯峨は「去《い》むじ年の春の季《すゑ》」に金字『法華経』の書写を行い、再び西寺に献納したという（空海「奉為桓武皇帝講太上御書金字法華達嚫」『遍照発揮性霊集』巻第六）。

（81）阿部龍一、注(25)前掲論文。

（82）興福寺善珠任二僧正一。皇太子〔平城〕病悩之間、施二般若験一、仍被二抽賞一。去延暦四年十月、皇太子早良親王将レ被レ廃。時馳二使諸寺一、令レ修二白業一。于レ時諸寺、拒而不レ納、後乃到二菅原寺一。爰興福寺沙門善珠、含レ悲出迎、灑レ涙礼レ仏。訖レ之後、遥契遥言、前世残業、今来成レ害。此生絶レ讐、更勿レ結レ怨。使者還、報二委曲一。親王憂裡、為レ歓云、自披二忍辱之衣一、不レ怕二逆鱗之怒一。其後、親王亡霊屢悩二於皇太子一。善珠法師応レ請、乃祈請云、親王出レ都之日、厚蒙二遺教一。乞、用二少僧之言一、勿レ致二悩乱之苦一。即転二読般若一、説二无相之理一。此言未レ行、其病立除。因レ茲昇進、遂拝二僧正一。為レ人致レ忠、自得二其位一也。已上国史
〔扶桑略記抄・二・延暦十六年丁丑正月十六日条〕

（83）能筆家として知られた嵯峨の宸筆が天台宗との関連においてクローズアップされた例として、弘仁六年（八一五）三月十七日の桓武国忌の一環として実施された、桓武書写の『摩訶止観』題号への揮毫が挙げられる。この件については第四章にて言及しており、当該記事についても注(56)において既出だが、ここでは煩を厭わず再掲する。

六年春三月。先帝新写天台法門、纔装潢已。惟、①昔者梁武帝書二達磨大師碑一、唐太宗帝書二慈恩寺碑一、則天皇后

書二花厳題一。代宗帝書二大聖文殊閣額一。是並聖徳高蹤、永代不レ朽者矣。今我大日本②弘仁文武聖帝、雄筆微妙、希世霊珍焉。思念御二書金字摩訶止観題一、安二置七寺一、流二布万代一、所二以聖教久住、国家永宝一也。十七日国忌。寄二左大将藤原朝臣一、謹奏二聞内裏一。追福之隟、御筆揮レ勢。金題為レ光。瞻仰緇素、目不二暫捨一。歓悦随喜、劫尽豈窮哉。

〔叡山大師伝〕

ここで注目したいのは、嵯峨による桓武書写『摩訶止観』題への揮毫が梁の武帝や唐の太宗、則天武后や代宗といった中国歴代の仏教保護者の揮筆に擬えられている点である。うち、代宗による大聖文殊閣額への揮筆に関連して、右の『叡山大師伝』引用に用いられた「弘仁文武皇帝（傍線②部分）」という称号が唐の密教僧・不空（七〇四〜七七四）の上表文に認められる「宝応元聖文武皇帝陛下」に倣った最澄独特の表現であること（佐伯有清、注（4）前掲書）から、生前の最澄は自らを不空に、嵯峨を（不空の庇護者にして、不空から灌頂を受けた）代宗へと擬えることにより、桓武亡き後の皇室との理想的関係を模索していた可能性がある。

不空は中国における空海の灌頂師・恵果（七四六〜八〇五）の師僧にあたり、上述の上表文が収録された『代宗朝贈司空大弁正広智三蔵和上表制集（表制集）』も空海が将来したものを最澄が借覧・書写したことが知られている（『伝教大師消息』）。本来は不空との血脈関係をもたない最澄が不空の事績に注目する理由としては、空海の帰朝によって希薄となった〈日本初の灌頂師〉としての地位を不空の言説によって荘厳し、大乗菩薩戒設立に結実する天台宗独自の護国思想の正当化を図る狙いによると見られる（拙稿「毘盧遮那如来への〈みち〉――空海の言語観をめぐって――」『日本思想史学』四五、二〇一三年）。これまで確認してきた天長三年の嵯峨宸筆『法華経』による桓武霊供養、および東塔梵鐘銘への揮筆という事蹟は、光定や円澄らが最澄の構想した天台宗と皇室との理想的関係構築を基本的に継承しているという点に加え、嵯峨・淳和ら皇室側でも最澄の構想をある程度肯定的に受容する意思があったことを窺わせる点において、極めて興味深い史料といえる。

寺院縁起文の史料性について

――『興福寺縁起』を読む――

藤井由紀子

はじめに

従来の枠組みを超えて、新たな価値、新たな可能性が確実に期待されるとき、われわれは〝第三の〟という表現をしばしば使う。第三の道、第三のエコカー、そして、第三のビール。では、寺院縁起文が史実を復原する〝第三の史料〟になりうるのかどうか。それが本稿を通して投げかけたい問題である。

しかし、第三の史料という議論自体は、決して新しいものではない。例えば、かつて昭和三十年代、薗田香融氏が承和三年（八三六）の広隆寺の縁起文を取り上げ、その史料的価値を検証した際、下記のように述べたことがあった。

「縁起」とは、いわば寺院の自己表現の手段である。それは「人物」における「伝記」、「家」における「系譜」、「国家」における「正史」にも比すべきものであって、寺院の存するところ、半ば必然的に「縁起」は要請せられるのである。奈良・平安朝の縁起類が、たとえ国家の命令によつて、作成せしめられたものであつたとしても、そこに盛られた内容そのものに、寺院側の主体的表現を看取することは、さまでむつかしいこととは考えられない。私はこのような観点から、古代から中世にかけての諸寺縁起の集成と整理研究を課題としている。このことが、充分の手続きと批判の上になされるならば、上代寺院史乃至仏教史のヴイヴイツドな復原が可能ではないかと考えている。ただしそのためには、厳格な文献学的操作と批判的態度の高邁さが要求されることであろう。以下小論で試みようとする承和三年古縁起に関する考察は、こうしたためのテスト・ケースとしての意味を持つている。(1)

氏の目的は、縁起文というものの集成・整理を通して、日本仏教史を生き生きと復原しようとするところにあり、短編にしてオリジナルな内容を持つ承和三年の古縁起は「寺院側の主体的表現」、つまり、広隆寺内に蓄積された史的事実が、国家統制の弛緩期に顕在化したものとして、そこに一定の評価を与えたのである。

薗田氏の提言から五十年以上が経ち、寺院縁起文をはじめ、説話集や氏文など、正史と対応関係があり、かつ、独自の内容を持つ史料を、史実復原の材料に起用することは珍しくなくなった。特に、史料の数が非常に限られている古代史の場合、史料の裾野を広げることができれば、より具体的に問題を論じることが可能となる。

しかしながら、薗田氏が着目した「寺院の自己表現」「寺院側の主体的表現」については、まだまだ議論の余地があるのではないかと思う。確かに、氏のイメージしたように、正史等から漏れてしまった寺院側の歴史を国に向けて発信した結果、独自の事柄が記録に残されることになったという状況も十分に想定できるが、その一方で、自身の立場を正当化するため、象徴的な話材を創作・潤色し、国に向けてアピールしようとした結果、独自の記載が盛り込まれることになったという状況もまた、十分に想定できるからである。そして、当然、その史料的価値は、前者であれば、史的事実を含んだ貴重な記録ということになるし、後者であれば、内容に信憑性がなくとも、それはその史料が編まれた時代の貴重な証言ということになるだろう。

さらに、古代の寺院縁起文は、中世の寺院縁起文に比べて、史料の価値づけの幅が非常に狭隘ということも、考えておかなければならないと思う。中世の縁起文の場合、豊かな潤色を絵解きや唱導とも連動した文学的視点で評価し、系統を分類する研究も盛んだが、古代の縁起文の場合は、薗田氏の「厳格な文献学的操作と批判的態度」という言にもあるように、潤色部分を何とか取り除き、正史を補完する材料へと格上げする道が探られ続けてきたからである。そして、例えば、天平十九年（七四七）の『法隆寺伽藍縁起幷流記資財帳』の例に見るように、疑問点が多い場合には、時に史料としての価値が切り捨てられるのが古代の縁起文でもあった。すなわち、流記資財帳とは、国から作成が義務づけられていた寺の財産目録であり、僧綱所の牒によって勘録され、寺の由来を目録に付して提出したのち、僧綱が監査・署名して永く保管することが定められていた〝公文書〟であるから、疑問の多い縁起部と記録的要素の多い資財部とを別個のものとして切り離し、縁起部についてのみ偽撰とする見解も生まれたのである。(2)

さて、本稿では、こうした問題を念頭に、興福寺の縁起文を取り上げてみたいと思う。興福寺のまとまった縁起文としては、『政事要略』巻二五「年中行事」条に引かれる、昌泰三年（九〇〇）の「興福寺縁起」（以下、「昌泰縁起」と称す）(3)が最古であり、それより遡るものとしては、「宝字記」「延暦記」「弘仁記」という、興福寺の伽藍縁起流記資財帳の逸文と目されてきた断片的な古記がいくつかあるのみである。(4)しかし、後述するように、正史には、興福寺の創建は全くといってよいほど記載されていない。それに対して、これらの縁起文類には、創建経緯や諸堂整備の様子を詳しく記したものがあるため、興福寺の創建を含む、藤原氏の問題を考察する際には、「起源説話的色彩の濃厚なもの」とする評価を穏当としながらも、これを用いて論述することが広く行われてきたのである。そこで、今回は、興福寺を題材に、「昌泰縁起」とそれ以前の古記の記載を改めて検証することで、寺院縁起文というものの史料的価値について考察する手掛かりにしよう、と考えている。[5]

なお、今回の考察に関わってくると思われるのが、『藤氏家伝』（以下、『家伝』と略す）とその撰者藤原仲麻呂である。なぜなら、事績を通して鎌足を顕彰する内容や、「宝字記」については天平宝字年間（七五七〜七六五）という成立年代が、『家伝』と共通するからである。ちなみに、以前、私は『家伝』のうち、研究者の間でもっぱら『日本書紀』（以下、『書紀』と略す）を補完する史料として扱われてきた「貞慧伝」に着目し、この伝の新たなる史料的価値として、仲麻呂の動向に結びつけてその可能性を探った。具体的には、仲麻呂による氏祖鎌足顕彰と唐化政策とに連携して、藤原氏の根本霊場として興福寺が整備されていく過程と「貞慧伝」との関連について考察を試みたが、[6]実のところ、こうした試みは成城大学民俗学研究所を母体とする研究会の一連の活動を踏まえたものである。すなわち、説話集や氏文を取り上げ、そこに記された正史には見えない独自の内容をどう評価するか、失われた原史料の存在を偏重する従来の考え方には終始せず、正史に新たな文言を加えることで、これらの史料がむしろ正史の権威を利用しつつ、自身の立場を正当化しようとした可能性を多く議論できたことは、本研究会での大きな収穫であった。

そして、おそらく、古代の寺院縁起文というものも、同種の視座から、氏文と同じような性格を持つ史料として、その価値が再考される必要があるように思う。そのために、今回は興福寺の縁起文を取り上げ、この問題を考えてみようというわけであるが、紙幅の関係上、以下では、興福寺の創建がどう語られてきたか、その点に特に的をしぼって考察を加えることにしたい。

一　興福寺創建を語る史料――「昌泰縁起」――

興福寺の縁起文について、最も古く、最も確かなものは、昌泰三年（九〇〇）、藤原良世撰の「昌泰縁起」とされる。(7)『政事要略』巻二五「年中行事」条に、これが引かれて伝わっているからである。周知のごとく、『政事要略』は長保四年（一〇〇二）、明法博士の惟宗允亮が政務に関する制度事例を網羅した法制書で、律令格式の条文をはじめ、国史や日記の記事など、広く参考とすべき和漢典籍がここには引用されている。文中には允亮自身や父祖先学の勘文や勘答などが掲げられるが、要所にはさらに自身の私案を挿入する、という実に丹念な内容となっている。そして、このような法制書が編纂されるに至った契機として、故実典礼に通暁していた藤原実資の依頼によ(8)ったのではないかという見方があることに加えて、(9)当時の興福寺は維摩会を通して僧侶の昇階をつかさどり、藤原氏の子弟を多く入寺させていたから、藤原氏の有力公卿の求めに応じて、維摩会の濫觴をひもとくため、かつて氏長者が氏寺の歴史を簡潔にまとめた「昌泰縁起」が、参考文献として「年中行事」条の十月項、「興福寺維摩会創始事」に引かれることになったのだろう、と想像できる。

また、「昌泰縁起」は、『政事要略』のうち、巻二五に引用されているが、その巻二五については、中世にまで遡ると目される金沢文庫本が伝わっており、(10)これは貴重な古写本として国史大系本の底本にも採用されている。したがって、このように、当代一と評された学者による法制書に引用され、かつ、書写年代の非常に古い写本が残っていることを考えると、おそらく「昌泰縁起」は良世の撰した原文の内容を正確に伝えている可能性が高い。ただし、『政事要略』には父祖や古老からの談話まで収録されているから、『政事要略』という書の確かさ、書写年代の古さをもって、ただちに「昌泰縁起」に記された事柄の信憑性を裏付けることができるわけではない。やはり、「昌泰縁起」の内容を吟味した上で、関係史料を横断的に調べていく必要がある。

そこで、まず「昌泰縁起」の概要を見てみると、その構成は堂宇の濫觴に関する前半部と、法会の濫觴に関する後半部との大きく二つに分かれる。すなわち、前半部は寺家、金堂、講堂、五重塔、南円堂の五つの項から構成されているのに対して、後半部は維摩会、法花会、長講会という三つの項から構成されている。そして、各項の内容は、一項につき、長くても三百字程度で、きわめて簡潔にまとめられた縁起文の体裁となっている。また、末尾の奥書には、

昌泰三年歳次庚申六月廿六日　　従二位致仕左大臣藤原朝臣良世(11)

と記されており、これによって撰者は左大臣の藤原良世だとわかる。ただし、例えば、前半部南円堂条に「故記文云(12)」、後半部維摩会条の末尾には「具在別記(13)」とあるように、良世がこの縁起文を一から撰文したわけではなく、先行史料に基づいて、寺の濫觴が簡略にまとめられた、とみるべきであろう。

ところで、この良世であるが、『公卿補任』によって、寛平三年(八九一)三月、藤氏長者の地位に登っていたことが知られる(14)。したがって、これを素直に受けとめれば、良世は藤原氏を統括する氏長者の立場から、氏寺の歴史を概括する形で「昌泰縁起」を編んだのだ、と考えることができる。例えば、『群書類従』の解題(下出積氏執筆)でも、良世が死に先立つこと五か月の時点で、氏長者としての感慨をこめて氏寺興福寺の縁起をまとめたものだろう、といった見解が示されている(15)。

しかし、各項の内容に目を向けると、「昌泰縁起」の項目の選び方には、実はかなりの偏りがあって、その点に良世の編纂意図が見て取れるのではないかと思う。すなわち、金堂は鎌足が蘇我氏討伐を誓願して造立した丈六釈

迦三尊像を安置した山階宝殿に始まるもの、講堂は房前の娘と三男真楯が母の牟漏女王のため造立した不空羂索観音像に始まるもの[16]、五重塔は房前と光明皇后とが協力して建立したもの[17]、南円堂は父の内麻呂の遺志を継いで冬嗣が造立した不空羂索観音像に始まるもの[18]、維摩会は鎌足が創始して不比等が再興したもの[19]、法花会は冬嗣が亡き父内麻呂のために創始したもの[20]、長講会は良房が亡き父冬嗣のために創始したもの[21]というように、氏祖的存在である鎌足や不比等を除けば、藤原北家の人物が主体となったものばかりで縁起全体が構成されているのである。北家台頭の基盤を固めた冬嗣以降、北家は藤原氏の本流を担った家系であるが、撰者の良世は冬嗣の八男で、その出自はむろん北家であるから、したがって藤原氏の発展に寄与した北家の功績を謳いあげるべく、北家と興福寺との関係を特に示すことに本縁起編纂の主眼はあった、と考えることもさして難しくはない。

また、建永二年（一二〇七）と、「昌泰縁起」より成立年代は下るが、醍醐寺本『諸寺縁起集』（以下、醍醐寺本と略す）[22]と比較すると、このことはより明確となる。というのも、醍醐寺本には、「興福寺縁起」という名で「昌泰縁起」前半部と酷似する縁起文が引かれているが[23]、同時に東金堂、西金堂、北円堂といった「昌泰縁起」にはなかった項目も立てられていて、そこには北家以外の人物たちと興福寺との関わりが謳われているからである[24]。すなわち、東金堂は聖武天皇が元正太上天皇のために造立した薬師三尊像に始まるもの[25]、西金堂は光明皇后が母の橘三千代のために造立した釈迦三尊像に始まるもの[26]、北円堂は元明太上天皇、元正天皇が不比等のため長屋王に命じて造立させた弥勒三尊像に始まるものとあるほか[27]、金堂条にも「昌泰縁起」にはなかった三千代が夫の不比等のために造立したという弥勒浄土変の縁起が引かれるなど[28]、藤原氏と姻戚関係や外戚関係にあったとはいえ、橘氏といった他氏の人物や皇族が主体となったものばかりであることは注意をひく。そして、「昌泰縁起」にこれらの縁起が採られていないことは、裏を返せば、興福寺の重要な堂舎であっても、また不比等追善のために造立された仏像であっても、北家以外との関わりを示す縁起は良世が意図的に採択しなかった、ということをうかがわせて大変に興味深い。第三節で述べるように、興福寺内には早い時期から主要堂舎に関する縁起文が一通り揃っていたと推定されるから、良世はそれらの中から北家との関わりを主眼に適宜選択する形で縁起文を構成したのであろう。

なお、この醍醐寺本は、興福寺のほか、東大寺、元興寺、大安寺、西大寺、薬師寺、唐招提寺、弥勒寺、清水寺、子嶋寺、関寺、龍門寺など、南都を中心に各寺院の縁起文を集めて全一八冊で構成されているが、そのうち第一冊、第五冊、第六冊の末尾には、簡単な書写奥書が添えられている。例えば、第一冊末尾には、

建永二年七月四日書写了　執筆弁豪謹献上

同九月三日校了、重校了、又校了光胤(29)

とあって、弁豪という僧が筆写したものを、同年に光胤という僧が校正を加えていたことがわかる。ちなみに、藤田経世氏の解題によると、弁豪の書写自体も、光胤の校正も優れたものではなく、すでにまとまっていた本を写したのか、建永二年時にまとめられたものかも不明である、という。しかし、仮にまとまった底本を想定するなら、そこに記された年紀から見て、一一世紀初め頃の本を基礎に若干の記事が増補されたものか、と推定している(30)。諸史料を渉猟すると、どうやら弁豪は興福寺僧らしく(31)、具体的な編纂目的は不明ながら、おそらく当時、弁豪には興福寺僧としての立場から、網羅的に諸寺の濫觴をまとめる必要が生じたのであろう。藤田氏が仮に想定したような、弁豪に先行する底本があったのかどうかは確認できないが、醍醐寺本に収載された興福寺縁起の記述と「昌泰縁起」とが一部重複することからすると、弁豪が「昌泰縁起」を直接利用した可能性も否定できないだろう(32)。

さて、ここまでは、醍醐寺本と比較しつつ、「昌泰縁起」について、その項目選びには良世の政治的意図が強く働いていた可能性が高いこと、および、多少手が入っているにせよ、内容そのものは興福寺内の既存の縁起文に基

づいている可能性が高いことを指摘してきた。それでは、次にそうした「昌泰縁起」において、寺の最も根本となる創建経緯はどのように語られているのだろうか。それについては縁起冒頭、伽藍位置や規模を記した「寺家一院」条につづく「金堂一宇」条の中に、以下のように記されている。

金堂一宇　七間。
右崗本天皇《舒明天皇》即位十三年歳次辛丑冬十月。天皇崩。明年正月。皇后即位。是為二天豊財重日足姫天皇広極天皇一。於レ是宗我大臣毛人之男入鹿。自執二国柄一。恣行二威福一。王室衰微。杜稷傾危。于レ時藤原内大臣〔鎌足〕鎌謂。立二軽皇子一為レ君。即計二其事不一レ済。発願奉レ造二釈迦丈六像一軀。狭侍菩薩両軀一。住二於四天王寺一。事遂叶レ願。仍造二茲像一。至二於天命〔天智〕「清御原天王也」開別天皇即位二年歳次己巳冬十月一。内大臣枕席不レ安。嫡室鏡女王請曰。敬二造伽藍一安二置尊像一。大臣不レ許。再三請。乃許。因レ此開二基山階一。始構二宝殿一。逮二乎神駕南遷一。改二造厩坂一。和銅三年歳次庚戌。太上天皇〔元明〕俯従二人願一。定二都平城一。於レ是太政大臣〔不比等〕相二承先志一。簡二春日之勝地一。立二興福之伽藍一也。(33)

これによると、興福寺の創建は、鎌足の病臥がその契機となったという。すなわち、天智天皇即位二年（六六九）、鎌足の正室鏡女王が夫の病を心配し、伽藍建立を懇願した結果、山階の地に一宇が創建される運びとなった、とある。また、飛鳥遷都にしたがって、山階から厩坂に寺を移転したこと、さらに和銅三年（七一〇）の平城遷都にともなって、不比等が現在地に寺を移転したことも、末尾には記されている。そして、特に注目されるのが、興福寺の前身となる山階寺の創建が、蘇我入鹿を誅殺した乙巳の変と一連の出来事であったと語っていることで、政変の成功を祈願して造像された四天王寺の丈六釈迦三尊像を、鎌足の罹病に際して転用し、山階に宝殿が建立された、という流れとなっている。

むろん、藤氏長者が編んだものとはいえ、この内容自体にどれだけの史実が反映されているか、正直なところ、不明といわざるをえない。しかし、『書紀』には天智朝の興福寺創建を伝える記載はないため、従来、この「昌泰縁起」は山階寺、厩坂寺という鎌足ゆかりの前身寺院の存在と、和銅三年（七一〇）の現在地創建を伝えるものとして、研究者間で重要視されてきた。

ただし、和銅三年という平城京域における創建年については、早く福山敏男氏によって疑問が呈されており、「昌泰縁起」が「和銅三年」と明記した平城遷都の年を、興福寺造営の年と誤読したもの、という見方が示された(34)。すなわち、福山氏は、六町一里制の興福寺の条里は和銅六年（七一三）以後のものであること、元興寺、薬師寺、大安寺の平城京移遷は養老・神亀年間（七一七〜七二九）以後であることを挙げ、平城京に興福寺のみ早く移されたとは考えにくく、不比等の勢力の大きさゆえ、興福寺の新京移転がいち早く行われたかのように記された可能性を指摘している。不比等の権威の大きさを象徴して、史実を曲げて誇張した表現が目指されたという福山氏の指摘は、縁起文の性格というものを考える上で大いに傾聴に値する。

ところで、「昌泰縁起」には、この金堂条の他にもうひとつ、後半の維摩会条にも、興福寺創建に関わるであろう話が収載されている。

維摩会

右先正一位太政大臣〔鎌足〕。奉二為聖朝安穏。社稷无ㇾ傾。謹発二弘誓一。始開二斯会一。然太政大臣沈ㇾ病。既廻二万計一。時有二伯（百）済禅尼一。名曰二法明一。白二大臣一。我持二大乗一。名二維摩経一。其中所ㇾ説問疾品試奉ㇾ誦。相公御悩平愈歟。未ㇾ誦二了一品一之前。相公御病既以平愈。時大臣稽首合掌言。生々世々。帰二依大乗一。又為ㇾ師二禅尼一。仍講二維摩経一。或講三日。中間已絶。此会不ㇾ行。慶雲二年歳次乙巳秋七月。後太政大臣〔不比等〕臥ㇾ病不豫。是日誓願。劣臣怠緩。不三「断」継二先志一。自今以後。躬為二膳夫一。帰二敬三宝一。供二養衆僧一。転二維摩於万代一。伝二正教於千年一。遙捧二芳曰。永資二先慈一。至二於養老四年一。大臣薨。但事稍荏苒転読。天平五年春三月。皇后重願。如レ旧興復。講説七日。祖考之志。無レ妨成熟。従彼已来至二于今一。相承不レ絶乎。具在別記。[35]

これによると、鎌足が病臥した際、百済禅尼法明なる尼僧が現れ、勧められるまま『維摩経』「問疾品」を講経したところ、病気が平癒したので、これを契機に鎌足は仏教を信仰し、法明に師事して維摩会を創始したとある。また、その後の経緯として、一時中断していた維摩会を、慶雲二年（七〇五）、病気に倒れた不比等が再興したといい、天平五年（七三三）には光明皇后も重ねて興隆をはかった、というようにある。[36]

このように、鎌足や不比等の病気平癒が仏教帰依の契機となったとして、現世利益を盛り込みつつ、氏寺や根本法会を氏祖に直結させて権威づけようとする姿勢において、金堂条と維摩会条とは通底している。特に、維摩会については、和銅七年（七一四）に興福寺で実施され、延暦二十年（八〇一）以降は寺の根本法会として興福寺開催が恒例となっていくだけでなく、三大会の一つに数えられ、官僧の登龍門として機能するようになっていくから、[37]この法会が鎌足の忌日前後に興福寺で行われるようになったこととあわせて、縁起文を通して鎌足濫觴の物語が語られていったことは、藤原氏が権力者として大きく成長をみせるなか、氏寺として藤原氏の権力の源泉を常に確認し、印象づけることに大きな役割を果たしただろう、と考えられる。

ただし、金堂条と維摩会条を比較すると、金堂条は乙巳の変での活躍を通して鎌足の功業をうたいあげる点で『書紀』と同趣であり、また四天王寺の存在がそこに絡んでいることも、蘇我氏主導の政変を経て伽藍が建立されたとする『書紀』の四天王寺創建譚を彷彿とさせる。[38]これに対して、維摩会条には「別記」という、現存しないものの、先行史料の存在が明示されているうえ、『書紀』と重なる記載も全くない。このように、ともに鎌足による濫觴を説きながら、『書紀』を強く意識した金堂条と、「別記」にのっとった維摩会条との間には、先行史料的に大きな開きがあるように見受けられる。では、両条はそれぞれ全く異なる背景を持つのだろうか。次節では、この問題をさらに掘り下げるために、「宝字記」という興福寺側に残された古記を取り上げ、これを中心に考察を進めていくことにしたい。

二　興福寺創建を語る史料――「山階流記」所引「宝字記」――

興福寺に数多く所蔵される史料のうち、創建期を含む興福寺の歴史を知る上で、研究者間で最も重要視されているのが、『興福寺流記』に所引される「山階流記」である。(39)『興福寺流記』は伝写過程における誤字脱字や錯簡などの誤りも多く、信頼できる写本が存在していないため、(40)取り扱いには留意が必要とされる史料であるが、(41)一方でここに所引される「山階流記」だけは、沙門僊之が各時代の資財帳をもとに興福寺の縁起を再構成したもので、(42)本節で取り上げる「宝字記」をはじめ、「天平前記」や「天平流記」など、数種類の古記逸文が引かれていることから、従来の興福寺研究、藤原氏研究において、その信憑性が非常に高く評価されてきたのである。

ただし、『興福寺流記』と同様、「山階流記」の成立年代も実ははっきりとしない。また、編纂者として冒頭に名前が記された沙門僊之の名も、他の興福寺関係の史料には見えず、内容から興福寺内に伝来した古記を用いて寺史をまとめたものとわかるが、「山階流記」は何を契機として、どのような意図のもとに編纂されたものか、具体的なことは一切不明といわなければならない。記事中に見える年紀から推して、一二世紀以降の成立であることは間違いないから、(43)例えば建久三年（一一九二）、興福寺僧実叡によって著された『建久御巡礼私記』のように、(44)治承四年（一一八〇）の南都焼討後の寺院復興に関わって編纂されたものと考えることもできるかもしれない。(45)あるいは、焼討以前、嘉承元年（一一〇六）に編纂された『東大寺要録』のように、衰微した寺の再興を願って寺僧が古記を多用して寺院のあらましを記した例もあるから、(46)一二世紀の興福寺でも同様の動きがあったのかもしれない。とすれば、「山階流記」もまた、焼討の前にせよ、後にせよ、過去の寺史を洗い出して、失われたかつての興福寺の姿を復原し、確認することで、寺院復興に結びつけていく目的をもって編纂された可能性を考えることができるように思う。

さて、本節では、この「山階流記」のうち、「宝字記に云はく」として、ここに頻繁に引かれる古記に注目していく。むろん、「宝字記」も独立した史料としては現存せず、一二世紀になるまでこれに言及する史料もないが、(47)その書名と内容から、天平宝字年間（七五七〜七六五）に作成された縁起流記資財帳の一部と推定されてきた。以下では、この「宝字記」の史料的価値について検討を進めるが、前章でも取り上げた興福寺の創建や維摩会、すなわち鎌足や不比等との関わりはどのように語られているか、まずはそこから見ていくことにしたい。

宝字記云。興福寺旧名山階寺。亦云廏坂寺。此寺之興也。創二于飛鳥坂［ママ］蓋宮御宇。天豊財重日足姫天皇之代一焉。至二于天皇四年歳次乙巳之際一。時世属レ季。運逢二此カ考屯難一。王綱弛。典形失レ序。于時也。蘇我入鹿。不顧廷令之資讃。懐二跋扈之情一。専制二朝廷威権一。□□遂使二九服起来一。蘇之歎曰。夷有杼柚之悲。藤原内大臣。少韜二英風一。早標二神算一。毎以或遏栖懐尅カ考克復在レ念。即立レ議曰。天下否業也。若位曠二其主一。国家立崩。自レ此成矣。軽皇子文武天授。親賢無レ比。立為レ君。天下誠幸甚矣。其議已定。期有レ日矣。独慮二事不一レ済。仰発二弘願一。奉レ造二釈迦文丈六像一軀。脇侍菩薩。四天王等像一。奉レ屈二四天王寺一。其後天下。遂定二於軽皇子一也。仍於二山階一。敬二写真像一。雖二能事云畢《コ、ニ》一。然未遣請堂江。大津宮御宇天命開別天皇。八年歳次己巳冬十月。内大臣二竪入レ夢。七尺不レ安。嫡室鏡女王請曰。別造二伽藍一安二置前像一。大臣不レ許。至二于再三一始乃絶レカ考許之。便於二山階一。就開二真院一。世伝山階寺是也。遇二于壬申之際一。兵革休息。区宇安寧。鑾輿廻レ駕。南都二飛鳥一。仍復移二造高市廐坂一故亦廐坂寺。後及二和銅年中一。先太上天皇。俯従二民願一。遷二都平城一。太政大臣。又於二春日一。更営造焉。仍定二其額一。名二興福寺一[48]。

これが「宝字記」が語る興福寺の濫觴である。興福寺前身となる山階寺創建は乙巳の変と一連の出来事であったとする点、そしてその創建は鎌足罹病を契機として嫡室鏡女王の懇願によって成し遂げられたとする点など、「宝字記」の内容は「昌泰縁起」金堂条とほぼ同様の事柄を伝えている。ただ、一見すると、「宝字記」のほうが記載分量も多く、「昌泰縁起」よりも詳細であるかのように見えるが[49]、実際には麗句を用いた修辞が多いというだけで、そこに盛り込まれた情報量は「昌泰縁起」とほぼ同じといってよい。したがって、「宝字記」という名が表すように、もしこれが本当に天平宝字年間（七五七〜七六五）に編まれたものであるとするならば、内容の類似から判断して、「昌泰縁起」は先行する「宝字記」を簡略にまとめる形で作成された可能性が高い。これに対して、「宝字記」には維摩会に関する記載はない。したがって、「昌泰縁起」維摩会条については、末尾に記されていたとおり、「別記」に基づいてその濫觴がまとめられた、と考えておくのが妥当かもしれない。

さて、このように、『書紀』を強く意識していた「昌泰縁起」金堂条と『書紀』との間には、先行史料として、「宝字記」という古記の存在が浮かび上がってくる。ただし、この「宝字記」については、二つほど考えておかなければならない問題がある。ひとつは、元号表記が示すとおり、はたしてこれが天平宝字年間の縁起流記資財帳の逸文なのかどうか、という点である[50]。この問題については、「宝字記」を引く「山階流記」自体、独立した史料として伝わっておらず、さらにこれを引用する『興福寺流記』も善本といえる写本がなく[51]、その是非を即断できない。

しかし、「山階流記」は寺家、四門、中金堂院、南中門、北円堂、東金堂、五重塔、西金堂、講堂、経蔵、鐘楼、三面僧坊、食堂院、蔵院などの項目ごとに、伽藍堂舎や宝物を列記した上で、「宝字記」を引いて堂舎の規模や安置された各像の数量や寸法を記載しており、その記載量の多さとともに、あたかも資財帳の体裁を残していることは注意される。

次に、もうひとつの問題として、仮に「宝字記」が、その名のとおり、天平宝字年間に編まれた場合であっても、当該時期は仲麻呂による鎌足顕彰がいちじるしく、それと連動して興福寺もまた、鎌足の霊場と化していく時期でもあるから、その内容をそのまま史的事実にあてることはできない、ということである。

例えば、この時期、興福寺と仲麻呂との関わりを示す最も著名な史料に、『続日本紀』天平宝字元年（七五七）閏八月壬戌条がある。すなわち、

壬戌、紫微内相藤原朝臣仲麻呂等言、臣聞、旌二功不朽一、有レ国之通規、思二孝無窮一、承レ家之大業。緬尋二古記一、淡海大津宮御宇皇帝、天縦聖君、聡明睿主。考二正制度一、創二立章程一。于レ時、功田一百町、賜二臣曾祖藤原内大臣一、褒下勛壱二匡宇内一之績上。世々不レ絶、伝至二于今一。爾来、臣等因二藉祖勲一、冠蓋連レ門、公卿奕レ世。方恐、富貴難レ久、栄華易レ凋。是以、安不レ忘レ危、夕惕如レ厲。忽有二不レ慮之間、兇徒作一レ逆。殆傾二皇室一、将レ滅二臣宗一。未レ報二先恩一、芝蘭幾敗。冀修二冥福一、長保二顕栄一。今有二山階寺一維摩会者、是内大臣之所レ起也。願主垂レ化、三十年間、無二人紹興一、此会中廃。乃至二藤原朝庭一、胤子太政大臣、傷二構堂之将一レ墜、歎二為山之未一レ成。更発二弘誓一、追継二先行一。則以二毎レ年冬十月十日一、始闢二勝筵一、至二於内大臣忌辰一、終レ為レ講了。此是、奉二翼皇宗一、住二持仏法一、引二導尊霊一、催二勧学徒一者也。伏願、以二此功田一、永施二其寺一、助二維摩会一、弥令二興隆一、遂使下内大臣之洪業、与二天地一而長伝、皇太后之英声、倶二日月一而遠照上。天恩曲垂、儻允二臣見一、請、下二主者一、早令二施行一。不レ任二微願一、軽煩二聖聴一。戦々兢々。臨レ深履レ薄。勅報曰、修二省来表一、報レ徳惟深。勧学津梁、崇法師範、朕

与二卿等一共植二茲因一。宜下告二所司一令中施行上。[52]

というようにあって、仲麻呂は維摩会料として鎌足の功田を興福寺に施入した際、維摩会の過去の歴史を縷々と述べていたらしい。そして、この仲麻呂の表白によれば、維摩会は鎌足が創始し、不比等による復興を経て、さらに光明皇后が再興したものとあって、百済禅尼のことなど、説話的な表現は見られないものの、「別記」に基づいたという「昌泰縁起」維摩会条と同様の経緯を語っていたことがわかる。

また、天平宝字元年（七五七）、仲麻呂が維摩会表白を行ったまさにその年に、慈訓という仲麻呂の側近が興福寺の初代別当に就任していることも見逃せない[53]。この慈訓は宮中講師として活躍し、聖武上皇の不予に際して看病禅師の任にあたったことから、聖武や光明皇太后らの精神的支柱となっていた、と考えられている僧侶である[54]。一方、仲麻呂にしても、紫微令（皇后宮職長官）をつとめるなど、王権を掌握した光明皇太后の政治的側近として権力を振るっていたことを考えると[55]、維摩会表白は、単に法会を復興するため、過去の歴史を回想したものではない。おそらくは、光明皇太后の信任をバックに、仲麻呂が慈訓と手を組んで、自身が鎌足・不比等の正統な後継者であると標榜する、そうした政治的舞台として準備された場であったにちがいない[56]。

そして、こうした仲麻呂の意図と軌を一にしているのが、同じく天平宝字年間に仲麻呂によって編まれた『家伝』である。『家伝』をめぐっては、特に三伝のうち[57]、『書紀』の記事と近似する「鎌足伝」について、『書紀』との関係性がしばしば議論されてきた[58]。しかし、編者の意図をより重視するなら、『書紀』で構築された功臣としての鎌足像をベースに、さらなるエピソードを盛り込んで鎌足を顕彰し、その後継者として自身を正当化する狙いが仲麻呂にはあった、と考えたほうがよい[59]。というのも、例えば斎部氏による「古語拾遺」がそうであるように、氏祖を顕彰する氏文には、単に氏族の起源・職掌・功績を謳いあげるのではなく、氏族の存在意義を高めるため、

『書紀』とは別の秩序を提示する必要のもと、編纂されたケースが多々みられるからである。ただし、その場合、興味深いのは、『書紀』を基軸にして、そこに独自の伝承を盛り込む形で改変を加えている、つまりは国家によりかかりながら、その氏族の立場を権威づけようとする態度がみられる点にある。[60] むろん、これらの氏族とは違い、『家伝』の場合は、藤原氏という国家の中枢にあった氏族の手になるものではあるが、『書紀』という正史に対する姿勢は、おそらく他の氏文と共通するところがあった、と見てよいのではないだろうか。

果たして、『書紀』には山階寺創建のことだけでなく、鎌足と仏教との関わりはほとんど記されていないが、[61]『家伝』の「鎌足伝」には、

庚午年閏九月六日、火葬於山階之舎。[62]

とあって、鎌足を火葬した場所として山階精舎らしきものが記されているほか、

大臣性崇三宝。欽尚四弘。毎年十月、荘厳法筵、仰維摩之景行、説不二之妙理。亦割取家財、入元興寺、儲置五宗学問之分。由是、賢僧不絶、聖道稍隆。蓋斯之徴哉。[63]

ともあって、維摩会を創始したことをはじめ、鎌足の仏教的事績への言及が見られる。特に、維摩会については、在俗者でありながら、維摩居士が智慧者第一といわれた文殊菩薩と対等に問答を交わしたことを説く「問疾品」に代表されるように、『維摩経』は在俗者の菩薩所行を説くゆえ、南北朝時代の中国において早くから貴族知識人層に支持されていたという。[64] とすれば、唐化政策に腐心した仲麻呂が、中国での『維摩経』流行を背景に、『書紀』で完成された功臣としての鎌足像に、在俗の聖人としてのイメージをさらに重ね合わせたとも考えられる。[65] 現状残された逸文によるかぎり、「宝字記」には維摩会に関する記述はなく、また「昌泰縁起」が引く「別記」と仲麻呂との関係も不明だが、[66] 興福寺維摩会復興が仲麻呂による鎌足顕彰の目玉となっていたことは先に触れたとおりであ

り、それは維摩居士になぞらえた、〝在俗の聖者鎌足〟を核とした霊場づくりの構想を端的に表すものであった、といってよいだろう。[67]

このように、仲麻呂によって鎌足が盛んに顕彰された天平宝字年間（七五七〜七六五）は、興福寺にとって特別な時期であり、「宝字記」がその元号を冠しており、かつ、他の古記逸文に比して豊富な記載量を持つことには、それなりの意味を考えなければならないと思う。なお、最近、谷本啓氏は、「宝字記」の創建譚は史実ではなく、開基鎌足の事績を飾るため、檀越である藤原氏の権威を高める諸事を盛り込んで創作されたもので、そこには藤原四子の庇護を受けた道慈の関与があったことを想定している。氏の立論もまた、「宝字記」山階寺創建譚と『書紀』四天王寺創建譚との類似に基づいており、開基としての鎌足像は聖徳太子を下地にして形成されたとして、これを奈良時代の太子信仰の新たな側面だとみている。[68]確かに、寺院縁起文というものの性格を考える上で、氏が「宝字記」の記載を史実ではなく、鎌足の事績を飾るために創作されたものとみるところは大変に示唆的であるが、[69]そこに道慈や聖徳太子信仰の影響を強く想定することには、やや違和感がある。

やはり、「宝字記」山階寺創建譚と『書紀』四天王寺創建譚との類似は、誓願→政変成功→寺院建立という『書紀』の骨格を借りて、功臣としての鎌足の最大の転機となった乙巳の変を、仏教の文脈で再解釈しようとするところに「宝字記」の眼目があったため、とまずはみるべきであろう。その意味において、両者の類似について、四天王寺や飛鳥寺を意識して創建されたのが興福寺であり、蘇我氏に代わって藤原氏が権力を握ったことを提示しようとしたとする、薮中五百樹氏の見解は卓見である。[70]そして、次節でも述べていくように、鎌足の顕彰を通して興福寺を藤原氏の根本霊場とする、このような動きに先鞭をつけたのはおそらく光明皇后であり、そのもとで勢力を伸張した仲麻呂と、彼の側近で初代興福寺別当となった慈訓によって、さらにそれが加速され、「宝字記」へと結実した、と考えておきたい。

三　興福寺創建を語る史料——正史・正倉院文書・太政官奏——

興福寺に限らず、古代、官大寺として国の庇護を受けた寺院のほとんどは、意外なことに、その創建経緯が正史には記されていない。国の体制とも大きく関わった官大寺の創建経緯が、なぜ正史に記されないのか。興福寺の場合、藤原氏の氏寺であり、その藤原氏は『書紀』編纂に主導的な役割を果たし、以後も国政を掌る立場から正史編纂の中心にいたことを考えると、鎌足の文化的功績であるはずの興福寺創建について、正史が黙して語らないことは、本当に不思議なことだと言わなければならない。むろん、この理由について、ここで明快な回答を用意することはできないが、すでに指摘があるように(71)、鎌足による創建の事実そのものがなかったとみるのも、一つの解釈ではあるだろう(72)。

それでは、正史における興福寺の初見はいつかというと、『続日本紀』養老四年（七二〇）十月丙申条(73)が初出である。すなわち、不比等の墓のために設置された養民司・造器司とあわせて、造興福寺仏殿司を置いた、ということが見えるが(74)、これは一般に不比等を追善する北円堂建立のためのものであった、と解されている。そして、これ以降、官大寺の一つとして、経典転読記事や食封施入記事が続くが、そのようなか、天平宝字元年（七五七）閏八月壬戌条(75)に至って、先の仲麻呂上表文が登場してくる。前節でも触れたように、これは鎌足の継承者として維摩会の濫觴を仲麻呂が表白したものであるから、厳密には正史上に記録されたものとは性格が異なっている、といわなければならない。

また、その一方で、例えば、仲麻呂上表より二十年も早く、『続日本紀』天平十年（七三八）三月丙申条[76]には、藤原四子が病没するという非常事態を受けて行われた、天然痘沈静の祈願に功績があったとして、朝廷が各寺院に永年食封を施入したことが記されているが、その部分に「施山階寺食封一千戸」とあるのを皮切りに、天平十年頃から正史上で「山階寺（山科寺）」の称が使われていることは目を引く[77]。当然のことながら、この「山階寺」という呼称には、興福寺は鎌足によって山階の地に創建された寺院である、という認識が顕れているとみてよい[78]。他にも、正倉院文書に目を向けると、天平十年十一月九日付「皇后宮職牒[79]」や、天平十三年（七四一）三月十一日付「僧慈訓大般若経奉請状[80]」など、やはり天平十年頃から山階寺の呼称が使われていて、この時期の同種の認識を端的に表している。

このように、正史や正倉院文書を概観すると、鎌足による山階寺創建の事実そのものは記録されてはいないが、八世紀には興福寺の前身寺院は山階寺であったという認識が一般化していたことがわかる。そこで、注目したいのが、平成十年（一九九八）に策定された「興福寺境内整備構想」にともない、奈良文化財研究所が「興福寺第Ⅰ期境内整備事業」の一環として行った発掘調査の成果である。というのも、興福寺中金堂院には二つの時期の痕跡があり、創建当初の建立計画を変更して、平城京にふさわしい伽藍建築へと大きく改造されていたことが明らかになったからである[81]。すなわち、創建から基壇外装も施さないうちに複廊へと変更されたらしいこと、中金堂の改造は東金堂の建立と一連の関係にあったらしいことなど、新知見が報告されている。改造の時期については、奈良時代中としかわかっていないが[82]、こうした伽藍計画の変更は、単に新京にふさわしい大規模伽藍を目指したというだけではなく、何らかのバックを得て、興福寺が霊場化に向けて動き出したことを物語っているのではないだろうか[83]。

そして、もしそのように考えることができるとすれば、こうした動向のなかで山階寺の称も登場し、興福寺創建をめぐって、氏祖鎌足や不比等を中心にした「宝字記」のような縁起文が作成される契機もまた、当時十分に醸成されていた、と想定することができる。

それでは、創建当初の計画変更を主導したのは誰であろうか。想起されるのは、天平九年（七三七）三月十日付「太政官奏」である。これは皇后宮職からの解を受け、元興寺の摂大乗論門徒（摂論衆）を抽出して興福寺に分置することを聴許したものであるが、

請㆘抽㆓出元興寺摂大乗論門徒㆒一依㆓常例㆒住㆗持興福寺㆖事
右得㆓皇后宮職解㆒偁。始興之本。従㆓白鳳年㆒。迄㆓于淡海〔天智〕天朝㆒。内大臣〔鎌足〕割㆓取家財㆒。為㆓講説資㆒。伏願。永世万代勿㆑令㆓断絶㆒。近則装㆓厳天朝㆒。福㆓田万姓㆒。遠則恒転㆓法輪㆒。奉㆑資㆓菩提㆒者乎。亦中間者故正一位太政大臣藤原公頻割㆓取財貨㆒。添㆓助論衆㆒。迄㆓于聖代㆒。皇后自減㆓資財㆒。亦増㆓論衆㆒。伏願。再興㆓先祖之業㆒。重張㆓聖代之徳㆒。三宝興隆。万代无㆑滅。欲㆑令㆓講説興福寺㆒。伏聴㆓進止㆒者。朝議商量。崇㆑道勧㆑学。无㆑妨㆓仏教㆒。望依㆑所㆑謂。今具㆓事状㆒。伏聴㆓　天裁㆒。謹《カシコミ〳〵》　以申聞《シタマフ「》。謹奏《ミマウス》。奏　㆑勅依㆑奏。
天平九年三月十日[84]

とあって、鎌足が家財を割いて講説を設けたこと、不比等が財を割いて講説に論衆をおいたこと、光明皇后もまた論衆を増員したことなどが記されている。『続日本紀』の仲麻呂上表や『家伝』よりも早く、鎌足と興福寺との関係を説いた最古の文献史料として注目されるが、鎌足ゆかりの摂論衆を元興寺から興福寺に移したという形で興福寺講衆の価値づけを図ろうとする内容に加えて、時期的にもこの太政官奏は、天平十年（七三八）以降、山階寺の称が頻出するようになることと呼応しており、これを踏まえると、正史には見えなかった鎌足の仏教的事績を謳い、それを興福寺の霊場化へとまず結びつけたのは、光明皇后であったと思われる。すでに、光明皇后については、祖

業を発展させる者として鎌足―不比等―光明という系譜意識がみられること、皇太后として王権を掌握し、仲麻呂の補佐を受けて鎌足の祖業を完成したことなどが、吉川真司氏によって指摘されている[85]。したがって、おそらくは彼女の構想を承け、それをさらに自家発展のために展開させたのが、側近として権勢を振るった仲麻呂であり、やがて初代別当慈訓とともに本格的に興福寺の霊場化に取り組みはじめ、維摩会を復興するかたわら、『家伝』の編纂にも着手していったのであろう。そして、さらにこうした興福寺内の動向は「宝字記」という形で結実し、この時期には主要伽藍に関する縁起文が一通り揃うことになったのだ、と考えたい。

以上、寺院縁起文の史料的価値をめぐって、八～一〇世紀の興福寺縁起文を例に、いろいろと考察を進めてきた。今回の考察対象となった「昌泰縁起」にしても、「宝字記」にしても、本稿で取り上げたのは興福寺創建にまつわる中金堂条と維摩会条のみであり、すべての内容をしっかりと検討できたわけではない。また、「昌泰縁起」と「宝字記」の間に位置する「延暦記」と「弘仁記」[86]についても、今回は見送ったままである。しかし、冒頭に問題提起したように、寺院縁起文が第三の史料となりうるのかどうかという点をめぐっては、正史の補完史料という見方とは異なる角度ではあるが、藤原氏トップの政治的動向と密接に関連して行われた、興福寺霊場化の一端を物語る史料として、その価値をある程度提示できたのではないかと思う。

ただし、興福寺の創建譚にとどまらず、このような方向で史料的価値を測るかぎり、寺院縁起文の内容を史実とみることは難しくなる。しかし、そもそも縁起流記資財帳は、そこに列記される堂舎・宝物に由緒を付随させることで、その資財としての価値を保証しようとするものであって、潤色、あるいは創作の施された縁起文がそこにともなうのはむしろ当然のことである[87]。それに、正史にしても、事実を正確に記したものではなく、編纂意図に絡んだ操作というものが、必ずや介在していたはずである。すなわち、正史の編纂とは、当時の為政者の立場から、それまでの歴史が整理されていく画期でもあったのであり、それは裏を返せば、国を後ろ楯とするその影響力ゆえ、説話集、氏文、縁起文など、正史には〝次なる表現を誘発する力〟があったことを意味する。したがって、このような正史の持つ影響力というものをもっと多義的に捉えて、(88)寺院縁起文の史料的価値、ひいてはその歴史的価値について、今後も再検討を試みていきたい、と考えている。

補記

説話集や氏文を『日本書紀』と比較検証する試みは、成城大学民俗学研究所を母体に約十年以上にわたって続けられ、その成果は『日本霊異記を読む』『三宝絵を読む』『藤氏家伝を読む』という三冊の研究本の刊行を経て、今回へとつながっている。そして、これら一連の研究の場において、つねに議論の中心にいらっしゃったのが故増尾伸一郎氏である。広くて深い知識と、それを活かす的確な判断力とセンス。研究会は月一回のペースで開かれており、そこに多くを学びうる機会を十分に持ちながら、なぜもっと学んでおかなかったのか、後悔の念しきりである。とはいえ、いただいた学恩ははかりしれない。深く感謝の意をもって、心から本稿を増尾氏に捧げたい。

注

(1) 薗田香融「承和三年の諸寺古縁起について」(魚澄先生古稀記念会編『魚澄先生古稀記念　国史学論叢』魚澄先生古稀記念会、一九五九年、三八九～三九〇頁)。

(2) 『法隆寺伽藍縁起幷流記資財帳』の場合、縁起部に疑問点の多いことは福山敏男氏によって早くから指摘され、以後、その点をめぐって慎重に議論が重ねられてきた。関連論文は以下の通り。福山敏男「法隆寺流記資財帳の研究」、『夢殿』第一二冊掲載、一九三四年。後に「法隆寺伽藍縁起幷流記資財帳の研究」として『日本建築史研究』

続編に所収、墨水書房、一九七一年）。岡田芳朗「『法隆寺伽藍縁起幷流記資財帳』について」（『女子美術大学紀要』第二号、一九六九年）。たなかしげひさ「聖徳太子建立七寺に関する新説　四天王寺・法隆寺両伽藍縁起流記資財帳の分析と橘樹寺・橘尼寺・法起寺・池後尼寺・中寺・中宮寺　各別寺説」（聖徳太子研究会編『聖徳太子論集』平楽寺書店、一九七一年）。石上英一「法隆寺伽藍縁起幷流記資財帳の伝来」（井上光貞博士還暦記念会編『古代史論叢　中巻』吉川弘文館、一九七八年。後に『古代荘園史料の基礎的研究　上』所収、塙書房、一九九七年）。このうち、たなか氏は、現行縁起文と資財部とを完全に切り離して縁起文のみ後世の偽撰と考える立場、岡田氏は現行縁起文は後世の偽撰として資財部と切り離すものの、原縁起文を想定し、天平時代にはその原縁起部と資財部とがセットで成立したとする立場で論を展開している。各氏による議論は示唆に富むが、縁起文というものの性格にもっと留意した上で、資財部と縁起部を切り離さないで評価する視座が必要ではないか、と考える。

（3）『政事要略』巻二五・年中行事十月条「同日興福寺維摩会始事」所収「興福寺縁起」（『国史大系〔普及版〕政事要略　前篇』吉川弘文館、一九八一年、九三〜九七頁）。『政事要略』国史大系本の巻二五の底本は前田尊経閣文庫所蔵の金沢文庫本で、中世以前に遡る最古の写本と評価されている。

（4）「宝字記」以下は、『興福寺流記』所収の「山階流記」に引用されている（『興福寺流記』、『大日本仏教全書』興福寺叢書第一、第一書房、一九七八年、四〜二〇頁）。同じく「山階流記」に引かれている「旧記」について、「宝字記」よりも古く、霊亀〜養老年間（七一五〜七二三）頃の成立で、興福寺関係では最古の史料だとする見方があるが、本稿ではその立場はとらない。「旧記」を「宝字記」以前とみる論考としては、澁谷和貴子「『興福寺流記』について」（『仏教芸術』第一六〇号、一九八五年、五三頁）、藪中五百樹「興福寺の前身・山階寺と厩坂寺をめぐって」、『仏教芸術』第二三四号、一九九七年、一三八頁）、馬場基「創建期の興福寺」（『奈良歴史研究』第六〇号、二〇〇三年、二頁）、小林裕子「興福寺の草創を語る史料について」（『美術史研究』第四三号、二〇〇五年、後に「興福寺の草創を伝える史料」として『興福寺創建期の研究』所収、中央公論美術出版、二〇一一年、四五〜五三頁）、松原智美「『興福寺流記』」（大橋一章・片岡直樹編『興福寺――美術史研究のあゆみ――』里文出版、二〇一一年、三四二〜三四六頁）がある。なお、「旧記」を「宝字記」の先行史料とみる最近の傾向に懐疑的な見方を示したものとして、谷本啓「興福寺の縁起と聖徳太子信仰」（『古代文化』第六一巻第一号、二〇〇九年、一一三頁）がある。
（5）福山敏男「興福寺の建立に関する問題」（『東洋美術』第二一号、一九三五年。後に「興福寺の建立」として『日本建築史研究』所収、墨水書房、一九六八年、三二七頁）。
（6）藤井由紀子「藤原仲麻呂と入唐僧定恵――『藤氏家伝』撰述と興福寺との関係をめぐって――」（篠川賢・増尾伸一郎編『藤氏家伝を読む』吉川弘文館、二〇一一年）。
（7）そのほか、興福寺の縁起・資財帳類としては、以下のようなものが伝わっている。永承三年（一〇四八）頃の成立とされる『造興福寺記』（『大日本仏教全書』興福寺叢書第一、第一書房、一九七八年、二九～五九頁）。これは興福寺焼亡後の再興過程記録で、作者は不明（興福寺三綱説あり）。承暦三年（一〇七九）の『大和国奈良原興福寺伽藍記』（『大日本仏教全書』寺誌叢書第三、第一書房、一九七八年、三八一～三八二頁）。これは覚書程度の興福寺の簡略な縁起文で、作者は興福寺薬師堂僧の還円である。養和年間（一一八一～一一八二）以降と目される『七大寺幷興福寺諸堂縁起』（『大日本仏教全書』寺誌叢書第三、第一書房、一九七八年、三九七頁～四〇一頁）。これは興福寺の短編略縁起で、作者は興福寺宝寿院僧の良忍房秀算である。一方、資財帳には、延久二年（一〇七〇）の『興福寺資財帳』（『大日本仏教全書』寺誌叢書第三、第一書房、一九七八年、三三一～三八〇頁）があるが、大和国東諸部の興福寺領（不輸免・雑役免荘園）を記載した目録である。
（8）実資自身、朝儀、政務に関して疑問が生じると、真っ先に藤原実頼の日記を取り出して前例の有無を調べていたという（朧谷寿「藤原実資論――円融・花山・一条天皇時代――（上）」『古代文化』第三〇巻第四号、一九七八年、二二頁）。
（9）虎尾俊哉「政事要略について」（虎尾俊哉『古代典籍文書論考』吉川弘文館、一九八二年、二一八頁）。
（10）巻二五、巻六〇、巻六九の三巻からなる巻子本で、現在は尊経閣文庫の所蔵となっている。大半を福田文庫本による『国史大系』も、これら三巻の部分については金沢文庫本を底本としている。
（11）前掲注（3）史料（九六頁）。

(12) 前掲注(3)史料（九四頁）。

(13) 前掲注(3)史料（九五頁）。

(14) 『公卿補任』寛平三年（八九一）条（『新訂増補国史大系　公卿補任　第一篇』吉川弘文館、一九三八年、一四九頁）。

(15) 下出積「釈49　興福寺縁起」（釈家部一一　巻第四三五）第二四輯」（続群書類従完成会編『群書解題』第一七巻、続群書類従完成会、一九六二年、一一三頁）。ちなみに、当該解題では、「昌泰縁起」の史料的価値について、現存する興福寺の縁起のうちでは最古の部類に属するものであるが、内容的には必ずしも詳細を極めたものとはいえず、体裁上も首尾一貫したところのないのは惜しい、との評価が示されている。他に、高田良信氏による『大日本仏教全書』の解題がある（高田良信「668　興福寺縁起（寺誌部二-84）」財団法人鈴木学術財団編『大日本仏教全書第九九巻・解題三』鈴木学術財団、一九七三年、九二頁）。

(16) 「昌泰縁起」講堂一宇条には、「天平十七年歳次乙酉正月。正三位牟漏女王。寝膳違和。願造件像。幷写神呪経一千巻。而蔵山遂遷。不果其願。孝子従二位藤原夫人。正四位下民部卿藤原朝臣等。並顧先志。堂造忌日」とある（前掲注(3)史料、九四頁）。なお、民部卿は信部卿の誤写で、藤原真楯のことを指す（福山氏前掲注(5)論文、三四一～三四二頁）。

(17) 「昌泰縁起」五重塔一基条には、「右天平二年歳次庚午夏四月廿八日。藤原皇后発願。自臨興福伽藍。持簣運土。公主。夫人。命婦。婇女。咸皆従之。正三位行中務卿兼中衛大将藤原朝臣房前等相率文武百官人等。共四部衆下杵築基。搆立木塔」とある（前掲注（3）史料、九四頁）。藤原皇后とは光明皇后のこと。

(18) 「昌泰縁起」南円堂条には、「右安置不空羂索観音像幷四大天王像也。長岡右大臣［傍注…内麻呂］。殊発大願所奉造也。後閑院贈太政大臣［傍注…冬嗣］。以弘仁四年造立円堂。所安置尊像也」とある（前掲注（3）史料、九四頁）。

(19) 「昌泰縁起」維摩会条（前掲注(3)史料、九五頁）。具体的な内容については、後掲注(35)を参照のこと。

(20) 「昌泰縁起」法花会条には、「弘仁八年。閑院贈太政大臣大閤奉為先考長岡相府諱名内丸所始行也」とある（前掲

注(3)史料、九五頁)。

(21)「昌泰縁起」長講会条には、「右承和十三年歳次丙寅。故太政大臣贈正一位美濃忠仁公［傍注…良房］。奉為先考［傍注…冬嗣］先妣忌日。於興福寺。始修長講会也」とある（前掲注(3)史料、九六頁）。

(22)『諸寺縁起集』醍醐寺本「十三　興福寺」条（『校刊美術史料　寺院篇　上巻』中央公論美術出版、一九七二年、一一一～一一四頁）。

(23)醍醐寺本には「昌泰縁起」後半部の法会に関する記載は全くない。

(24)醍醐寺本所引の「興福寺縁起」には、「昌泰縁起」のような藤原良世による奥書はない。ちなみに、『群書解題』では、「昌泰縁起」とは異系統のものとされている（前掲注(15)書、一三頁）。

(25)醍醐寺本東金堂条には、「右安置薬師仏像幷狭［挾ヵ］侍井像也、以神亀三年歳次丙寅秋七月、今帝陛下依大政［太上ヵ］天皇寝膳不安、勅所司敬奉造者」とある（前掲注(22)史料、一一一頁）。

(26)醍醐寺本西金堂条には、「右安置尺迦丈六像及狭［挾ヵ］侍菩薩、羅漢、神王等像也、藤原皇后［光明子］、以天平六年歳次甲戌正月十一日之忌日、奉為先妣贈従一位懸［縣ヵ］因濃養橘宿祢［三千代］往生菩提、敬造茲像、設供講経、屈請衆僧四人四［衍ヵ］百人寺［等ヵ］、別施納［衲ヵ］袈裟等物、女柒［如法ヵ］行道焉」とある（前掲注(22)史料、一一二頁）。

(27)醍醐寺本北円堂条には、「右安置於［埝ヵ］弥勒仏像狭［挟ヵ］侍井四王像也、養老五年歳次辛酉秋八月、奈保山［元明］大政［太上ヵ］天皇、飯高［元正］天皇、同勅右大臣従二位長屋王、為贈大［太ヵ］政大臣藤原公［不比等］忌日、而令敬造之矣」とある（前掲注(22)史料、一一二頁）。

(28)醍醐寺本金堂条には、「同堂生［坐ヵ］弥勒浄土、右継室贈従一位懸［縣ヵ］濃［因、脱ヵ］春［養ヵ］宿祢橘天［大ヵ］夫人［三千代］、以養老五年歳次辛酉秋八月三日忌日、奉為所天贈正一位太政大臣［不比等］、敬奉造茲像也」とある（前掲注(22)前掲史料、一一一頁）。贈正一位太政大臣とは不比等のこと、懸濃春（縣濃因養）宿禰橘天夫人とは不比等正妻の橘三千代を指す。

(29)前掲注(22)前掲史料（七五頁）。

(30) 藤田経世「諸寺縁起集　醍醐寺本　解題」(前掲注(22)前掲書、六五・六九頁)。

(31) 弁豪については、詳細な事績まではわからないものの、以下の史料により、興福寺の僧であったと考えられる。『東大寺続要録』供養篇には、建久五年(一一九四)の供養会の歴名に梵音衆の一人として弁豪の名が見える(『続々群書類従』第一一、続群書類従完成会、一九六九年、二四一頁)。また、『三会定一記』所収「維摩会講師次第」承久元年(一二一九)条にも、弁豪の名が見える(仏書刊行会編『大日本仏教全書』興福寺叢書第一、第一書房、一九七八年、三三三頁)。筆写と同年の建永二年に光胤という僧が校正を加えたとあるが、光胤については不明。

(32) 第二節で取り上げる「山階流記」が引く「旧記」も「昌泰縁起」金堂条とほぼ同文であるが、両者を比較すると、「旧記」のほうが年紀表記などが簡略である上、文末にコメントがある(前掲注(4)史料、六頁)。「昌泰縁起」と「旧記」の先後関係は不明だが、「旧記」を「宝字記」よりも遡る史料とする見方に従えば、「昌泰縁起」の原史料とみることもできる一方で、「旧記」は「昌泰縁起」そのものを指しているとみることもできる。一〇世紀の「昌泰縁起」と一三世紀の醍醐寺本、さらに一二世紀の「山階流記」に収載された「旧記」に酷似した内容が見られることを考えると、「昌泰縁起」が「旧記」として興福寺内に伝わった可能性も考えられる(前掲注(4)を参照のこと)。

(33) 前掲注(3)前掲史料(九三～九四頁)。本稿末の読み下し文をあわせて参照のこと。

(34) 前掲注(5)福山氏前掲論文(三二八～三三二頁)。

(35) 前掲注(3)前掲史料(九五頁)。本稿末の読み下し文をあわせて参照のこと。

(36) 『三宝絵』では鎌足に維摩経を勧めたのは新羅の尼となっている(下巻第二八条「山階寺維摩会」『新日本古典文学大系三一　三宝絵　注好選』(岩波書店、一九九七年、二一三～二一六頁)。

(37) 維摩会、御斎会、最勝会を南都三大会と呼ぶ。維摩会は和銅七年(七一四)興福寺で初めて実施され、延暦二十年(八〇一)に興福寺での実施が恒例化されたが、さらに承和元年(八三四)に研学竪義の得第僧には安居講師の資格が付与されることが定められて以降、維摩会は官僧の登龍門として、大きな役割を果たすことになった。

(38) 政変成功を願って誓願→政変成就→堂舎建立という点で、『日本書紀』崇峻即位前紀七月条の四天王寺創建譚に非常に類似している（『日本古典文学大系　日本書紀　下』岩波書店、一九六五年、一六二～一六七頁）。
(39) 「山階流記」は独立した史料としては現存せず、『興福寺流記』の中に収載される形で今日まで伝わってきた。『興福寺流記』は、奈良から平安時代の興福寺関係の古記録を集成した史料で三つの部分に分かれるが、「宝字記」などの古記録はみな、第二段にあたる「山階流記」の部分にのみ引かれている。
(40) 興福寺が現在所蔵する『興福寺流記』の写本は三本で、『大日本仏教全書』の底本となったのは、このうち二条法印考乗による通行本である（澁谷氏前掲注(4)論文、四九頁。谷本啓「『興福寺流記』の基礎的研究」『鳳翔学叢』第三輯、二〇〇七年、七一～七二頁）。
(41) 森下和貴子「興福寺西金堂の釈迦集会像――律師道慈をめぐって――」（大橋一章博士古稀記念会編『てらゆきめぐれ』大橋一章博士古稀記念美術史論集、中央公論美術出版、二〇一三年、二〇九～二一〇頁）。
(42) 前掲注(41)森下氏論文（二一〇頁）。
(43) 「山階流記」の成立年代については、澁谷氏が天治元年（一一二四）以降、康治二年（一一四三）以前の成立としていたが（澁谷前掲注（4）論文、五六頁）、その後、南都焼討以降とする見解を示しているという（小林氏前掲注（4）論文、三七頁）。
(44) 『建久御巡礼記』（『校刊美術史料　寺院篇　上巻』中央公論美術出版、一九七二年、一二五～一六一頁）については、その縁起を執拗に語ろうとする態度は文字の力による再建事業というべきものだとする見方がある（近本謙介「廃滅からの再生――南都における中世の到来――」『日本文学』第四九巻第七号、二〇〇〇年、三二頁）。
(45) 「山階流記」を治承兵火以後の成立とみる論考として、松田和晃「興福寺の資財帳について」（『史学』第五六巻第四号、一九八七年、五五～五九頁）がある。また、『興福寺流記』についてであるが、治承兵火後の復興期という時間軸で捉えられなくはないとする見方もある（谷本氏前掲注(40)論文、七七頁）。
(46) 『東大寺要録』（筒井英俊編『東大寺要録』全国書房、一九四四年）。
(47) 「宝字記」の文章については、護国寺本『興福寺縁起』にほぼ近い形で伝えられる（『諸寺縁起集』護国寺本、

『校刊美術史料　寺院篇　上巻』中央公論美術出版、一九七二年、二六八〜二六九頁）。護国寺本の成立年代については、文暦二年（一二三五）以後のものと知られる程度とされる（藤田経世「諸寺縁起集　護国寺本　解題」、前掲書、二五九頁）。

(48) 前掲注(4)史料（六〜七頁）。本稿末の読み下し文をあわせて参照のこと。

(49) 細かい部分として、興福寺の平城京創建については、「昌泰縁起」が和銅三年（七一〇）という具体的な年号を出しているのに対して、「宝字記」では和銅年中（七〇八〜七一五）とするのみである。

(50) 「宝字記」を資財帳逸文とみる見方は古くから多数あるが、専論としては松田和晃氏の論考がある（松田氏前掲注(45)論文）。

(51) 谷本啓氏は、伝来は不明ながら、錯簡の少ない東京国立博物館本を原本に最も近い原本としている（谷本氏前掲注(40)論文、七四頁）。

(52) 『続日本紀』天平宝字元年（七五七）閏八月壬戌条（『新日本古典文学大系一四　続日本紀　三』岩波書店、一九九二年、二二八〜二三二頁）。

(53) 『僧綱補任』第一の天平宝字元年条に、「小僧都慈訓　任興福寺別当。始之。治廿五年」（『大日本仏教全書』興福寺叢書第一、第一書房、一九七八年、六八頁）とあるほか、『興福寺別当次第』第一巻の巻頭には慈訓の伝が掲げられている（『大日本仏教全書』興福寺叢書第二、第一書房、一九七八年、一頁）。

(54) 佐久間竜「慈訓について」（『仏教史学』第六巻第四号、一九五七年。後に「慈訓」として『日本古代僧伝の研究』に所収、吉川弘文館、一九八三年、九六頁）。また、天平宝字七年（七六三）、仲麻呂政権に翳りが見えた年に、少僧都の要職にあった慈訓がその地位を追われている（佐久間論文、九五頁）。

(55) 吉川真司「藤原氏の創始と発展」（『律令官僚制の研究』塙書房、一九九八年。「天皇家と藤原氏」として『岩波講座　日本通史　第五巻』に所収、岩波書店、一九九五年、八七〜九〇頁）。

(56) 天平宝字四年（七六〇）の光明皇太后の死を契機として、仲麻呂政権の勢力が低下し、宮中における慈訓と道鏡の勢力も交替したことが指摘されている（佐久間氏前掲注(54)論文、九五〜九八頁）。

(57) 現行、「鎌足伝」「貞慧伝」「武智麻呂伝」の三伝から構成されているが、「史(不比等)伝」も存在したと考えられている(福山氏前掲注(5)論文、三三一〜三三二頁)。なお、「鎌足伝」だけでなく、収載される伝記すべてに仲麻呂による潤色を考えておかなければならないと考える(藤井前掲注(6)論文二三〇〜二三一頁)。

(58) 『書紀』と「鎌足伝」の関係について、従来は史料同士の兄弟関係、つまり失われた原史料があって、両史料ともにその原史料に基づいて作成されたとする見方が強かったが、近年は親子関係、つまり『書紀』の記述に手を加えて「鎌足伝」が作成されたとする議論が増えてきている(藤井前掲注(6)論文、二一五〜二一六頁)。

(59) 矢嶋泉氏は、『家伝』成立時現在における恵美家を跡づけ、その地位を保証する目的のもと、鎌足を功臣として顕彰する『家伝』が編纂されたとして、『家伝』の「鎌足伝」がそれ自体の構想・要請に基づいて記されたことに留意している(矢嶋泉「『家伝』の資料性」、沖森卓也・佐藤信・矢嶋泉編『藤氏家伝　鎌足・貞慧・武智麻呂伝　注釈と研究』吉川弘文館、一九九九年、四二八〜四二九頁)。

(60) 三浦佑之・工藤隆・多田一臣「氏文と家伝」(古橋信孝編『日本文芸史——表現の流れ　第一巻・古代Ⅰ——』河出書房新社、一九八六年、二一一・二一七頁)。

(61) 『書紀』白雉四年(六五三)夏五月辛亥朔壬戌条、白雉五年(六五四)二月条に、わずかに鎌足の長子定恵(貞慧)が留学僧として唐に渡って帰国したことが挙げられるのみである(『日本古典文学大系六八　日本書紀　下』、岩波書店、一九六五年、三一八〜三一九・三二二〜三二三頁)。

(62) 沖森卓也・佐藤信・矢嶋泉編『藤氏家伝　鎌足・貞慧・武智麻呂伝　注釈と研究』(吉川弘文館、一九九九年、二五〇〜二五一頁)。

(63) 前掲注(62)書籍(二五三〜二五四頁)。

(64) 『維摩経』の空を強調する立場が、無為自然を説く老荘思想と結合して中国知識人の大きな関心を呼ぶことになったという。橋本芳契『維摩経の思想的研究』(法藏館、一九六六年、一八〜二〇頁)、横超慧日「維摩経の中国的受容」(橋本博士退官記念仏教研究論集刊行会編『仏教研究論集』清文堂出版、一九七五年、三一七〜三二二頁)、上田晃圓「興福寺の維摩会の成立とその展開」(『南都仏教』第四五号、一九八〇年、三六〜三七・四〇頁)。また、そうした動きの一方で、中国では維摩居士には降魔力があるとみなされ、抜苦与楽の現世利益経典として『維摩経』に呪術的な力が期待されていたことも指摘されている（里道徳雄「維摩信仰の形成」塩入良道先生追悼論文集刊行会編『天台思想と東アジア文化の研究』山喜房佛書林、一九九一年、三九〇～三九五頁）。

(65) ただし、こう考えた場合、維摩会の創始者は誰かという問題が残る。『三会定一記』のように、福亮の存在を重視し、維摩会の創始を斉明天皇四年（六五八）として鎌足に結びつける史料もある（『三会定一記』第一、『大日本仏教全書』興福寺叢書第一、第一書房、一九七八年、二八九頁）。

(66) 具体的にどのようなものかは不明ながら、『続日本紀』に採られた仲麻呂による維摩会表白文の冒頭に、「緬に古記を尋ぬるに」として、「古記」の存在が示されている（前掲注(52)史料、二二八～二二九頁）。

(67) 興福寺の寺号もまた、『維摩経』「方便品」の「令興福力」の語から採られたとする見方もある（森谷英俊「興福寺と『維摩経』」『こうふく』第一六二号、二〇一三年、三頁）。

(68) 谷本啓氏前掲注(4)論文、一〇九～一一一頁）。谷本氏は、道慈の関与を想定する際、四天王寺縁起のほかにもうひとつ、『書紀』や『大安寺伽藍縁起幷流記資財帳』にみる大安寺の縁起と、「宝字記」の興福寺移建記事の類似を挙げている。

(69) 「宝字記」の西金堂条に説かれる、光明皇后が母橘三千代の一周忌に造立したという縁起についても、史実ではなく後付けだという見解がある。小林裕子「興福寺東金堂・五重塔・西金堂の造営とその意義」（『早稲田大学大学院文学研究科紀要』第五二第三分冊、二〇〇七年。後に『興福寺創建期の研究』所収、小林氏前掲注(4)書、一九五～二一一頁）。森下氏前掲注(41)論文、二一〇～二一一頁）。

(70) ただし、薮中氏は鎌足の山階寺創建と乙巳の変の関係を史実とみており、この点では拙稿と立場を異にしている（薮中氏前掲注(4)論文、一一九頁）。

(71) 朧谷寿『藤原氏千年』（講談社現代新書一三二一、講談社、一九九六年、四二頁）。大橋一章「平城遷都と国家官寺の移転」（『奈良美術成立史論』中央公論美術出版、二〇〇九年、三九七頁）。

(72) 『尊卑分脈』藤氏大祖伝「不比等伝」に、鎌足が不比等を幼少時に山科の田辺史大隅に預けたこと、そのために史と名づけられたことが記されており（『新訂増補国史大系　尊卑分脈』、吉川弘文館、一九八七年、一五〜一六頁）、鎌足が山階を本拠の一つとしていたことをうかがわせる。諸地域での発掘調査結果が示しているように、七世紀頃には各地に氏寺が相当数建てられていたことを考えると、田辺史という渡来系氏族と関係を持ち、田辺史の本拠地である山階の地で不比等を養育させた鎌足が（加藤謙吉「初期の藤原氏と渡来人の交流」、佐伯有清編『日本古代中世の政治と宗教』吉川弘文館、二〇〇二年、五七〜五八頁）、大津京にも近いその地に一族の仏教信仰の拠点を置いたとしても不自然ではない。その意味では、山階寺建立の事実を完全に否定することもできない。

（73）「丙申。始置養民・造器及造興福寺仏殿三司」（『新日本古典文学大系一三　続日本紀二』岩波書店、一九九〇年、八〇〜八一頁）。

（74）造興福寺仏殿司が北円堂の建立のみを担当した官司か、興福寺全体の建立を担当するようになる官司かについては、谷本啓氏によって詳細に論じられている（谷本啓「造興福寺仏殿司再考」『続日本紀研究』第三六五号、二〇〇六年）。

（75）前掲注(52)史料（二二八〜二三一頁）。

（76）前掲注(73)史料（三三八〜三三九頁）。

（77）他に『続日本紀』天平二十年（七四八）四月甲子条（「於山科寺誦経」）など（前掲注(52)史料、五六〜五七頁）。

（78）『書紀』は鎌足の私邸の場所を明記しない。私邸を山階とするのは、「昌泰縁起」のほか、『家伝』『扶桑略記』『建久御巡礼記』『三宝絵詞』『七大寺巡礼私記』と、いずれも後世の史料である。

（79）『大日本古文書　編年文書之七』七ノ一九二（財団法人東京大学出版会、一九〇七年、一九二頁）。これが正倉院文書における山階寺の初見である。

（80）『大日本古文書』七ノ一六六（前掲注(79)史料、一六六〜一六七頁）。正倉院文書において、天平十年（七三八）頃から、山階寺の呼称が頻出するようになることは『続日本紀』と呼応するが、一方で興福寺の称も、天平十年頃から増えている。

（81）独立行政法人文化財研究所奈良文化財研究所編『興福寺　第一期境内整備事業にともなう発掘調査概報Ⅲ』（興

福寺、二〇〇二年、八～一六・三〇～三一頁）。馬場氏前掲注（4）論文（六～八頁）。清水重敦「興福寺中金堂院の伽藍とその建築」（『月刊考古学ジャーナル』第五〇八号、二〇〇三年、一二～一三頁）。馬場基「中金堂院の発掘調査と伽藍復興」（多川俊映・金子啓明編『興福寺のすべて』小学館、二〇〇四年、一〇六～一一六頁）。奥村茂輝「奈良時代における興福寺の造営」（『南都仏教』九八号、二〇一三年、七六～七八頁）。奈良文化財研究所では、発掘調査に基づいて、中金堂院をⅠ期（改造前）・Ⅱ期（改造後）に分けている。なお、第Ⅰ期の段階では、基壇のみ地山から削り出された状態で据え置かれていたと推定されるという（清水氏論文、一二頁）。

（82）「山階流記」歩廊条所引「天平記」に、「歩廊一條。（中略）東西各十七間」（前掲注（4）史料、九頁）とある柱間数と、Ⅱ期以降の柱間数とが一致することから、天平年間（七二九～七四九）にはすでに新形式に変更されていた、と考えられている（清水氏前掲注（81）論文、一二頁）。

（83）改造によって、中金堂の前面に法会、儀式に際しての人の場が用意されたことが指摘されている（前掲注（81）清水論文、一四頁）。

（84）『類聚三代格』巻二「経論幷法会請僧事」（『新訂増補　国史大系　類聚三代格　前篇〔普及版〕』吉川弘文館、一九八三年、五五頁）。

（85）吉川氏前掲注（55）論文（七七～九一頁）。

（86）「延暦記」には山階寺創建に関わる記述がない。「弘仁記」には、「弘仁記云。近江大津宮馭寓天武天皇二年。歳在大俗同中呂。大織冠藤原内大臣諱鎌子之所建也。始開基於北織之山階。後結構於南都之廄坂。至於和銅三年。歳在閹茂〔傍注…エンボ〕。龍興雲従。虎嘯風生。更閲春日之勝地。重闢秋夜之高天云云」（前掲注（4）史料、七頁）とある。

（87）流記とは、一般に恒式となして後世にまで保管し、永く伝えていく公式文書のことをいう。しかし、そのように長く伝えていく流記であるからこそ、時代時代の必要にあわせて、あえて改変が加えられていく可能性もあるかもしれない。この点に関連して、流記とは文書作成時点における各資財の伝来経緯の記録と解すべきとする見解もある（松田和晃「「流記」の意義について」『続日本紀研究』第二二〇号、一九八二年、四六頁）。

(88) 増尾伸一郎「奈良・平安初期の〈日本紀〉とその周辺」(『国文学　解釈と鑑賞』第六四巻第三号、一九九九年)。

【読み下し】

◆『政事要略』巻二五「年中行事十月」条所引「興福寺縁起」(「昌泰縁起」)

金堂一宇《こむだういちう》　七間《ななけむ》。

右《みぎ》、岡本天皇《おかもとのすめらみこと》即《そく》〔舒明天皇〕位《ゐ》十三年歳次《さいし》辛丑冬十月《しんちうのふゆかむなづき》、天皇《すめらみこと》崩《かむあが》りましぬ。明年正月《くるつとしのむつき》、皇后《おほきさき》、位《くらゐ》に即《つ》きたまふ。是《こ》れ、天豊財重日足姫天皇《あめとよたからいかしひたらしひめのすめらみこと》広極天皇《くわうぎよくてんわう》としたまふ。是《ここ》に、宗我《そが》大臣《のおほおみ》毛人《えみし》が男《をのこ》入鹿《いるか》、自《みづか》ら国柄《くにのかひ》を執《と》りて、恣《ほしきまま》に威福《ゐふく》を行《おこな》ふ。王室《みかど》衰微《すいび》し、社稷《くに》傾危《けいき》す。時《とき》に藤原内大臣《ふぢはらのないだいじん》、竊《ひそか》に謂《おも》へらく、軽皇子《かるのみこ》を立《た》てて君《きみ》とせむ、とおもふ。即《すなは》ち、その事《こと》の済《な》さざるを計《はかり》みて、釈迦丈六像一軀《しやかぢやうろくぞういつく》、狭侍菩薩両軀《けふぢぼさつりやうく》を造《つく》り奉《たてまつ》り、四天王《してんわう》寺《じ》に住《とど》めんと願《ねがひ》を発《おこ》す。事遂《ことと》げて、願叶《ねがひかな》ひ、仍《より》て茲《こ》の像《ざう》を造《つく》りたまふ。天命《あめみこと》「清御原天王也」開別天皇《ひらかすわけのすめらみこと》即位二年《そくゐにねん》歳次己巳《のさいしきし》冬十月《のふゆかむなづき》に至《いた》りて、内大臣《ないだいじん》、枕席安《しむせきやす》からず。嫡室鏡女王《ちやくしつかがみのおほきみ》、請《こ》ひて曰《い》はく、敬《ゐやま》ひて伽藍《がらむ》を造《つく》り、尊像《そんざう》を安置《お》きたまへ、といへり。大臣許《おほおみゆる》したまはず。再三《しきり》に請《こ》ひて、仍《より》(乃)て許《ゆる》したまふ。此《これ》に因《よ》りて、山階基《やましなもとゐ》を開《ひら》き、始《はじ》めて宝殿《はうでん》を構《かま》へたまふ。神駕《しんが》を南《みなみ》に遷《うつ》すに逮《およ》びて、廐坂《うまやさか》に改《あらた》めて造《つく》る。和銅三年歳次《わどうさむねんさいし》庚戌《かうじゆつ》、太上天皇《だいじやうてんわう》、俯《ふ》して人願《じんぐわん》に従《したが》ひ、都《みやこ》を平城《なら》に定《さだ》めたまふ。是《ここ》に太政大臣《だいじやうだいじん》、先《さき》の志《こころざし》を相承《あひう》けて、春日《かすが》の勝《すぐ》れたる地《ところ》を簡《えら》ひて、興福《こうふく》の伽藍《がらむ》を建《た》つるなり。

維摩会《ゆいまゑ》

右《みぎ》、先《さき》の正一位《しやういちゐ》太政大臣《だいじやうだいじん》、聖朝《みかど》の安穏《あんをん》の奉為《おほむため》に、社稷《くに》を傾《かたぶ》けること无《な》く、謹《つつし》みて弘誓《ぐぜい》を発《おこ》し、始《はじ》めて斯《こ》の会《ゑ》を開《ひら》く。然《しか》るに、太政大臣《だいじやうだいじん》沈病《みやまひおも》りて、既《すで》に万《よろづ》(方)の計《はかりこと》を廻《めぐ》らす。時《とき》に百《く》(伯)済禅尼《だらのぜんに》有《あ》り。名《な》を法明《ほふみやう》と曰《い》ふ。大臣《おほおみ》に白《まう》さく、我《われ》、大乗《だいじよう》を持《ぢ》し、維摩《ゆいま》経《きやう》と名《なづ》く。其《そ》の中《うち》に説《と》きたまふ所《ところ》の問疾品《もんしつぽむ》を試《こころみ》に誦《よ》み奉《たてまつ》らむ。相公《しやうこう》の御悩《ごなう》、平愈《へいゆ》せんか、といへり。未《いま》だ一品《いつほん》を誦《よ》み了《をは》らざる前《さき》に、相公《しやうこう》の御病《みやまひ》、既《すで》に以《もち》て平愈《へいゆ》せり。時《とき》に大臣《おほおみ》、稽首合掌《けいしゆがつしやう》して言《まう》さく、生《よ》々世《よ》々に大乗《だいじよう》に帰依《くゐえ》せん、といへり。また、禅尼《ぜんに》を師《し》とし、仍《より》て維摩経《ゆいまきやう》を講《かう》ず。或《ある》いは講《かう》ずること三日《みか》。中間《なかころ》に已《すで》に絶《た》え、此《こ》の会《ゑ》行《おこな》はれず。慶雲二《きやううんに》年歳次《ねんさいし》乙巳秋七月《いつしのあきふみづき》、後《のち》の太政《だいじやう》大臣《だいじん》、病《やまひ》に臥《ふ》して不豫《みやまひ》したまふ。是《こ》の日《ひ》に誓願《せいぐわん》したまふ。劣《をぢな》き臣《しん》、怠緩《おほろか》にして、先《さき》の志《こころばへ》を継《つ》がず。今《いま》より以後《のち》、躬《みずか》ら膳夫《かしはで》と為《な》りて、三宝《さむほう》に帰敬《ききやう》（依）し、衆僧《しゆそう》を供養《くやう》し、維摩《ゆいま》を万代《ばんたい》に転《てん》じ、正教《みのり》を千年《せんねん》に伝《つた》へて、遥《はるか》に芳因《はういん》を捧《ささ》げて永《なが》く先慈《せんじ》を資《たす》けむ、と。養老四《やうらうし》年《ねん》に至《いた》りて大臣薨《おほおみこう》しぬ。但《ただ》し、事《こと》、稍《やや》く荏苒《じんぜん》として転読《てんどく》す。天《てん》平五《ひやうご》年春三月《ねんはるやよひ》、皇后重《おほきさきかさ》ねて願《ねが》ひたまひて、旧《もと》の如《ごと》く興復《こうふく》せしむ。講説《かうせち》すること七日《なぬか》、祖考《そかう》の志《こころばへ》、咸《ことごと》（成）く熟《な》り、妨《さまた》ぐること無《な》し。彼《かれ》より已来《このかた》、今《いま》に至《いた》り、相承《あひう》けて絶《た》えず。具《くは》しくは別記《べちき》に在《あ》り。

◆『興福寺流記』第二「山階流記」中金堂院条所収「宝字記」

宝字記《ほうじき》に云《い》はく、

興福寺《こうふくじ》旧《もと》の名《な》は山階寺《やましなでら》。亦《また》、厩坂寺《うまやさかでら》といふ。此《こ》の寺《てら》の興《おこ》りは、飛鳥坂（板）蓋宮《あすかのいたぶきのみや》に御宇《あめのしたしらしめ》しし天豊財重日足姫天《あめとよたからいかしひたらしひめのすめらみこと》皇の代《みよ》に創《はじ》まり、天皇《すめらみことの》四年歳次《しねんさいし》乙巳《いつし》の際《とき》に至《いた》れり。時《とき》は季世《きせい》（世季）に属《つ》き、運《よ》は此《こ》の艱《かん》（難）に逢《あ》ふ。王綱《おうこう》、*1[紐《ひも》を]弛《ゆる》（施）め、典刑《てんけい》（形）、序《つぎて》を失《うしな》ふ。時《とき》に、蘇我入鹿《そがのいるか》、廷《てい》（匡）令《れい》の資賛《しさん》（讃）を顧《かへり》みず、跋扈《ばつこ》の情《こころ》を懐《いだ》く。*2朝庭《みかど》（廷）を専制《せんせい》し、威権《いけん》、己《おのれ》に由《よ》る。遂《つひ》に九服《きゆうふく》をして来蘇《らいそ》の歎《なげき》を起《お》こさしめ、四《し》（曰）夷《い》をして杼柚《ちよじく》の悲《かなしび》を有《あ》らしめん。藤原内大臣《ふぢはらのないだいじん》、少《わか》くして英風《えいふう》を韜《つつ》み、早《はや》くに神賛《しんさん》（算）を標《あら》わす。毎《つね》に以《おも》へらく、或《ある》いは栖懐《せいくわい》を遏《しりぞ》け、尅復《こくふく》の念《おもひ》あり、と。即《すなは》ち議《はかりこと》を立《た》てて曰《い》はく、天下《あめのした》の否業《ひげふ》なり。

若《も》し位《みくらひ》、その主《しゅ》を曠《むな》しくすれば、国家《くに》、立《た》ちどころに崩《くづ》れむこと、此《これ》より成《な》れり。軽皇子《かるのみこ》、文武《ぶんぶ》、天授《てんじゅ》にして、親賢《しんけん》すること比《たぐひ》なし。立《た》てて君《きみ》と為《な》せば、天下《あめのした》、誠《まこと》に幸甚《かうしむ》なり、といふ。その議《はかりこと》、已《すで》に定《さだ》まりぬ。期《ちぎ》りて日《ひ》有《あ》り。独《ひと》り、事《こと》の済《な》らざるを慮《おもひはか》り、仰《あふ》ぎて弘願《ぐぐわん》を発《おこ》し、尺《しゃ》（釈）迦《か》文丈《もんのぢやう》六像一軀《ろくざういつく》、脇侍菩薩《けふぢぼさつ》、四天王《してんわう》等《とう》の像《ざう》を造《つく》り奉《たてまつ》り、四天王寺《してんわうじ》に屈《くつ》し奉《たてまつ》らむ、といふ。その後《のち》、天下《あめのした》、遂《つひ》に軽皇子《かるのみこ》に定《さだ》まれり。仍《より》て、山階《やましな》においで敬《ゐやま》ひて真像《しんざう》を写《うつ》したまふ。能《よ》き事《こと》、云《ここ》に畢《をは》ると雖《いへど》も、然《しか》れどもいまだ請《こ》ひ遣《つかは》さず。近江大津宮《あふみのおほつのみや》に御宇《あめのしたしらしめ》し天命開別天皇《あめみことひらかすわけのすめらみこと》八年歳次己巳冬十月《はちねんさいしきしのふゆかむなづき》に至《いた》（堂）りて、内大臣《ないだいじん》、二竪《にじゅ》の夢《ゐめ》に入《い》りて、七尺《しちせき》安《やす》からず。嫡室鏡女王《ちゃくしつかかみのおほきみ》、請《こ》ひて曰《い》はく、別《こと》に伽藍《がらむ》を造《つく》り、前《さき》の像《ざう》を安置《お》きたまへ、といふ。大臣《おほおみ》許《ゆる》したまはず。再三《さいさむ》に至《いた》（堂）りて、始《はじ》めてこれを許《ゆる》（絶）したまふ。便《すなは》ち山階《やましな》において、就《つ》きて真院《しんゐん》を開《ひら》く。世《よ》に伝《つた》ふる山階寺《やましなでら》これなり。壬申《じむしん》の際《とき》に逮《およ》（遇）びて、兵革休息《へいかくきうそく》し、区宇《くに》安寧《やすらか》なり。鸞輿《らんよ》を廻《めぐら》して南都《みなみのかた》の飛鳥《あすか》に駕《ゆ》く。仍《より》て、復《また》、高市厩坂《たけちうまやさか》に移《うつ》し造《つく》りたまふ。故亦《かれまた》、厩坂寺《うまやさかでら》といふ。後《のち》に和銅年中《わどうねんちゆう》に及《いた》りて、先《さき》（光）の太上天皇《だいじやうてんわう》、俯《ふ》して民《たみ》の願《ねが》ひに従《したが》ひ、平城《なら》に都城《とじやう》を遷《うつ》したまふ。太政大臣《だいじやうだいじん》、また春日《かすが》においてさらに営造《ゐやうざう》したまふ。仍《より》て、その額《がく》を定《さだ》め、興福寺《こうふくじ》と名《な》づくと云々。

＊1王綱、紐を弛め

＊2朝庭を専制し、威権、己に由る

以上は立本啓「校訂『興福寺流記』」（『鳳翔学叢』第三輯、二〇〇七年）による。

醍醐寺本諸寺縁起集注釈抄

解題

本書の書名は、『国書総目録』（岩波書店）および日本古典籍総合データベース（国文学研究資料館）は『諸寺縁起』（著作ID237831）としているが、『校刊美術史料』（藤田経世編、中央公論美術出版、一九七二年）にしたがい、『諸寺縁起集』とする。

日本古典籍総合データベースによると、醍醐寺所蔵本（重文）の写本は、東大史料編纂所[1]（大正十三年醍醐寺本影写二冊）、尊経閣文庫（貞享元年写一七冊、未見）、京都大学（醍醐寺本写二冊、未見）に所蔵されている。

『校刊美術史料』「醍醐寺本諸寺縁起集」解題によると、醍醐寺所蔵本は、縦二六・八センチメートル、横一八・〇センチメートルの粘葉装の冊子一八冊である。本紙は厚手の白楮紙で、一頁に六行の押罫があり、一行一六字ほどが楷書で書かれている。

全体筆者は一人で、各冊末尾に署名されている「弁豪」という人物である。同年に「光胤」という人物が三回にわたって校正を行っており、返り点や送り仮名は光胤である。各冊の表紙の左肩に弁豪による表題が記されている。

書写年は、第一冊（東大寺）の末尾に、

建永二年七月四日書写了　執筆弁豪謹/献上

同九月三日校了、重校了、又校了、光胤

とあり、建永二年（一二〇七）に書写と校正が行われたことがわかる。第五冊（薬師寺）に「建永二年七月九日写了」、第六冊（招提寺）に「建永二年七月十日書写了」とあり、校正の日付は「九月六日」（第五冊・第六冊）とある。

建永二年のおよそ七月から九月の間に、書写と校正が行われたようである。弁豪と光胤の出自来歴は不明である。

内容は、各寺院の縁起のほか、願文や太政官牒など縁起とはいえないものも多く、雑然とした印象を受け、誤字脱字が多く見られる。しかし、醍醐寺本『諸寺縁起集』以外に所伝のないものが多く、資料としての価値が高い（本書藤巻和宏「総論　寺院縁起の古層」参照）。所収記事の年次の最下限は長寛三年（一一六五、第一冊東大寺）である。一七冊分の資料が、醍醐寺本書写時に収集されたものなのか、まとめられたものが存在してそれを弁豪が書写したものなのかどうかは不明である。

醍醐寺本の複製が、一九三〇年に、コロタイプ版全一九冊（うち一冊は黒板勝美「醍醐寺蔵諸寺縁起集略説」）として便利堂より刊行された。翻刻は、『大日本仏教全書』寺誌叢書一～四（寺院別に分散して収録）、藤田経世氏の『校刊美術史料』に収録されている。

以下、複製本の一八冊の外題と内題である。内題に番号のついていない「放光菩薩記」と「清水寺建立記」は、『校刊美術史料』に従い、7と9に入れた。（　）内は内題である。

1　東大寺（一　東大寺）
2　元興寺縁起（二　元興寺縁起）
3　大安寺縁起（三　大安寺縁起）
4　西大寺縁起（四　西大寺縁起）
5　薬師寺縁起（五　薬師寺縁起）
6　招提寺建立縁起（六　招提寺建立縁起）

7　放光菩薩記（放光菩薩記）
8　弥勒寺本願大師善仲善算縁起文（八　弥勒寺本願大師善仲善算縁起文）
9　清水寺建立記（清水寺建立記）
10　子嶋山寺建立縁起（十　子嶋山寺建立縁起大師伝）
11　大神宮法華十講会縁起（十一　大神宮法華十講会縁起）
12　高野寺縁起等（十二　高野寺縁起等）
13　興福寺在超昇寺大念仏（十三　興福寺／十四　超昇寺大念仏）
14　一龍門寺在大和国吉野郡官造作勅施僧正（十五　一龍門寺）
15　大日本州大官大寺門徒大唐大福光寺増算（大日本州大官大寺門徒大唐大福光寺増算／十七　大安寺崇通天皇御院八島両処記文）
16　関寺縁起（十八　関寺縁起）
17　六角堂縁起（十九　六角堂縁起）
18　粉川寺大卒都婆建立縁起（廿　粉河寺大卒都婆建立縁起）

本書には、第七冊「放光菩薩記」、第一一冊「大神宮法華十講会縁起」、第一四冊「一龍門寺」、第一七冊「六角堂縁起」の四冊について、注釈と考証を収録する。第七冊「放光菩薩記」は、主に中国南梁の僧宝誌に関する複数の書物からの抜書で、敦煌文書などに通じる貴重な資料を含む。第一一冊「大神宮法華十講会縁起」は大神宮（「日前・国懸」と傍書）における法華十講会の願文（あるいは表白）、第一四冊の「一龍門寺縁起」は龍門・龍蓋寺縁起と太政官牒で、いずれも他に所伝をみない資料である。龍門寺は奈良県吉野村の廃寺、龍蓋寺は奈良県高市郡明日香村の別称岡寺で、ともに義淵の創建とされている。第一七冊「六角堂縁起」は、六角堂（京都市中京区）の創建を述べ、現存する最古のテキストである。

注

（1）第一冊表紙には「諸寺縁起一」。東大寺縁起・元興寺縁起・大安寺縁起・西大寺縁起・薬師寺縁起・招提寺建立縁起・清水寺建立記・弥勒寺本願大師善仲善算縁起文を収録。第二冊表紙「諸寺縁起二」。高野寺縁起等・子嶋山寺建立縁起・大神宮法華十講会縁起・関寺縁起・興福寺・粉川寺大卒塔婆建立縁起・一龍門寺・六角堂縁起・大日本州大宮大寺門徒大唐大福光寺増算収録。奥書「諸寺縁起国宝原本十八帖／山城宇治郡醍醐村所蔵大正十三年十二月影写」。

凡　例

一、本注釈は、醍醐寺本『諸寺縁起集』のうち、「放光菩薩記」「大神宮法華十講会縁起」「龍門寺縁起」「六角堂縁起」に注釈を施したものである。

二、構成は、「一　読み下し・語注」「二　翻刻・校異」「三　考証」からなる。

三、「読み下し」は、翻刻に基づき字句の訂正を行い、原則として常用漢字にて表記した。

・読み下しの難しい箇所については、原文をそのまま掲げたところもある。

・語注は、本文中に算用数字にて番号（＊1、＊2、＊3……）を掲げ、読み下しの後に一括して示した。

四、「翻刻」は、底本として複製『醍醐寺本諸寺縁起集』（便利堂、一九三〇年）を用い、藤田経世編『校刊美術史料』寺院篇上（中央公論美術出版、一九七二年）ほかの文献で対校した。対校本は各縁起によって異なるため、それぞれの翻刻部分に別記してある。なお、

・文字は原則として底本通りとしたが、明らかな誤りは訂正し、判読不明の部分はそのまま掲げた。底本の傍書もそのままの位置に示した。

・改行も底本通りとして、各行冒頭に行番号を示し、また〈　〉にて丁数を掲げた。

・校異は、本文中に算用数字にて番号（1、2、3……）を掲げ、翻刻の後に一括して示した。

五、「考証」では、各縁起の成立や特性、展開について、一層詳細な考察を加えた。

（小林真由美・北條勝貴）

「放光菩薩記」注釈

北條勝貴

一　読み下し・語注

【読み下し】

放光菩薩記

　梁朝の漢州[*1]徳陽県善寂寺[*2]東廊の壁上に、張僧繇[*3]の画きし地蔵幷に観音各一軀あり。状は、僧の貌の鋟[*4]り抜きて坐するが若し。時に瞻礼するに、異光煥発す。麟徳[*5]元年に至りて、寺僧瞻敬するに、常に異なれり。是を以て、絹を将て壁上に就けて模写し、散[*6]して将に供養せむとするに、光を発すること異なる無し。時の人、展転して模写する者甚だ衆し。麟徳三年に至りて、王記[*7]、資州[*8]刺史に赴任す。以て模写するに当りて、精誠供養せり。同行[*9]の船十隻、忽ち悪風の頓起せるに遇ひ、九隻の船没溺す。此の波濤に遭ふに、唯だ王記の船のみ更に恐怖すること無し。将に知らむ、菩薩の弘大なる慈悲、是の如き力有りと。垂拱[*10]二年に至り、天后[*11]之を聞き、勅して人[*12]を出して模写せしむ。

光の発すること前の如し。内道場〔[*13]に於て供養せり。[*14]大暦元年に至りて、[*15]宝寿寺大徳、道場の〕中に光の異なる相を見て、写し表して聞奏す。[*16]帝、乃ち虚心に頂礼し、讃嘆していはく、「其の光菩薩現ずる時、国当に安泰なるべし」と。[*17]後に商人の妻有り、妊娠して廿八月を得れども産まず。忽ち光明を観て、便即ち模写し、一心に菩薩に発願するに、当に即ち一男を生下すべし。相好端厳にして、見る者歓喜せり。

[*18]梁武帝、[*19]宝誌和尚に問ひていはく、「如何に修行せば、永劫に人身を得るや」と。和尚云はく、「我、薬方を示さむ。此の修行に依らば、永劫に人身を失ふべからず。[*20]五蘊の山に向ひて持ち取るは、帰依三宝一具、常歓喜二両、慈悲行尋三寸、忍辱根四掘、智慧子五升、精進心六合、除煩悩七顆、去人我八分なり。此の八味、聡明の刀を用い、平等の枕の上に向ひて細剉し、無礙の臼の中に入れ、金剛の杵を以て一千下し、波羅蜜を用いて丸と為し、毎日八功徳水を取りて一粒を服さば、永劫に人身を失はざることを得む」と。

[*21]大安寺の塔の下の北面、西戸脇の連子壁の板に、梁武帝と志公和尚と面談せる影有り。其の銘に曰はく、「梁武帝、志公に問ひていはく、『朕、成仏を求めて、当に行法を修むべし』と。志公対へて曰はく、『[*22]解無常、学大理、敬三宝、存終始、莫称我、莫喚你、好事行、悪事止、自取非、与他是。秖者是』と云々」と。

【語注】

＊1 **漢州徳陽県**……現四川省徳陽市。成都の北方約六〇キロに位置する地方都市。

＊2 **善寂寺**……唐・王勃に「益州徳陽県善寂寺碑」があり、梁・武帝の創建と伝えるが、明・曹学佺撰『蜀中広記』巻九川西道成都府／徳陽県には、西晋の泰始年中（二六五～二七四）に創建されたものの唐名とする。武帝治世下において、益州刺史は必ず王族より任命されており、おそらくは武帝の命令を受けて、積極的に建康の仏教を移植したと推測される。成都周辺では次々と寺院が建設され、法会講論や経典諷誦、経典撰集などが頻繁に行われた〔諏訪義純

「梁武帝の蜀地経略と仏教」、同『中国南朝仏教史の研究』法藏館、一九九七年〕。

＊3 **張僧繇**……六朝を代表する画師として知られるが、出自や経歴は明らかではない。唐・張彦遠撰『歴代名画記』巻七梁／張僧繇条には、「呉中人也。天監中、為㆓武陵王国侍郎㆒、直㆓秘閣㆒、知㆓画事㆒。歴㆓右軍将軍、呉興太守㆒。武帝崇㆓飾仏寺㆒、多命㆓僧繇画㆑之」とあり〔谷口鉄雄編『校本 歴代名画記』中央公論美術出版、一九八一年、九一～九四頁〕、梁・武帝に重用され、仏教画の制作（とくに寺院壁画）を主としたことが知られる。肥田路美氏によれば、年代の明確な事跡は、(イ)天監二年（五〇三）に勅命により宝誌の肖像を描こうとしたこと〈南宋・志磐撰『仏祖統紀』巻三七〉、(ロ)大同二年（五三六）に勅命により改修された会稽鄮県の阿育王寺へ「諸経変」を描いたこと〈『梁書』巻五四列伝四八／諸夷／海南諸国／扶南国〉、(ハ)太清初年（五四七）に勅命で蜀に至り、第八皇子 益州刺史蕭紀の肖像画を描いたこと〈『南史』巻五三 列伝四三／梁武帝諸子／武陵王紀〉、に限られるという〔肥田「張僧繇の画業と伝説」、吉村怜博士古稀記念会編『東洋美術史論叢』雄山閣出版、一九九九年〕。「三 考証」参照。

＊4 **鋟り抜きて**……校異注12参照。「鋟」は「鋟」の異体字とみられ、基本的字義は「刻む」である。本像が彫刻であれば像全体を削り出す意とも取れるが、絵像であり、また僧侶としての面貌を特記しているため、後述するような宝誌像の一様式を受け、「切り開いて」と解釈した。「三 考証」参照。

＊5 **麟徳元年**……西暦六六四年。唐・高宗の治世。

＊6 **散して**……校異注21参照。底本と藤田経世『校刊美術史料』、尊経閣文庫本『三宝感応要略録』〈後述するように、遼・非濁撰の本書は当該部分の典拠と考えられる〉は、ともに「将」字の前に「散」を付けており、大正新脩大蔵経本『三宝感応要略録』のみがこれを除いている。確かに「散」を削った方が意味を取りやすいが、二書にあるのを重くみて底本に従った。意味としては、散斎などの可能性もあるが、模写をもともとの絵像と「分けて」「別にして」との表現と解釈した。

＊7 **王記**……本伝承以外の事跡は不明。

＊8 **資州刺史**……唐初の資州は、現在の四川省内江市資中県。刺史は州の長官。

＊9 **同行の船十隻～是の如き力有りと**……水上交通の安全を保障する神格の霊験として、極めて一般的な内容である。例えば、廬山の麓にある宮亭湖の廟神については、梁・慧皎撰『高僧伝』巻一 訳経上／安清伝三に、「行達㆓䢼亭湖廟㆒。

此廟旧有二霊威一。商旅祈禱、乃分二風上下一各無二留滞一。嘗有下乞二神竹一者上、未レ許二輙取一、舫即覆没、竹還二本処一。自レ是舟人敬憚莫レ不レ慴レ影」（『大正新脩大蔵経』五〇／史伝部二、三二三c～三二四a頁）とあり、祈禱や供献崇敬の有無が、行旅の安全を左右するものと伝えている〔拙稿「〈神身離脱〉の内的世界――救済論としての神仏習合――」、『上代文学』一〇四、二〇一〇年〕。

＊10 **垂拱二年**……西暦六八六年。唐・睿宗の治世だが、政治の実権は武則天に掌握されていた。

＊11 **天后**……武則天（武照）。唐・武徳六年（六二三）～神龍元年（七〇五）。当初は太宗の後宮に入り、その崩御後は坤道となり道観で修行するが、蕭淑妃と対立関係にあった王皇后の策略により高宗の後宮に入る。後にこの二人を謀殺して後宮を掌握、次いで宮廷の実権も手中に収め、実子の中宗・睿宗を傀儡として垂簾政治を行った。載初元年（六九〇）には、『大雲経』を利用し各種讖文などで注釈した『大雲経疏』（『武后登極讖疏』）を作成、自らの即位を正当化し武周王朝を開いた。老子の後裔を標榜し道教を重視した唐王朝に対し、武則天は仏教を崇拝し自身の権威教化に応用した。かかる政治のあり方は、古代日本の仏教治国策、光明皇后や孝謙＝称徳天皇の治世にも影響を与えた。

＊12 **人を出して**……校異注37参照。底本のみ「出」と書いているが、藤田経世『校刊美術史料』は「書」と翻刻、当該部分の典拠と思われる『三宝感応要略録』は「画」としている。『要略録』を原テクストと考えれば「画」が正しいが（「画人に勅して模写せしむ」となる）、ここでは底本に従って「出」とし、人を派遣しての意味に解釈した。

＊13 **に於て供養せり～道場の**……校異注41参照。この部分の典拠と思われる『三宝感応要略録』には、「内道場」の後に「供養至于大暦元年寶壽寺大徳於道場」との字句が入る。底本の文面の通り、これらがなくとも意味は通じるが、おそらく意図的な削除ではなく、誤って脱落したもの（「道場」と「道場」の間の文章を飛ばしてしまった）と考えられるため、〔 〕内に補った。

＊14 **大暦元年**……西暦七六六年。唐・代宗の治世。

＊15 **宝寿寺大徳**……情報が少なく特定が難しいが、宝寿寺は、唐・玄宗の側近であった宦官、高力士の創建になる寺院のことと考えられる。元・覚岸撰『釈氏稽古略』巻二 唐／玄宗条には、「天宝七載、大将軍高力士於西京建二宝寿寺一成二鋳洪鐘一、弁レ斎以慶レ之。挙レ朝畢集、約以二撃鐘一杵一、施二銭百緡一。有二楽施者至二二十杵一」とあり（『大正新脩大蔵経』四九／史伝部一、八二七b頁）、天宝七載（七四八）に創建され、高力士の権勢を象徴する存在であったことが

知られる。『旧唐書』巻一八四 列伝一三四／宦官／高力士にも同種の記事が見える。「大徳」が何者かは不明。

＊16 **帝**……唐・代宗、一一代皇帝。宝応元年（七六二）～大暦十四年（七七九）在位。開元十四年（七二六）生まれ、諱は李俶・李豫。兵馬大元帥として、安史の乱により燕の安慶緒に奪われていた長安・洛陽を回復、祖父玄宗・父粛宗の崩御により即位するが、政治の実権を宦官から奪回すべく粛清を繰り返し、結果として国権を弱体化させた。

＊17 **後に商人の妻～当に即ち一男を生下すべし**……地蔵信仰の所依経典である唐・玄奘訳『大乗大集地蔵十輪経』、実叉難陀訳『地蔵菩薩本願経』には、地蔵信仰によって得られる種々の現世的利益が掲げられ、地蔵について、釈迦入滅後弥勒出生に至るまでの間、衆生を忉利天に救済する存在と説いている。しかし、後に日本列島で作られる疑偽経『延命地蔵菩薩経』のように、「女人泰産」を明記してはいない。同説話は、そうした中で出産時の抜苦が願われた重要な事例で、地蔵信仰における女性救済の展開を考えるうえで注目される。

＊18 **梁武帝**……南朝梁の初代皇帝、天監元年（五〇二）～太清三年（五四九）在位。宋・大明八年（四六四）生まれ、諱は蕭衍。斉宗室に連なる名門の出身で、文武に長じ、竟陵王蕭子良のサロンに加わり竟陵八友に数えられた。蕭宝巻（烈宗、廃帝）が暴政を行い兄の蕭懿を誅殺すると、宝巻の弟宝融（後の和帝）を奉じて挙兵、これに報復して国政の実権を握り、後に禅譲を受けて即位し国号を「梁」と改めた。宋以降の武人系の皇帝とは異なり、文治政治を行い安定した時代を築いたが、治世後半には仏教に傾倒して仏教治国策を展開、その拠点である同泰寺で捨身を繰り返し国家財政を逼迫させた。太清三年、東魏から亡命した侯景の叛乱により憤死するが、「三宝乃奴」を標榜する皇帝菩薩としてのあり方は、古代日本の聖武天皇などにも影響を与えた。「三　考証」参照。

＊19 **宝誌和尚**……中国南朝の斉～梁朝において活躍した神異僧。斉・義熙十四年（四一八）～梁・天監十三年（五一四）。生前より種々の霊異や予言をなし、菩薩（後に十一面観音）の応化身と考えられるようになる。唐～宋朝には讖文の作者として仮託され、王朝の交替や正当化の言説が多く作られた。日本では、早く平安初期にその肖像を通じて信仰が伝わり、『宇治拾遺物語』巻九―二（一〇七）に「宝志和尚影事」との霊異譚が残るほか、未来記や「耶馬台詩」と結びつけられて信仰された。「三　考証」参照。

＊20 **五蘊の山に向ひて～失はざることを得む**……永久に人身を得る（不老不死ということではなく、輪廻転生の度に人身を獲得する）ために必要な仏道修行の要諦を、薬の処方、すなわち山に入って薬草を採取し、丸薬に調合することに

見立てて語ったもの。山に喩えられる五蘊とは、色（物質）・受（感受作用）・想（知覚表象作用）・行（意志判断機能）・識（識別作用）で、これらが仮に和合し人間の身心をなしているとする。ここから採取される薬草とは、帰依三宝一具（仏法僧に帰依すること）、常歓喜二両（常に歓喜すること）、慈悲行尋三寸（慈悲の行いをすること）、忍辱根四掘（耐え忍ぶこと）、智慧子五升（仏の智慧を身に着けること）、精進心六合（仏法の修行に精励すること）、除煩悩七顆（煩悩を除くこと）、去人我八分（自我を去ること）の八種。これらを「聡明」の刀を用いて、「平等」の俎の上に載せて細かく切り、「無礙」の臼の中に入れ、「金剛杵」（武神インドラの持つ武器で、堅固なることの譬喩）という杵で一千回擣き砕き、「波羅蜜」（覚りに至る菩薩行）という蜜で丸薬に作り、「八功徳水」（甘・冷・軟・軽・清浄・不臭・飲時不損喉・飲已不傷腹といった、特別な効能を持った水）という水で毎日一粒を服用すれば、未来永劫にわたり人身を失わずにいることができるとする。要するに、人間の身心に働きかける八種の修行を、聡明・平等・無礙・堅固な態度で実践することか。

＊21　**大安寺の塔の～面談せる影有り**……この部分については松本信道氏が、(イ)平安時代の宝誌像の安置場所がほとんど金堂であるのに対し塔の壁板である、(ロ)他の宝誌像がほとんど木像であるのに対し画像である、(ハ)他の宝誌像が僧の面貌を割いて観音が出現するものであるのに対し梁・武帝／宝誌の面談の様子である、といった三点から注目している〔同「宝誌像の日本伝播（一）――大安寺を中心として――」『駒澤大学文学部研究紀要』六四、二〇〇六年、三五頁〕。形式としては中国にも残存例がなく、事実とすれば、日本列島への宝誌像の伝来について極めて貴重な資料となる。

＊22　**解無常～秖者是**……宝誌が梁・武帝の問いに答え、成仏の要諦を示したもの。すなわち、「無常を解すること、大理を学ぶこと、三宝を敬うこと、終始に存すること、我と称することなく、汝と呼ぶことなく、善行をなし、悪行を止め、自ら望まぬものを選び、他者に与えること」。なお末尾の「秖者是」は、後述の通り典拠のひとつと思われる「志公薬方」を収録した宝山梵成編『禅海探珠要訣集』が、「タダコレコレ」と訓読している〔柳枝軒、一九〇二年、三一丁オ〕。「秖」は「秪」の俗字で、「ただ」「まさに」の意。底本の「穢底是」では意味が通じないため、以上のように解釈した。

二　翻刻・校異

【翻刻】

前半の典拠として『三宝感応要略録』の尊経閣文庫本（下巻を完備した寿永三年〈一一八四〉古写本）・大正新脩大蔵経本（慶安三年〈一六五〇〉刊本）、後半の典拠として『禅林諸祖偈頌』所引「志公薬方」を用い、対校した。

放光菩薩記　〈一オ〉
梁朝漢州[1]徳陽縣善冢[2]寺東廊壁上、張[3]
僧[4]繇[5]畫[6]地[7]藏拼[8]挸[9]音各一[10]軀。狀若僧㒵[11]鋄[12]披[13]
而坐。時[14]瞻禮、異光煥[15]茷[16]。至麟徳元年[17]、寺僧瞻
敬、㚖[18]於常。是以將[19]絹就[20]壁上摸寫、散[21]將供養、
茷[22]光无異[23]。時人展溥[24]摸寫者[25]甚衆。至麟徳
三年、王[26]記[27]赴[28]任資州剌[29]史。當以摸寫、精誠供　〈一ウ〉
養。同行舩[30]十隻、忽遇惡風頓起、九隻舩沒
溺[31]。遭此波[32]濤、唯王記[33]舩更无恐怖。將知、井
払[34]大慈悲、有如[35]是之力焉。至垂拱[36]三年、天后
聞之、敕令出[37]人[38]摸寫。光茷[39]如[40]前。於內道場
中[41]、見光異相、寫表聞奏。帝乃虛[42]心頂禮、

讃嘆[43]、其光菩[44]薩現時、國當安泰[45]。後有商〈二オ〉人妻、妊[46]娠得廿八月不產。忽觀[47]光明、便卽摸寫、一心菝[48]願於[49]菩薩。當[50]卽[51]生下一男。相好端嚴、見者歡喜。[52]梁武帝問寶[53]誌和尙、如何脩行得永劫人[54]身。和[55]尙云、我[56]示藥方。依[57]此修行、永劫不可失人身。向[58]五薀[59]山[60]持[61]取。歸[62]依三寶一具、常歡喜二兩、〈二ウ〉慈悲行尋[63]三寸、忍辱根[64]四堀[65]、智惠子[66]五升、精進心[67]六合、除煩惱七顆、去[68]人我八分。此[69]八味用聰[70]明刀[71]、向平等枕[72]上細坐[73]、入[74]无礙臼中、以金剛杵一[75]千下、用[76]波羅蜜[77]爲丸、每日將[78]八功德水服一粒[79]、得[80]永劫不失人身。大[81]安寺塔下北面、西戶脇連子壁板、有梁武〈三オ〉帝與志公和尙面談影。其銘曰、梁[82]武帝問志公、朕求成佛當修行法。志公對[83]曰、解[84]无常、學[85]大理、敬三寶、存終始、莫[86]稱我、莫喚你、好事行、惡事止、自取非、與他是[87]。秖[88]者是云々。

31 校了　重校了　又校了　光胤　〈四ウ〉

【校異】

・対校本の略号は以下の通り。底本＝底、『校刊美術史料』本文＝藤、同書傍注＝藤注、『三宝感応要略録』大正新脩大蔵経本＝大三、『三宝感応要略録』尊経閣文庫本＝尊三、「志公薬方」＝志

1…大三・尊三／底・藤は「洲」
2…底・藤・尊三／大三は「寂」
3…底・藤・尊三／大三は「張」
4…底・藤・尊三／大三は「繪」
5…底／藤は「蜍」・大三は「彩」・尊三は「綵」
6…藤・大三・尊三／底は「書」
7…底・藤／大三・尊三は「觀音地藏」
8…私案／底・藤は「井」・大三・尊三はナシ
9…底／藤は「覞」・大三・尊三は「觀」
10…藤・大三・尊三／底は傍書
11…底・藤・尊三／大三は「貌」
12…底／藤は「敹」・大三は「鋟」・尊三は「鈒」
13…大三・尊三／底・藤は「彼」
14…底・藤／大三・尊三は「時人」
15…藤・大三・尊三／底は傍書
16…底・藤／大三・尊三は「發」
17…底・藤／大三・尊三は「季」
18…底・藤／大三は「欲異」・尊三は「歎異」
19…底・藤／大三・尊三は「後」
20…底・藤／大三・尊三は「親」
21…底・藤・尊三／大三は「將」
22…16に同じ
23…大三・尊三／底・藤は「黑」
24…底／藤・大三・尊三は「轉」
25…藤注・大三・尊三／底は「甚者」
26…藤注・尊三／底は「至」（傍書）・大三は「玉」
27…大三・尊三／底・藤は「紀」
28…藤注／底・大三・尊三は「起」
29…底・藤／大三・尊三は「吏」
30…底・藤／大三・尊三は「舩有」
31…底・藤／大三・尊三はナシ
32…藤・大三・尊三／底は「彼」

33…27に同じ
34…底・藤・尊三／大三は「弘」
35…藤・大三・尊三／底は擦消
36…底・藤／大三・尊三は「二」
37…底／藤は書・藤注・大三・尊三は「畫」
38…底・藤・大三／尊三は「又」
39…16に同じ
40…35に同じ
41…底・藤／大三・尊三は（「中」字の前）「供養至于大
暦元年寶壽寺大徳於道場」
42…藤注／底・藤は「㞒」・大三・尊三は「虔」
43…大三・尊三／底・藤は「顥」
44…底・藤・大三／尊三は「井」
45…藤注・大三・尊三／底・藤は「奏」
46…底・藤／大三・尊三は「任」
47…藤注・大三・尊三／底・藤は「都」
48…16に同じ
49…底・藤・尊三／大三は「於是」
50…底・藤／大三・尊三は「當夜」
51…底・藤／大三・尊三は「卽便」
52…底・藤／大三・尊三は「矣」
53…底・藤／志は「志公」
54…底・藤／志は「不失人身」
55…底・藤／志は「志公荅」
56…底・藤／志は「貧道有一」
57…底・藤／志は以下11字ナシ
58…底・藤／志は「往」
59…底・藤／志は「蘊」
60…底・藤／志は「山中」
61…底・藤／志は「採」
62…底・藤／志は「不瞋心」
63…底・藤（傍書）／志はナシ
64…志／底・藤は「眼」
65…底・藤／志は「橛」
66…底・藤／志は「性」
67…底・藤／志は「意」
68…底・藤／志は「善知識」
69…底・藤／志は「右件藥」
70…藤注・志／底は「耎」
71…志／底・藤は「力」
72…底・藤／志は「砧」
73…底・藤／志は「㓻」
74…底・藤／志は（「入」字の前）「去却人我根」
75…底・藤／志は（「一」字の前）「擣」

76…志／底・藤は「甲」

77…底・藤／志は「密」

78…底／志は「取」

79…藤注／底は「粧」・志は「丸」

80…底・藤／志は「卽得」

81…底・藤／志は以下29字ナシ、代わりに「服藥忌口少語第一寶忍辱無價珍莫說他人過終歸自損身罵他還自罵瞋他還自瞋譬如木中火鑽出自燒身」

82…底・藤／志は以下14字、代わりに「武帝又問如何得成佛」

83…底・藤／志は「答」

84…底・藤／志は「知」

85…底・藤／志は「解」

86…底・藤／志は以下6字ナシ
87…底・藤／志は（「是」字の後）「行平等無彼此莫損人莫利巳《〔己カ〕》除貪瞋常歡喜若覓佛」

88…志／底・藤は以下3字、代わりに「穢底」。

三　考証「放光菩薩記」の形成と資料的価値

本「放光菩薩記」は、一見何の繋がりもないかに見える、次の二～三の要素から構成されている。

(a)　仏像霊験譚部分…梁朝漢州の善寂寺に存在したという、張僧繇筆の地蔵・観音二菩薩画像をめぐる霊験譚。僧の面貌を開いて坐した菩薩が出現する形態であったらしく、拝礼すると異光を発し、模写したものも同じように発光したとする。外題の「放光菩薩記」は、厳密にはこの部分のみを指すと考えられる。

(b)1　梁・武帝／宝誌問答部分A…武帝の、「永劫に人身を得続けるにはいかなる修行をすればよいか」との問いに対し、宝誌が、病に対する薬の処方に擬えて基本的な仏道修行のあり方を示したもの。

(b)2　梁・武帝／宝誌問答部分B…大安寺に存在した武帝・宝誌問答像の銘文に、武帝が成仏に至る行法を問い、宝誌が基本的仏道修行をもって答えるくだりが記されていたとするもの。

複数の書物からの抜書をただ配列したメモ的な文献で、一貫性を持つよう編集した形跡もない（例えば、(b)1では「宝誌」、(b)2では「志公」と、同一人の表記が異なる）。それぞれの要素が何を典拠とし、なぜ一つにまとめられたのか、三つの要素を繋ぐものは何なのか。以下、順を追って解説をしてゆきたい。

（1） (a)仏像霊験譚部分の成り立ち

すでに翻刻・校異の項に示したように、(a)の典拠は、遼・非濁撰『三宝感応要略録』（以下、『要略録』と略記）の巻下三〇話、「梁朝漢州善寂寺観音地蔵画像」に当たる。同書は、非濁晩年（清寧九年〈一〇六三〉没）の一一世紀半ば頃、三宝の感応霊験説話一六四条を撰録して成立したが、中国では散逸して日本にのみ伝存している。列島への将来は成立後間もなくで、天仁三年（一一一〇）には『法華百座聞書抄』に記録される法要に利用されており、その後『今昔物語集』、複数の説草類や唱導集を経て、室町中期の沙弥玄棟撰『三国伝記』では主要な素材源となっている。周知の通り、近年の中世説話研究にて最も注目されている典籍のひとつであるが[1]、本霊験譚は『今昔物語集』にも『三国伝記』にも引用されておらず、謎が多い。『要略録』は、漢籍の伝統を踏まえ各収録説話に出典を明記しているが、巻下三〇話には「別伝」とあるのみで詳細はわからない。しかし肥田路美氏が、中国四川省の地蔵・観音並列像について研究する中で紹介した、北宋・常謹撰『地蔵菩薩像霊験記』（端拱二年〈九八九〉成立、以下、『霊験記』と略記）所収「梁朝善寂寺画地蔵放光之記第一」がこれに当たるものと想定される[2]。以下に、尊経閣文庫本を大正新脩大蔵経本で対校した『要略録』のテクストと、『霊験記』のそれとを併せて掲げておく。

○『要略録』巻下三〇

梁朝漢州徳陽県善寂寺東廊壁上、旐僧綵〔繇カ〕画観音・地蔵各一軀、状若二僧貌一、鋄披而坐。時人瞻礼、異光煥発。至二麟徳元年一、寺僧瞻敬、歎レ異二於常一。是以、後絹〔就カ〕親二壁上一摸写、散将二供養一。発レ光無レ異。時人展転摸写者甚衆。至二麟徳三年一、王記起〔赴カ〕二任資州刺史一、当二以摸写一、精誠供養。同行船有二十隻一、忽遇二悪風頓起一、九隻船没。遭二此波濤一、唯王記船更無二恐怖一。将レ知、菩薩弘大慈悲、有二如レ是之力一焉。至二垂拱二年一、天后聞レ之、勅令二画人摸写一、光発如レ前、於内道場供養。至二于大暦元年一、宝寿寺大徳、於道場中見二光異相一、写表聞奏。帝乃虔レ心頂礼讃歎、「其光菩薩現時、国当二安泰二。」一後有二商人妻一、妊娠得二二十八月一不レ産。忽覩二光明一、便即摸写、一心発二願於是菩薩一。当夜即便生二下一男一、相好端厳。見者観喜矣等文[3]。

○『霊験記』一

梁朝漢州徳陽県善寂寺東廊壁上、張僧繇（張僧繇者画師之字也。）画地蔵菩薩幷観音各一軀、状若二僧貌一、斂披而坐。時人瞻礼、異光煥発。至二麟徳元年一、寺僧瞻敬、歎レ異二於常一。是以、将レ稲〔緒或ハ絹カ〕親二壁上一模写上、散将二供養一、発レ光無レ異。時人展転模写者甚衆。麟徳三年、王記赴二任資州刺史一、常以模写、精誠供養。同行船十艘、忽遇二風頓起一、九艘没溺。遭二此波濤一、唯王記船更無二恐怖一。将レ知、菩薩弘大慈悲、有二如レ是威力一焉。至二垂拱三年一、天后聞レ之、勅令二画人摸写一、放レ光如レ前、於同道場供養。至二于大暦元年一、宝寿寺大徳、於道場中見二光異相一、写表聞奏。帝乃虔レ心頂礼讃歎其光、「菩薩現レ光時、国常安泰。」一復有二商人妻一、妊娠経二二十八月一不レ産。忽覩二光明一、便摸写、一心発二願於菩薩一。当夜便生二一男一、相好端厳。而見者観喜。挙レ世号二放光菩薩一矣[4]。

字句や表現については大差なく、(a)が『霊験記』から直接引用された可能性も考えうるが、一点のみ、末尾の傍線部「挙世号放光菩薩矣」の有無は大きい。『要略録』の「等文」は、その省略を意味するものだろう。(a)にもこの八字はなく、『霊験記』の将来が一二世紀以前の和文献に確認できない現段階では、やはり同時期に利用の認められる『要略録』を典拠と見ておきたい。なお、極楽房承澄撰『阿娑縛抄』（建治元年〈一二七五〉成立）巻一一三放光には、「放光井記云」として(a)と同様の説話を収めるが、やはり右の八字はなく、(5)まさに本『諸寺縁起集』そのものに依拠した記事と考えられる（やはり『霊験記』からの引用ではない）。

ところで李銘敬氏によると、『要略録』の構成は、先行する道世撰『法苑珠林』の敬仏篇・敬法篇・敬僧篇を基盤に、道宣撰『集神州三宝感通録』（麟徳元年〈六六四〉成立、以下、『感通録』と略記）を参照し調整されているという。(6)散逸した六朝志怪小説、仏教説話集の逸文を多く伝える『法苑珠林』感応縁は、そもそも道宣の影響下に成立したものであり、『感通録』掲載の霊験譚の大部分を収録している。(7)となれば、大枠においては、『要略録』も『感通録』の系統に属する書物であるといえよう。(a)は、観音・地蔵の絵像が梁・唐の二王朝において発揮した霊験を、皇帝から庶民に至る信仰の中に捉えた一種の歴史叙述をなしているが、かかる説話形式自体、『感通録』において完成したものなのである。(a)のように仏像から異光が発せられる類の物語も、巻中五・七・八・一二・一四・一六・一七・一九・二〇・二三・二五・二七・二八・三四・三九・四七・四八縁などに確認できる。

また内容的に注目しておきたいのは、菩薩絵像が水難救護に力を発揮したという王記のエピソードである。観音がその種の効験を持つことは、『妙法蓮華経』巻七　観世音菩薩普門品二五などにある通り一般的だが、地蔵菩薩三部経のひとつ北涼失訳『大方広十輪経』巻一　序品一にも、「若有二衆生為二大水漂流、猛火所レ焚、……称二地蔵菩薩名号一、心帰依者、有二如レ是等怖畏一之事、悉令下解脱安二住涅槃一得中第一楽上」とあり、地蔵にも共通する性格が認められる。(8)とくに本霊験譚の舞台である四川省では、地蔵固有の事情も関連していたようである。近年、肥田路美氏の明らかにしたように、四川省の重慶市大足区、楽山市夾江県、綿陽市魏城鎮などには、僧伽・宝誌・萬迴の聖僧三尊を彫刻した磨崖仏が数点残存しているが、このうち僧伽は、繰り返し洪水に襲われた江南の泗州城（現江蘇省淮安市盱眙県）において、次第に治水神〈泗州大聖〉として崇められるに至った経歴を持つ。(9) すでに北宋・賛寧撰『宋高僧伝』（端拱元年〈九八八〉成立）巻一八 感通篇一六―一において、「十一面観音形」を現す「観音菩薩化身」とされ、治病や祈雨など多くの「神変」が記録されているが、南宋・志磐撰『仏祖統紀』（咸淳五年〈一二六九〉成立）巻四六 法運通塞志一七―一三／徽宗条になると、宣和元年（一一一九）三月の出来事として、次のような事象まで記されるようになる。

三月京師大水。黿鼉出二於院舎一、宮廟危甚。詔、霊素率二道士一治レ水、屢日無レ験。役夫数千争挙レ挺欲レ撃二殺之一、霊素走而免。上聞レ之不レ楽。俄而泗州大聖見二於大内一凝二立空中一、旁侍慧岸・木叉。上焚レ香拝禱、大聖振レ錫登レ城誦二密語一。頃之一白衣裹巾跪二於前一、若下受二戒諭一者上。万衆咸覩、疑二龍神之化一レ人也。既而水退。詔、加二僧伽大聖六字師号一。……(10)

開封が洪水に襲われた際、徽宗の寵臣林霊素は治水の任を果たせなかったが、徽宗が宮殿の空中に出現した僧伽に礼拝したところ、人に化した龍神がその誡諭を受け水を引かせたという。高僧伝類には、山の神が修行僧に帰依して住処を布施する〈護法善神〉という言説形式が見られるが、右もその一種で、仏教の権威が自然神・在来神のそれとせめぎ合い、取り込んでゆく過程を暗示する。北進一氏や肥田氏は、重慶大足や楽山夾江が四川における水陸交通の要衝に当たることから、同地域においても僧伽の治水神としての効験が期待され、同じく観音の応化身である宝誌・萬迴も同様に崇拝されたと推測している。(11) とくに北氏は、宝誌が風帽を被った地蔵のような姿で表現される大足北山石窟第一七七号窟の諸像（靖康元年〈一一二六〉の開鑿）について、メシアとしての弥勒、弥勒下生以前の救済を担う地蔵のイメージが重ねられているのではないかと述べる。(12) 同じ四川省の北西、徳陽の善寂寺を起源とし、地蔵・観音の霊験を述べる『霊験記』一も、これらの信仰と無関係に成立したとは思えない。肥田氏は、四川における地蔵・観音並列像は、八～一〇世紀にかけて盆地北部より西部、東部へと伝播し、現世利益的なものから地獄救苦的なものへ展開してゆくとし、その舞台や性格から、『霊験記』一を九世紀段階の四川の信仰を反映したものと結論づけている(13)。『大方広十輪経』に既出の臨機にあらゆる姿へ変化できる特性、六道世界を自在に越境して救済をなす境界神的性格からすると、水陸交通の要衝にあって祈願の対象となることで、地蔵が治水や水難救護の効験を持つに至ることは想像に難くない。日本においても、近年黒田智氏によって、一六～一七世紀の水争いの現場に出現した勝軍地蔵が、治水や祈雨にも効験を発揮したことが指摘されている(14)。

なお、問題の菩薩画像を描いた、「放光菩薩記」に「張僧蘇」、『要略録』に「旗僧綵」とある画師は、『霊験記』に明記されている通り、梁代の仏画家として著名な張僧繇のことであろう。しかし、唐・張彦遠撰『歴代名画記』（大中元年〈八四七〉頃成立）巻七 梁／張僧繇には本像に関する記録がなく(15)、彼に対する評価が唐朝第一の画聖呉道玄を意識して高まったとする肥田路美氏の見解も考慮すると、九世紀以降に仮託された可能性が高い(16)。後述するが、張僧繇には、『仏祖統紀』巻三七 法運通塞志巻一七―四／梁・武帝蕭衍天監二年（五〇三）条に、「嘗詔二張僧繇一写二誌真一。誌以レ指剺二破面門一出二十二面観音相一。或慈或威、僧繇竟不レ能レ写(17)」と、梁武帝から命じられ宝誌の絵像を描こうとしたものの、人間の面皮を破いて十二面観音の真形が現れたためついに完成できなかった、との所伝が見える。牧田諦亮氏紹介の敦煌文書「三大師伝」（S一六二四）には、「十二面観音菩薩形相、僧謡乃哀求、謡変二容謡言一。和尚乃以レ爪氂〔剺カ〕レ面開示、下筆、和尚威其形貌莫レ能レ得レ写二僧真一」とあるので(18)、同種の伝承は、すでに一〇世紀頃には行われていたようである。「放光菩薩記」の「鋄披」は意味の取りにくい箇所だが、語注4で述べたように「きりひらく」と訓読しえたなら、説話に登場する地蔵・観音の絵像に宝誌の真形が重ねられ、(a)・(b)を連結させる一因になったとも考えられる。

（2）(b)梁・武帝／宝誌問答部分の成立

(b)は、(a)にも関連して名前の出た梁・武帝と、斉・梁において神異僧として活躍した宝誌との問答からなり、「放光菩薩記」という外題とは内容的に一致しない。典拠については、「志公薬方」と呼ばれる文書のバリエーションと推測される。同文書は、武帝の修道をめぐる問いに対し宝誌が偈をもって答えるもので、教学的深さより啓蒙的わかりやすさに重点を置いている。宋末の子昇・如祐撰、道永増補になる『禅門諸祖師偈頌』上に収録されるが、敦煌文書の禅籍に「梁武帝問志公和尚如何修道」（S三一七七・P三六四一）などの異本がある。こちらは、同じく神異僧として著名な僧稠に仮託した同種の文献（すなわち、凡夫のあり方を病、修道を薬と見て、薬品の調合に擬えて習禅の心得を述べる）「稠禅師薬方療有漏」とともに、北宗禅資料をまとめたP三五五九に接写されており、やはり北宗禅の系統において修禅喧伝のために作成されたものと推測されている。[19] また、重慶大足の石篆山石窟第二号龕宝誌和尚像からは、元豊八年（一〇八五）の年紀を持ち、「梁武帝問ニ誌公和尚一曰、世間有下不レ失ニ人身一薬方上否」で始まる、類似の内容の題記が発見されている。[20] 北進一氏は、その点に四川省の地域的特徴を反映した仏教・道教の習合を見るが、[21] 薬を扱うから道教関係とするのはやや早計で、後述する通り、北宋初期のより広汎な政治的・宗教的背景を考慮した方がよさそうである。

まずは、校異に利用した「志公薬方」と、異本「梁武帝問志公和尚如何修道」の全文を掲げておこう。

○「志公薬方」

梁武帝問ニ志公和尚一、「如何修行、得ニ永劫不レ失ニ人身一。」志公答、「貧道有ニ一薬方一、往ニ五蘊山中一採取。

不瞋心一具　常歓喜二両　慈悲行三寸　忍辱根四橛　智慧性五升　精進意六合　除煩悩七顆　善知識八分

右件薬、用聡明刀向平等砧上、細剉去却人我根、入無礙臼中、以金剛杵擣一千下、用波羅蜜為丸、毎日取八功徳水服一丸、即得永劫不失人身。

服此薬忌口

少語第一宝　忍辱無価珍　莫説他人過　終帰自損身　罵他還自罵　瞋他還自瞋　譬如木中火　鑽出自焼身」

武帝又問、「如何得成仏。」志公答、「知無常、解大理、敬三宝、存終始、好事行、悪事止、自取非、与他是、行平等、無彼此、莫損人、莫利己、除貪瞋、常歓喜、若覓仏、秖者是。(22)」

○「梁武帝問志公和尚如何修道」

和尚以謁〔偈カ〕答曰、「識无常、悟大裏〔傍書理〕。敬三宝、存忠〔終カ〕始。行平□〔等カ〕、无彼此。善事行、悪事止。勿称我、莫道你。自取非、与他是。欲覓仏、只者是千種多。知不如禁口、万般求法。不如看心、欲得无畏。莫求多利、欲得无優〔憂カ〕。少共交遊、欲徳无嫌。卑弱自嫌〔諭カ〕、欲得和好。善悪莫道、懃照勘勿。散乱有錯、失急廻□〔機カ〕。見酒色心莫染。又復莫貪財、二種倶不愛〔受カ〕。罪従何処来。一切世間人、常騎六賊馬、不遇善知識、万年下得不。将口喫他肉、用活自己身。不知還成肉、還用肉債人。罵他還自罵、嗔他還自嗔。如木能生火、還自返焼身。……(23)

大枠において、(b)1が「志公薬方」の前半部分、(b)2が後半部分に相当することは間違いないが、偈句の一部に異同が認められる。とくに(b)2については、「志公薬方」にない（類似しているが異なる）句「莫称我、莫喚你」が、「梁武帝問志公和尚如何修道」の「勿称我、莫道你」に確認できる。両者の中間をなすような異本が、一一世紀頃の日本列島へ将来されていたのかもしれない。いずれにしろ、これらは実録的な資料ではなく、仏教の教えの要諦を、仏教護持の皇帝として著名な梁武帝、彼と関わりの深い神異僧宝誌の問答に仮託して述べたものと思われる。その成立の背景を考えるために、先行研究によりながら、宝誌信仰が展開してゆく過程を略説しておこう。

牧田諦亮氏の述べる通り、宝誌の基本的事跡は、同時代の記録ともいうべき陸倕撰「誌法師墓誌銘」（『芸文類聚』巻七七内典下／寺碑所収）、慧皎撰『高僧伝』（天監十八年〈五一九〉成立）巻一〇神異下／釈保誌伝によるべきであり、以降はその方向性を踏襲しつつも、七世紀半ば頃成立の『南史』巻七六列伝第六六／隠逸下／釈宝誌を画期に、伝説化・神秘化の程度を強めてゆくことになる。(24) しかしその行状には、すでに「墓誌銘」の段階で、「斉宋之交、稍顕㆓霊迹㆒。被髪徒跣、負㆑杖挟㆑鏡、或徴㆓索酒肴㆒、或数日不㆑食。予㆓言未兆㆒、懸㆓識他心㆒、一時之中分㆓身数処㆒」との神異性が見える。(25)『高僧伝』ではかかる行状がさらに細分化され、次のように、以降の伝記に受け継がれる宝誌の特徴的要素が出揃う。

ⓐ 居所を定めず異様な風体で街巷を徘徊する
ⓑ 数日食事をしなくとも飢えた様子がない
ⓒ 会話に予言性があり讖記のような賦を作る
ⓓ 斉・武帝に収監されるが、分身して同時に市中に出現する
ⓔ 斉の文慧太子、蕭子良からの贈答を予知する
ⓕ 斉・武帝により宮中後堂に迎えられるも、分身して同時に景陽山に出現する
ⓖ 法献が一衣を献じようと探すが、分身して同時に複数の場所に存在する
ⓗ 宝亮が衲衣を献じようとするのを予知する
ⓘ 食べたはずの生魚が生き返る

ⓙ　斉・武帝の父高帝が、地獄で苦しんでいるのを見せる
ⓚ　斉の衛尉胡諶の病死を予言する
ⓛ　斉の太尉司馬殷斉之が、後に窮地から脱する方法を予言する
ⓜ　斉の屯騎桑偃が、反逆の失敗により憤死するさまを予言する
ⓝ　梁の忠烈王蕭恢が、後に荊州刺史となることを予言する
ⓞ　梁・武帝の尊崇を受け、自由な行動を保障される
ⓟ　梁・武帝に勝鬘講経による請雨を提案し、成功する
ⓠ　梁・武帝の煩悩の病を癒すべく、薬方として十二因縁を説く
ⓡ　梁・武帝の修行に関する諮問に、「安楽禁」と答える
ⓢ　華林寺法華講経において、法雲と問答する
ⓣ　陳御虜に光相ある菩薩の真形を現す
ⓤ　自らの入滅を予言する、屍体不壊および一燭の逸話
ⓥ　不老

一見して(b)との関連が想定されるⓠⓡは、本文には以下のようにあり、「志公薬方」「梁武帝問志公和尚如何修道」とも幾分異なる内容となっている。

……上嘗問レ誌云、「弟子煩惑未レ除。何以治レ之。」答云、「十二識者、以為二十二因縁一、治レ惑薬也。」又問二十二之旨一。答云、「旨在二書字時節刻漏中一。」識者以為、「書レ之在二十二時中一。」又問、「弟子、何時得二静心修習一。」答云、「安楽禁。」識者以為、「禁者止也。至二安楽時一乃止耳。」(26)……

例えば、後半の「安楽禁」を「禁者止也。至二安楽時一乃止耳」と読み解くくだりなどは、ⓚにおいて宝誌の告げた「明屈」という予言を「明屈者明日屍出也」と明かす、文字謎的な讖記の表現に近い（予言時には意味の不分明な言動が、その事象の到来後に解釈されるという五行志的な形式は、ⓛ〜ⓝにも確認できる）[27]。しかし、平生の状態を病、仏法の実践をそれに対する薬方と位置づける点は共通しており、ⓑのような形式がⓠⓡを契機に創出されたことは間違いなかろう。このような視角の成立は、梁武帝のブレーンでもあり、薬書『本草経集注』や医書『補闕肘後百一方』をまとめた茅山道教の大成者陶弘景と、『無量寿経優婆提舎願生偈註』を著し浄土教に新たな立場を築いた曇鸞との「仙経」をめぐる交流に見られるような、〈長生不死〉を希求する道教／仏教の交流に基づくと考えられる[28]。また、同時代を生きた蕭子顕による『南斉書』巻五五 列伝三六／孝義／江泌には、建武年間（四九四〜四九八）、江泌が侍読を務める南康王子琳の将来を案じ宝誌に問うたところ、彼は香炉の灰を覆し「都尽、無レ所レ余」と述べたという[29]。北朝との戦いや混沌とした政局の中で、皇族や士大夫が宝誌の予言を求めたのは事実のようだが、もっとも江泌の娘は、九〜十六歳の間に二一種三五巻の経典を「誦出」したという僧法尼であり（『出三蔵記集』巻五 新集疑経偽撰雑録三／僧法尼所誦出経入疑録）、江泌自身も卜占を司る太学博士を務めているので、未然を知ることに関する学問的交流があったのかもしれない。なお、後の宝誌の代名詞ともなる観音の応化身としての要素は、未だⓣに「有二陳御虜者一、挙レ家事レ誌甚篤。誌嘗為レ其現二真形一、光相如二菩薩像一焉」とあるのみで、あまり大きくは展開していない。

続く『感通録』巻下 神僧感通録／釈宝誌では、『高僧伝』の諸要素を簡略化する形でほぼ踏襲しており、同じ記号で列挙してゆくと、ⓐ居所を定めず異様な風体で街巷を徘徊する、ⓒ予知・予言を行う、ⓓ斉・武帝に収監されるが分身し同時に市中に出現する、ⓔ文慧太子・蕭子良からの贈答を予知する、ⓞ梁・武帝の尊崇を受け自由な行動を保障される、ⓟ梁・武帝に勝鬘講経による請雨を提案し成功する、ⓠⓡ2梁・武帝から次代の王朝について問われ侯景の乱を予言する、ⓤ自らの入滅を予言する、となる。内容的に大きく変質しているのは、予言および梁武帝との問答を記すⓠⓡで、次の通り、王朝の交替に言及する政治的な内容になっている。

……帝後時従容問曰、「帝位更レ運、誰守二百年一。弟子既能奪レ他。故知、他亦能奪。不レ知、是誰当レ続二梁後一。」誌張レ喉開レ口、以レ手指レ之。初不レ委也、侯景事故。方知、先及。……[30]

『感通録』をまとめた道宣は、戒律の専門家でありながら仏菩薩との神秘的な感通を重視し、志怪小説の類も積極的に読み進めて、自ら渉猟した歴史資料を配列し独特の〈仏教史〉を著述した。先に述べた通り『感通録』は、仏像の示す奇瑞や予兆を通じ王朝の興亡を説明する〈歴史叙述としての霊験譚〉を多く収めるが、右のⓠⓡの変化も、かかる道宣の志向に基づいているといえようか。

では、『感通録』にやや先行し、一般的に宝誌神秘化の画期とされる正史『南史』はどうだろうか。前代からの異同に注意しつつ同じように列挙すると、ⓐ居所を定めず異様な風体で街巷を徘徊する（俗人に異ならない様子を強調）、ⓑ数日食事をしなくとも飢えた様子がない、ⓒ予知・予言を行い讖記を作る、ⓓ斉・武帝に収監されるが分身し同時に市中に出現する、ⓔ文慧太子・蕭子良からの贈答を予知する、ⓕ2斉・武帝により華林園に迎えられた際に三布帽を被る、ⓗ宝亮が衲衣を献じようとするのを予知する、ⓦ蔡仲熊の尚書左丞就任を予言する、ⓧ斉・武帝の継嗣が次々に殺害されることを予言する、ⓞ梁・武帝の尊崇を受ける、ⓠⓡ3梁・武帝から治世の長短を問われ予言する、ⓨ高麗が遣使し綿帽を贈る、ⓤ自らの入滅を予言する、となろう。確かに、ⓦⓧⓡなど、予言のエピソードが増加もしくは拡充されているが（ⓧは前掲『南斉書』江泌伝よりの発展か）、逆にⓖⓘⓙⓚⓛⓜⓝⓟⓢⓣは割愛されており、奇跡譚としては『高僧伝』より乏しくなった印象がある。王朝交替に代表される政治性については

『感通録』の素材となった可能性もあるが、宝誌伝のみを見る限り、従来のように「画期」と位置づけうるかどうかは疑問である。ただし、付加された記述「好為㆓讖記㆒、所㆑謂誌公符是也」が象徴的に示すように、『南史』の本紀や列伝などにおいて、宝誌が讖詩の語り手として登場する点は見逃せない。

○『南史』巻七　本紀七／梁本紀中／武帝　蕭衍　下

……始天監中、沙門釈宝誌為㆑詩曰、「昔年三十八、今年八十三、四中復有㆑四、城北火酣酣。」帝使㆔周捨封㆓記之㆒。及㆓中大同元年㆒、同泰寺災。帝啓㆑封見㆓捨手迹㆒、為㆑之流涕。帝生㆓於甲辰㆒、三十八、剋㆓建鄴㆒之年也。遇㆑災歳実丙寅、八十三矣。四月十四日而火、火起之始、自㆓浮屠第三層㆒。三者、帝之昆季次也。……

○『南史』巻六三　列伝五三／王僧弁（王神念子）

……先㆑是、天監中沙門釈宝誌為㆑讖云、「太歳竜、将㆑無㆑理。蕭経㆑霜、草応㆑死。余人散、十八子。」時言、蕭氏当㆑滅、李氏代興。……

○『南史』巻八〇　列伝七〇／逆臣／侯景

……天監中、沙門釈宝誌曰、「掘㆑尾狗子自発狂、当㆑死未㆑死嚙㆑人傷、須臾之間自滅亡。起㆑自㆓汝陰㆒死㆓三湘㆒。」又曰、「山家小児果攘㆑臂、太極殿前作㆓虎視㆒。」狗子、景小字、山家小児、猴状。景遂覆㆓陥都邑㆒、毒㆓害皇家㆒。起㆑自㆓懸瓠㆒、即昔之汝南。巴陵有㆓地名三湘㆒、景奔敗処。其言皆験。……

同泰寺の火災の予言は『南史』にのみ確認できるが、梁滅亡の契機となった侯景の乱に関する讖記は、異伝も含めて『梁書』巻五六　列伝五〇／侯景、『隋書』巻二二　志一七／五行上／言咎／詩妖などにも見られ、七世紀を通じてこの種の言説の多く作られていったことが推測できる。漢から南北朝にかけて流行した讖緯の書は、隋・煬帝の禁書・焼却により散逸するが、初唐においては、混乱した政局が唐朝に帰する歴史整理の方法として重視されたのかもしれない。その意味では、讖記を含む宝誌による予言譚の生成は、彼自身のイメージの膨張という観点から見ることもできるが（佐野誠子氏は、讖記が宝誌に仮託された理由を、これを作る神異僧としてほとんど唯一の存在であったためとする）[31]、一方で予言・讖記というジャンルの自律的展開と捉えることも可能であろう。

なお北宋初期には、宋王朝の樹立を正当化するために、道教による符瑞の作成が盛んになされており、仏教側もこれに対抗し讖記を作成する必要のあったことが、すでに佐藤成順氏や佐野誠子氏によって指摘されている[32]。『仏祖統紀』の段階になると、これまでのように生前の奇跡譚が仮託・追加されてゆくだけでなく、太祖の建隆元年（九六〇）に宝誌の讖記を刻んだ銅牌が出土し、太宗の太平興国七年（九八二）に同じく宝誌の讖記を刻んだ瑞石が出土するなど、土中からの出現もしくは発掘というデモンストレーションを伴い、新たな予言が付加されてゆく。そして、これらは実際に宮廷の宝誌信仰へ結びつき、太宗は太平興国年中に啓聖禅院を建立、雍熙二年（九八五）に至って内寺から移した宝誌真身の像を安置している。

○『仏祖統紀』巻四三　法運通塞志一七―一〇／宋・太祖建隆元年条

……先レ是、民間有レ得二梁誌公銅牌記一云、「有三一真人起二冀州一。開レ口張レ弓在二左辺一。子子孫孫保二永年一。」江南李主、名二其子一曰二弘冀一。呉越銭王諸子、皆連二弘字一弘倧、弘俶、弘億、期応二図讖一。及二上受禅一、而宣祖之諱正当レ之太祖皇考、上弘下殷。追謚宣祖……[33]趙普皇朝竜飛記。

○『仏祖統紀』巻四三　法運通塞志一七―一〇／宋・太宗太平興国七年条

……舒州奏二貢瑞石一言、「懐寧県人柯萼逢二異僧一、令下往二万歳山一取上レ宝。僧以レ杖指二古松一、萼掘レ之、得二黝石一於斜反、青黒色。上刻梁誌公記云、『吾観二四五朝一、後次二丙子一年、趙号二太平一、二十一帝、社稷永安。』僧忽不レ見。」上覧レ石敬歎不レ已。忽一日誌公降二禁中一、上親聞二訓語一、乃遣レ使詣二鐘山一奉斎。其文略曰、「至真臨レ格、宝訓躬聞。審二基緒之由来一、積二慶霊之永久一。」乃詔賜二号道林真覚菩薩一、公私不レ得レ指二斥其名一。因号二宝公一。……(34)

天意や神意を体現する聖なる文字、あるいは文書が山野河海から出現するという発想は、河図・洛書の神話からうかがえる正当化の常套手段であり、祥瑞や緯書、道教経典などがその方法に基づいて〈発見〉されてきた（宝誌の讖記がそれらとの交渉において構築されたことは、すでに中野達氏によって指摘されている通り、建隆元年「銅牌記」の讖文「開レ口張レ弓在二左辺一」が、五代に流行した『推背図』に由来する点からも確認できる(35)）。仏教でもこの動きに同調し、僧伝や説話集において、仏像や塔礎石などが掘り出されることで聖地を〈発見〉する言説が生み出されている。それこそ前述した『感通録』巻上の「雑明二神州山沢所レ蔵一」二〇では、「珍異神宝、如レ上所レ列。育王子之諸塔、沈隠未レ形。其徒不レ一」として、阿育王建立の仏塔が未だ多くの地に隠れているとし、日本（倭）についても次のような興味深い逸話を記している。

……倭国在二此洲外大海中一、距二会稽一万余里。有二会承者一、隋時来レ此、学二諸子史一統及二術芸一、無二事不一レ閑。武徳之末猶在二京邑一、貞観五年方還二本国一。会問、「彼国昧谷東隅、仏法晩至。未レ知、已前育王及不。」会答云、「文字不レ言無二以承拠一、験二其事迹一則是所レ帰。何者、有下人開二発土地一、往往得中古塔・露盤・仏諸儀相上。故知二素有一也。」……(36)

隋の頃に倭国から留学してきた僧会承が、道宣から「倭国は辺境ゆえに仏教伝来も遅く、阿育王塔も建てられることはなかったのではないか」と問われ、「歴史としては伝わっていないが、土地を開発すると古塔や露盤、諸々の姿の仏像が出土するので、もともと伝来していたことが知られる」と答えているのである。このような認識枠組みが会承だけのものでなかったことは、例えば時代は降るが、一四世紀前半に描かれた『石山寺縁起絵巻』巻一に見る、寺院造営中の「宝鐸」出土より同地を「古仏の聖跡」「伽藍の旧基」へと結びつけるくだりからもうかがえる。

……則ち、天皇に奏して、比良の大明神に此地を請ひ受け奉りて、仏閣を建てむが為に、荊棘を切掃て、砂石を削り平ぐるに、五尺の宝鐸を掘り出す。誠に知ぬ、古仏の聖跡、伽藍の旧基なりといふ事を。……[37]

実際の出来事かどうかは不明だが、付近からは弥生時代の銅鐸も発掘されており、それらを梵鐘や風鐸など伽藍の遺構と認識した、あるいは見立てたものだろう。また平安時代から中世にかけても、天喜二年（一〇五四）における聖徳太子磯長廟付近からの石函「御記文」出現、建久二年（一一九一）の室生寺舎利盗掘に関わる重源師弟の「未来記」捏造、文暦二年（一二三五）における行基墓所よりの舎利瓶出土など、日本でも北宋初期の情況をなぞるような事件が起きており[38]、堀裕氏などは、北宋の宝誌信仰が留学僧によって列島へもたらされ、天喜御記文〈出現〉の契機になったと推測している[39]。(b)および「志公薬方」「梁武帝問志公和尚如何修道」には、このような讖緯的要素はうかがえず、『高僧伝』段階のⓠに近い。しかし、一〇～一一世紀と見られるその年代から、北宋における宝誌信仰の勃興が成立の背景にあることは確かだろう。記録には残っていないものの、太平興国七年に禁中へ降臨した宝誌が太宗へ語った「訓語」などに、その淵源が見出せるかもしれない。前述の通り、『仏祖統紀』巻三七法運通塞志巻一七―四／梁・武帝蕭衍天監二年（五〇三）条には、ⓣの展開として、宝誌が自らの面皮を爪で引き剝がし、十二面観音の真形を開示する場面も現れる。王権に利用されることにより、その神聖化も一層進んだものと考えられる。

（3）　宝誌像の様式

本文では、張僧繇の描いた菩薩像の様式を「僧の面貌を破って菩薩坐像が現れるような形」と解釈したが、もちろんその前提には、同じく僧の面貌を破り開いて観音の真形を現す宝誌像の様式がある。日本では、京都・西往寺蔵の宝誌菩薩像（現在は京都国立博物館に寄託）が有名だが、その印象が強すぎるために、面貌の割れた姿こそが宝誌像の一般的儀軌であると誤解されている印象もある。しかし、先に触れた通り、その種の形象が確認できる現存最古の資料は、九～一〇世紀の敦煌文書「三大師伝」であり、一般化するのは一三世紀の『仏祖統紀』以降であると考えられる。松本栄一氏の先駆的な整理によれば、唐宋期に流行した宝誌像も、梁・張僧繇画「宝誌像一巻」（唐・裴孝源撰『貞観公私画史』）、唐・常白山醴泉寺の開元三年（七一五）「誌公碑」（碑陰に一像あり、顧炎武撰『金石文字記』巻三）、李白が讃を記した「誌公画」（李白「誌公画讃」）、円仁が長安で得た「檀龕僧伽誌公邁廻三聖像」（同撰『入唐新求聖教目録』）、蘇軾が見た呉道子画「仏及侍者誌公十余人」（北宋・米芾撰『画史』一九条）、范瓊画「梁武帝写誌公図」（『画史』一五四条）、北宋・相国寺の王道真画「誌公変相図」（郭若虚撰『図書見聞誌』巻三・劉道醇撰『聖朝名画評』巻二）、秘書省蔵の孫知微画「誌公像」（南宋・周密撰『雲煙過眼録』巻下）、勾龍爽画「誌公像」（南宋・陳騤等撰『中興館閣続録』）など、現在は文字資料でしか確認できないものが多い。そうした中、敦煌千仏洞第一四七A窟に残る誌公像は貴重な作例といえるが、これは松本氏によって、頭に布帽を被り、杖に掛けられた鏡・剪刀・鑷、髪を蓄えた様子など、いずれも『高僧伝』以降の宝誌の形象に一致するものであり、より厳密には、『南史』以降『景徳伝燈録』や『仏祖統紀』に見える、永明十一年（四九三）に華林園にて斉・武帝と謁見した場面を描いたものかと解釈されている。[40] 念のため関連部分を掲げておくと、宝誌の形象については『高僧伝』が「髪長数寸、常跣二行街巷一。執二一錫杖一、杖頭掛二剪刀及鏡一、或掛二一両匹帛一」[41]、『南史』が「被髪徒跣、語黙不レ倫。或被二錦袍一、飲啖同二於凡俗一。恒以二銅鏡・剪刀・鑷属一挂レ杖負レ之而趍」、『感通録』が「形如二耆老一被髪擎レ杖、懸二鏡・剪刀一無レ所二定泊一」と記し、斉・武帝との謁見については、『南史』に「帝乃迎二入華林園一、少時忽重二著三布帽一、亦不レ知二於何得一レ之」とある。先にも触れたように、近年、北進一氏や肥田路美氏により四川省にて聖僧三尊形式の宝誌摩崖像が数点確認されており、そのいずれもが特徴的な物品を吊るした錫杖を持つ（あるいは従者に持たせる）姿に造型されている。典型的な作例としては、夾江千仏岩第九一号龕が、風帽・袈裟の服装に窪んだ眼窩と口元の皺、浮き立つ鎖骨を削り出し、剪刀・曲尺・円鏡などを懸けた錫杖を左手に執る。大足北山石窟第一七七号窟でも、やはり風帽に袈裟、老人の面相で、曲尺・箒・剪刀・子鼠を吊るした錫杖を左手にしている(42)。いずれにしろ、少なくとも一〇～一一世紀頃までは、宝誌像の様式は老相の行者を描いたものが一般的であったと思われる。

なお、北宋の熙寧五年（一〇七二）、渡海して太平興国寺に参詣した成尋は、七宝無価塔の前に置かれた宝誌像を礼拝しており、『参天台五台山記』にその折の記録がある。残念ながら持物については書かれていないが、痩せた比丘の姿であることや袈裟・衫裙の服装などから、こちらも敦煌千仏洞や四川磨崖仏と共通の形式と思われる。

○成尋撰『参天台五台山記』巻四　熙寧五年十月廿七日条

廿七日、壬寅。天晴。辰一点、梵才三蔵、文慧大師共入二南隣七客院一、礼二七宝無価塔一。高二丈、造二立二重閣内一、銭右王所レ造。九重、毎重造二仏・菩薩・羅漢一、塔左右文殊・普賢乗二師子・象一、雲上造立。雲高六尺許、造立一百年来(43)。塔前坐梁朝志公和尚等身像、痩黒比丘形、著二身紫袈裟・衫裙一、挙レ袖見手、骨露現痩。礼拝焼香了。……

なお一二世紀後半になると、例えば林庭桂・周季常によるボストン美術館蔵「五百羅漢図」のように、面貌から十一面観音の真形を現した宝誌像も確認できるようになる。日本の西往寺像も一一世紀頃の造立と推定されているので(44)、一一～一二世紀が様式の画期であるといえよう。

ところでこれより以前、唐・代宗の大暦年間（七六六～七七九）に入唐した大安寺の戒明は、思託撰『延暦僧録』

智名僧釈戒明伝に「復礼二拝志公宅一、兼請二得志公十一面観世音菩薩真身一。還二聖朝一於大安寺南塔院中堂、素影供養」とある通り[45]、鐘山の宝誌廟所に参拝して「志公十一面観世音菩薩真身」を持ち帰り、大安寺の南塔院中堂に安置している。通説的には同像は、『七大寺日記』大安寺に「仏壇辰巳角、宝師〔誌〕和尚面ヲ曳破現給像アリ、木像也」、『七大寺巡礼私記』大安寺に「塑〔宝カ〕誌和尚木像影高三尺、斯像在二仏壇辰巳角一、以二両手一擗二面皮一、其中現二仏身一者也、其体不可思議也、倩二見之一有二精霊一」、『諸寺建立次第』大安寺に「堂内西、安二千手観音像一此弘法大師空海、御仏也。又有二宝志和尚《唐人也》影一高一尺八寸、和尚自以二右手一自□〔ノカ〕面割有二別面一、堂前壇ノ上ニ有リ[46]」と記す、西往寺と同様式の仏像に当たると推測されている[47]。しかし、先に整理したような中国の宝誌伝のあり方、造像の形式と比較すると、八世紀の段階で面皮の割れる像が存在するのはやや早すぎる印象を拭えない。『延暦僧録』の記述には面皮の割れる像とは明記されておらず、これと後続の縁起集の像とを安易に同一視することはできまい。例えば松本信道氏は、戒明の宝誌への関心を三論教学の継承の中に位置づけたうえで、大安寺塔の度々の焼失から、中世縁起集類に見える宝誌和尚像を戒明将来像に当てる通説を否定している[48]。先に述べたように、四川の聖僧三尊像などは、僧形でありながらも観音や地蔵の徳性を示している。「真身」が観音そのものを指す可能性にも留意せねばならないが、戒明請来像が老軀の聖僧の姿を表現していたもう一方の可能性についても充分吟味が必要であろう。先に掲げた円仁請来の「檀龕僧伽誌公萬廻三聖像」はまさに聖僧三尊形式で、早期に日本列島へもたらされていたことが知られる。また、他に記録を見出せないが、(b)2にある「大安寺塔下北面西戸脇連子壁板」の「梁武帝与志公和尚面談影」が実在したものなら、これも聖僧の姿を表現した形式以外には考えられない。同像が塔に描かれている点は、戒明請来の宝誌像が塔院に安置されたことと無関係ではありえず、その様式を推測する手がかりとなるかもしれない。今後の研究の進展を俟ちたい。

以上、醍醐寺本『諸寺縁起集』が一一～一二世紀の成立であることを前提に、（1）～（3）を踏まえて考えると、本テクストは、宝誌信仰が活発化する北宋初期の影響を顕著に受けており、また宝誌表象が老相の行者から面皮の割れる様式へ転換する過渡期の成立と位置づけられよう。面貌分割の印象を持つ(a)と、宝誌伝のうちでも初期の様相を持つ(b)が同居しているのも、この点を反映していると考えられる。「縁起」といえる内容ではないが、諸寺縁起に記載のある大安寺の宝誌像について説明するため、当時新来の説話集として重視されつつあった『要略録』から、宝誌を連想させる張僧繇作の絵像の逸話を抜き出し、梁武帝との問答と並列したものだろうか。ただし、その内容から讖詩的要素のうかがえないこと、永久に人身に留まるという現世肯定的色彩の濃厚なことは、「未来記」と連結してゆく宝誌信仰のなかで独自の位置を持ち、当時隆盛を迎えていた浄土信仰との関連においても注目すべき意義があろう。

注

（1）同書の概要については、後藤昭雄「『三宝感応要略録』金剛寺本をめぐって」（大阪大学三宝感応要略録研究会編『金剛寺本『三宝感応要略録』の研究』勉誠出版、二〇〇七年、初出二〇〇四年）、李銘敬『日本仏教説話集の源流』研究篇（勉誠出版、二〇〇七年）、田島公「尊経閣文庫所蔵『三宝感応要略録』解説」（財団法人前田育徳会尊経閣文庫編、尊経閣善本影印集成四三『三宝感応要略録』八木書店、二〇〇八年）など参照。なお李銘敬『日本仏教説話集の源流』資料篇（勉誠出版、二〇〇七年）には、尊経閣文庫本の翻刻が掲載されている。また非濁については、最近黒田智氏が、日本の往生伝に往生の特異日として現れた八月十五日＝仲秋について、日本独自の傾向としつつ、非濁撰『随願往生伝』など遼代文学の影響を指摘している（同「弘法大師の十五夜――願われた死の日時――」〈藤巻和宏編『聖地と聖人の東西』勉誠出版、二〇一一年〉）。

（2）肥田路美「地蔵・観音並列像資料攷――四川地域の造像例と霊験説話――」（『早稲田大学大学院文学研究科紀要』第三分冊／日本文学演劇映像美術史日本語日本文化、五一、二〇〇六年）。なお、肥田氏は日本への伝来について『阿娑縛抄』を挙げるが、醍醐寺本『諸寺縁起集』には触れていない。

（3）前掲尊経閣善本影印集成四三、二五九～二六一頁、『大正新脩大蔵経』五一／史伝部三、八五三c～八五四a頁。李注（1）書（資料篇）も参照した。

（4）『卍続蔵経』一四九／中国撰述史伝部、三五四頁。

（5）『大日本仏教全書』三七／台密部四、三三二頁。

（6）李銘敬「『三宝感応要略録』自体の研究」（李注（1）書〈研究篇〉）。

（7）富田雅史「『法苑珠林』と道宣」（『東洋大学大学院紀要』文学研究科三七、二〇〇〇年）。

（8）『大正新脩大蔵経』一三／大集部、六八四b頁。なお、観音・地蔵の菩薩としてのあり方に共通性が見られることは、すでに望月信成氏によって指摘されている（同『地蔵菩薩――その源と信仰をめぐる――』学生社、一九八九年、四二～四三頁）。

（9）肥田路美「四川省夾江千仏岩の僧伽・宝誌・萬迴三聖龕について」（『早稲田大学大学院文学研究科紀要』第三分冊／日本文学演劇映像美術史日本語日本文化、五八、二〇一三年）。なお治水神としての僧伽の成立と展開については、黄芝崗『中国的水神』（龍門書店、一九六八年、初刊一九三四年、一七四～一八〇頁）、牧田諦亮「中国における民俗仏教成立の過程」（同『中国近世仏教史研究』平楽寺書店、一九五七年）など参照。

（10）『大正新脩大蔵経』四九／史伝部一、四二一c頁。

（11）北進一「神異なる仮面の高僧――四川省石窟宝誌和尚像報告――」（和光大学総合文化研究所＝松枝到編『象徴図像研究――動物と象徴――』言叢社、二〇〇六年）、肥田注（9）論文。

（12）北注（11）論文、三六八～三七一頁。

（13）肥田注（2）論文、とくに一一二～一一五頁。

（14）黒田智・高橋傑「水争いと矢取地蔵」（『金沢大学人間社会学域学校教育学類紀要』四、二〇一二年）、黒田智

「大地のもつ野生のちから」（井原今朝男編『環境の日本史』三／中世の環境と開発・生業、吉川弘文館、二〇一三年）、「水の神の変貌」（説話文学会編『説話から世界をどう解き明かすのか』笠間書院、二〇一三年）参照。

(15) 谷口鉄雄編『校本歴代名画記』（中央公論美術出版、一九八一年）、九二～九四頁。

(16) 肥田路美「張僧繇の画業と伝説——特に唐時代における評述のあり方をめぐって——」（吉村怜博士古稀記念会編『東洋美術史論叢』雄山閣出版、一九九九年）。また肥田氏は、本絵像の張僧繇への仮託について、長安・洛陽を舞台に活躍した呉道玄に対し、江南・四川で活躍した張僧繇を当てる蜀地のアイデンティティのありようも指摘している（注(2)論文、一一四頁）。

(17) 『大正新脩大蔵経』四九／史伝部一、三四八b～c頁。

(18) 牧田諦亮「敦煌本三大師伝について」（『印度学仏教学研究』七—一、一九五八年）、二五一頁。なお、国際敦煌プロジェクト「シルクロード・オンライン」を用い、字句の訂正を行った（http://idp.afc.ryukoku.ac.jp:80/database/oo_loader.a4d?pm=Or.8210/S.1624;img=2, 二〇一五年二月五日最終アクセス）。

(19) 川崎ミチコ「通俗詩類・雑詩文類」（篠原寿雄・田中良昭編『講座 敦煌』八／敦煌仏典と禅、大東出版社、一九八〇年）、田中良昭・程正「敦煌禅宗文献分類目録」（『駒澤大学仏教学部論集』四三、二〇一二年）参照。

(20) 陳明光「大足石篆山石窟『魯班龕』当為『志公和尚龕』」（『文物』一九八七年第一期）。

(21) 北注(11)論文、三七一～三七二頁。

(22) 早稲田大学図書館古典籍総合データベースを使用した（http://archive.wul.waseda.ac.jp/kosho/ha05/ha05_00975/ha05_00975_0001/ha05_00975_0001_p0064.jpg, 二〇一四年八月二十九日最終アクセス）。

(23) 国際敦煌プロジェクト「シルクロード・オンライン」を利用し、P三六四一を底本に、S三一七七で校訂した（http://idp.afc.ryukoku.ac.jp:80/database/oo_loader.a4d?pm=Pelliot chinois3641;img=1, http://idp.afc.ryukoku.ac.jp:80/database/oo_loader.a4d?pm=Or.8210/S.3177;img=2, 二〇一四年八月二十九日最終アクセス）。

(24) 牧田諦亮「宝誌和尚伝攷」（同『中国仏教史研究』第二、大東出版社、一九八四年、初出一九五六年）。

(25) 引用は、中華書局標点本より行った。

(26)『大正新脩大蔵経』五〇／史伝部二、三九四c頁。
(27) 宝誌の識記の特徴については、佐藤成順「宋朝初期三代皇帝と釈宝誌の識記」(同『宋代仏教の研究』山喜房佛書林、二〇〇一年、初出一九九八年)、佐野誠子「釈宝誌讖詩考」(武田時昌編『陰陽五行のサイエンス』思想編、京都大学人文科学研究所、二〇一一年)に詳しい。
(28) この問題については、拙稿「先達の物語を生きる――行の実践における僧伝の意味――」(藤巻和宏編『聖地と聖人の東西――起源はいかに語られるか――』勉誠出版、二〇一一年)、三一四～三一六頁、道教・仏教と医書との関係については、拙稿「歴史叙述としての医書――漢籍佚書『産経』をめぐって――」(小峯和明編、アジア遊学一五九『〈予言文学〉の世界――過去と未来を繋ぐ言説――』勉誠出版、二〇一二年)、「野生の論理／治病の論理――〈瘧〉治療の一呪符から――」(『日本文学』六二―五、二〇一三年)参照。
(29) 以下、二十四史の引用は、すべて中華書局標点本より行った。
(30)『大正新脩大蔵経』五二／史伝部四、四三四b頁。
(31) 佐野注(27)論文、二三七～二四〇頁。
(32) 佐藤注(27)論文、佐野注(27)論文、二三八～二三九頁。
(33)『大正新脩大蔵経』四九／史伝部一、三九四a～b頁。
(34)『大正新脩大蔵経』四九／史伝部一、四〇一c頁。この記述は明・万歴本における削除部分に当たり、『大日本続蔵経』によって補い巻末に掲げられている。佐藤注(27)論文、四三頁参照。
(35) 中野達「『推背図』初探」(同編著『中国預言書伝本集成』勉誠出版、二〇〇一年、初出一九七〇年)、四二三～四二五頁。
(36)『大正新脩大蔵経』五二／史伝部四、四〇九b頁。
(37) 小松茂美編、日本絵巻大成一八『石山寺縁起』(中央公論社、一九七八年)、一三二頁。
(38) このあたりの事情については、小峯和明『中世日本の予言書――〈未来記〉を読む――』(岩波新書、二〇〇七年)、第Ⅱ・Ⅳ章を参照。

(39) 堀裕「掘り出される石の讖文――聖徳太子未来記と宝誌和尚讖――」(佐藤文子・原田正俊・堀裕編『仏教がつなぐアジア――王権・信仰・美術――』勉誠出版、二〇一四年)、二〇四~二〇七頁。
(40) 松本栄一「誌公像」(同『敦煌画の研究』図像篇、同朋舎出版、一九八五年、初刊一九三七年)、五三三頁。
(41)『大正新脩大蔵経』五〇／史伝部二、三九四c頁。
(42) 北注(11)論文、三六四~三七三頁、肥田注(9)論文、五二一・五七~五九頁に詳しい。
(43) 王麗萍校点『新校参天台五台山記』(上海古籍出版社、二〇〇九年)、三四六~三四七頁。藤善真澄訳注『参天台五台山記』下(関西大学出版部、二〇一一年)を参照した(五〇〇~五〇三頁)。
(44)「作品解説　四二　宝誌和尚立像」(東京国立博物館・読売新聞東京本社文化事業部編『特別展　仏像――一木にこめられた祈り――』読売新聞東京本社、二〇〇六年)、二七〇頁。
(45) 引用は、藏中しのぶ編『『延暦僧録』訳注』(大東文化大学東洋研究所、二〇〇八年)より行った(二四五頁)。
(46) 右の縁起類の引用は、いずれも藤田経世編『校刊美術史料』寺院篇上(中央公論美術出版、一九七二年)より行った(それぞれ二五・四三・一六九頁)。
(47) すでに、毛利久「宝誌和尚像」(同『日本仏像史研究』法藏館、一九八〇年、初出一九四八年)に指摘がある(三七〇~三七一頁)。
(48) 松本信道「宝誌像の日本請来の背景について」(『駒澤大学文学部研究紀要』六三、二〇〇五年)、「宝誌像の日本伝播(一)――大安寺を中心として――」(『駒澤大学文学部研究紀要』六四、二〇〇六年)。

「大神宮法華十講会縁起」注釈

磯部祥子

一　読み下し・語注

【読み下し】

十一

大神宮[1]法華[2]十講会縁起[3]　天暦[4]四年二月[5]、始めて修ず。貞松房[6]

夫れ以みるに[7]、鹿苑の駕車[8]、法輪[9]を転ずるの跡始めて到り、鷲峯[10]の却鑰[11]、道場[12]に至るの門方《はじ》[13]めて通ず。六十小劫[14]を食頃《じききょう》[15]に送り、三千大界[16]を門前に披く。

是を以て、覚母[17]は海に入りて、多く群品を済《すく》ひ、鶖子[18]は房を出て、更に小心を廻す。法界の中に遍くす、草木[19]は悉く一味の雨に霑ひ、虚空の際に尽くす、瓦石[20]は併せて平等[21]の光を蒙る。

但し、機[22]の未だ及ばざる者、抑《はたま》た、根[22]の未だ熟さざる者は、火宅[23]の梟煙《しうえん》、一門[24]より出で難く、化城[25]の頓処、四衢[26]

は通ぜず。弟子等、已に大法に値ふ、是れ小縁に非ず。若し善根を宿昔[27]に殖えざれば、是れ、仏因を当今[28]に萌さむと意ふ。

何ぞ況や、惟《これ》[29]大明神は月輪[30]の分光、日域[31]の垂跡なり。蹔《しばら》く彼の白蓮[32]の華界を辞して、幾《いくばく》か我が国土の行を救ふ也。何ぞ妙法[33]一乗の旨に異ならん哉。

然れども、其の明徳[34]を戴く者、其の神威[35]を蒙る者は、或は是れ氏人、或は是れ国人[36]なり。道俗は改心して、男女は励力す。権現正覚[37]の奉《おほんため》為に、此の社頭精舎[38]に於て、敬ひて大乗の講莚を肆《つら》ね[39]、十号[40]の尊位を増さんと欲ふ。

是に於て梵風[41]声々、魚山の古曲に和す、瑞花[42]色々、露地[43]の新言に縟す。五ケ日[44]の裏《うち》、香花を仏に供ふるの壇上に擎《ささ》げ、十講会の間、塩梅[45]を僧に施すの床前に調ふ。浄侶を丹洞[46]に屈し[47]、昼は鷲頭に中道[48]の経を説く、高僧を青渓に尋ね、夜は雞足[49]に下生[50]の仏を礼す。是此、鶴齢を一生に送るの日、三会[51]に龍花[51]を攀《よ》ずるの春たるのみ。講経は夜に畢り、念仏は夕に終る。堂上[52]に伝戒す、三聚[53]の珠は昏を照らし、庭中に列燃す、万点の星は昼に拋る。弟子等[54]、明[55]神力に寄下し、白業[56]の誠を修し、〈已慇応福〉[57]豈に唐捐[58]せんや。

唯願はくは諸仏中凉[59]を照察せよ、現世[60]万年、遠く南山[61]の蔭に移り、後生[62]九品、近く西方[63]の月を迎ふ。此の善根を擎げて、先づ国王[64]に資《たむ》け奉らむ。河[65]は清くして時を協し、山[66]は呼して暦を奏す。東宮[67]儲君、幼講[68]して春深く、中宮[69]国母、椒房[70]に年久し。鳳客鸞台[71]、羽翼[72]は変らずして、諸司百官、栄爵は常に新し。〈国光寮佐百福於門戸〉[73]、都吏上下、七珍を庫倉に盈たす。天下は豊楽にして、海内は清平なり。五穀は雲を成し、九穂[74]は畝に満つ。功徳は無辺なり。何ぞ法界を分けん。併せて迷津を出で、尽く覚岸[75]に上らむ。敬[76]みて白す。

校了　重校了　又校了光胤

【語注】

＊1 **大神宮**……傍書に「日前」「国懸」とあるが、原典において大神宮が紀伊国日前国懸神宮を指していたかどうかは不明。日前《ひのくま》国懸《くにかかす》神宮は和歌山市秋月にあり、境内の西半分が日前、東半分が国懸となって隣接している。代々、紀国造が奉仕。『日本書紀』（神代上、第七段一書第一）・『古語拾遺』の天岩戸段には「日前神」、『釈日本紀』には「日前大神」「国懸大神」として記される。『延喜式神名帳』に「日前神社〈名神大　月次・相嘗・新嘗〉国懸神社〈名神大　月次・相嘗・新嘗〉」（虎尾俊哉編『延喜式　上』集英社、二〇〇〇年）とある。後に「紀伊国一宮」となる。

＊2 **法華十講会**……『無量義経』一巻・『妙法蓮華経』八巻・『観普賢経』一巻の法華三部経合わせて一〇巻を五日十座で行う講会。延暦十七年（七九八）、最澄が天台大師の忌日十一月十四日に、南都七大寺の大徳一〇人を比叡山に招き講筵を開いたことに始まる。五巻の日は提婆達多成仏と龍女成仏（変成男子）の巻として重要視された。平安中期以降、法華八講・十講・三十講などの法華会が貴族社会で流行し、後年には地方へ伝播して広がりを見せた。「石淵寺ノ八講タウトキ事ナドキヽテ、天地院ニシテ代〻ニツタヘオコナフ。イマニタエズ。コノ後ニ寺〻又皆ハジメ、所〱ニアマネクヒロマル。或ハ開結経クハヘテ十講ニヲコナフ所モアリ（中　大安寺栄好）」（『三宝絵』新日本古典文学大系）。

＊3 **縁起**……外題に「大神宮法華十講会縁起」とあり、一丁オの冒頭内題にも同様に「縁起」とあるが、『校刊美術史料』解題では「願文」とする。本文には、冒頭「夫以」、末尾「敬白」とあり、願文・表白類の形をとっている。表白は「諸法会・修法・灌頂などに当たつて、勧請の本尊聖衆の宝前において導師又は表白師が通例開白の座でその法事の趣旨を表啓告白する行為であるが、その際に宣読される文章」（峰岸明「表白の文章様式について」六一五頁、『高山寺典籍文書の研究（高山寺資料叢書　別巻）』一九八〇年）。こうした形式を備える本文書を「縁起」とした経緯については不明であるが、直下に割注として「始めて修ず」とあることから縁起としたか。大江匡房「石清水八幡宮不断念仏縁起」は、「縁起とあるが願文の形式を備えている」とされている（山崎誠『江都督納言願文集注解』八九九頁、塙書房、二〇一〇年、以下同）。

＊4 **天暦四年**……九五〇年。村上天皇の治世。五月には藤原師輔女安子が憲平親王（冷泉天皇）を出産。

＊5 **二月**……二月という記述からは、最澄によって行われた大同四年（八〇九）二月十五日、仏涅槃の日に修した法華長

講も想起される。「天地長久の願いを遠く未来際に期すという極めて鎮護国家の思いに溢れた講会であった」〔高木豊『平安時代法華仏教史研究』平楽寺書店、一九七三年〕とされ、本縁起の趣旨と一致する。また、永保三年（一〇八三）に大江佐国が賀茂社神主賀茂県主成経の依頼で執筆した「賀茂社桜会縁起」には、法華八講を二月または三月に修したとある。「是以前神主賀茂県主成助、相二三春之令節一、開二演八軸之法花一、随喜之輩号二之桜会一、其期無二定期一、在二二月三月之芳辰一、其日無二定日一、待二紅桜朱桜之盛綻一、薫修黎及二千数十年一、彼身□□矣」〔「賀茂社桜会縁起」『朝野群載』巻二、『改定史籍集覧』第一八冊、臨川書店、一九八四年復刻版〕。この桜会については「十一世紀中ごろ京都賀茂神社で行われた桜会は、毎年二月・三月のころ、期日を定めずに、桜の満開時に行われた」〔山本信吉「第三章法華八講と道長の三十講」『摂関政治史論考』吉川弘文館、二〇〇三年〕との指摘があり、法華経社前読経の一例として注目される。また、応永六年（一三九九）の奥書を持つ日前宮の神事記に由来して浄書された『異本　太神宮年中行事』の中には、日前国懸神宮で二月十八日から二十二日の五日間に行われていた「弥勒会」の記述がある。この点については考証にて後述する。

＊6　**貞松房**……本縁起の始修者、または筆者か。詳細不明。

＊7　**夫れ以みるに**……表白文等の書き出しの一形式。

＊8　**鹿苑**……鹿野苑。釈尊が成道後、十二年間にわたって説法をした地。

＊9　**法輪**……仏の教え（法）が他に転じて伝わることを輪に譬える。転法輪は法を説くこと。

＊10　**鷲峯**……霊鷲山。霊山。山頂が鷲に似ているのでこの名がある。インドの摩竭陀国王舎城近辺。釈尊が晩年八年間にわたって『法華経』を説いた地。前項「鹿苑」と本項「鷲峯」の対は、ともに釈迦が法を説いた地として慣用される。「鹿苑鷲峰、法雨遍く灑ぎ」〔敦光朝臣「白河法皇八幡一切経供養願文」『本朝続文粋』巻第一二、校註日本文学大系、誠文堂、一九三三年、以下同〕。「鹿の園わしの峯の深き御法を悟るにしもあらす」〔『千載和歌集』序、新日本古典文学大系〕。

＊11　**却鑰**……「鑰（やく）を却（のぞ）きて」の意か。釈尊が霊鷲山上で『法華経』を説く場面の描写。「ここにおいて釈迦牟尼仏は右の指をもって、七宝の塔の戸を開きたもうに、大音声を出すこと、関・鑰を却て大城の門を開くが如し」〔『法華経』巻第四、見宝塔品、岩波文庫、一九六四年、以下同〕。

＊12　**道場**……仏道修行の場。仏教という道。〔岩波仏教辞典〕。「露地を尋ねて道場に到る」〔江大府卿「法華経賦一首」『本朝続文粋』巻第一〕。

＊13　**方**……南都では「まさに」、北嶺では「はじめて」と読む。

＊14　**六十小劫**……小劫は二千万年を指し、長時間の意。「六十小劫、座を起ちたまわず（中略）仏の所説を聴くこと食頃の如しと謂えり」〔『法華経』巻第一、序品〕。

＊15　**食頃**……短い間。底本は「頃」。『校刊美術史料』藤田注（以下、藤注とする）では「頃カ」とあり、それに従う。

＊16　**三千大海**……十億の須弥世界からなる仏が教化する範囲。

＊17　**覚母は海に入りて多く群品を済ひ**……覚母は文殊菩薩。群品は衆生。文殊菩薩は釈迦の教えをうけて龍宮へ赴き龍女を化し成仏させ、多くの人々を救った。「智積菩薩は文殊師利に問えり『仁よ、竜宮に往きて化する所の衆生は、その数、幾何なりや』と。文殊師利の言わく『その数は無量にして称計べからず』」〔『法華経』巻第五、提婆達多品〕。

＊18　**鶖子は房を出て、更に小心を廻す**……鶖子《じゅし》か。仏弟子の舎利弗のこと。舎利弗は、釈迦に容姿を指摘され憤って（攀縁して）家に籠ったが、釈迦の説法によって小心を改め仏事を元通り務めるようになった話を指すか〔『今昔物語集』巻三―四「舎利弗、攀縁して暫く籠居せる語」等〕。

＊19　**草木は尽く一味の雨に霑ひ**……仏の慈悲救済が草木などすべてのものに平等に降り注ぐ雨のようであることをいう。法華七喩の一つ。「その雲より出ずる所の　一味の水に　草木・叢林は　分に随って潤いを受く」〔『法華経』巻第三、薬草喩品〕。

＊20　**瓦石は併せて平等の光を蒙る**……瓦や石などにも仏の慈悲は平等に行きわたり、成仏を得る意。前項の「草木」とともに「瓦石」も成仏を得るとしており、天台本覚思想に基づく。中国天台の湛然（七一一～七八二）は、草木礫塵の一つひとつすべてが仏性であると主張した〔「乃謂一草一木一礫一塵。各一仏性各一因果具足縁了。」『金剛錍』『大正蔵』四六・七八四b21―22〕が、こうした中国草木成仏思想の悉有仏性論を日本天台は受け継いだ。一二五〇年（鎌倉中期）から一三〇〇年（鎌倉末期）あたりには天台本覚思想は体系化されていき、一三五〇年（南北朝期）から一四〇〇年（室町時代）に入ると集大成の時期となり、同時代の文芸にも取り込まれたとされる〔田村芳朗「天台本覚思想概説」『天台本覚論』日本思想大系9、岩波書店、一九七三年、岡田真美子「東アジア的環境思想としての悉有

仏性論」『木村清孝博士還暦記念論集　東アジア仏教――その成立と展開――』春秋社、二〇〇二年）。

＊21　**平等の光**……遍く公平に一切衆生に仏は法を説き、平等に仏の慈悲を享受できること。「われは貪著することなく、亦、限礙《へだてさまたげ》することもなくして、恒に一切の為に平等に法を説くなり。」（『法華経』巻第三、薬草喩品）。

＊22　**機・根**……仏の教えを聞き修行し悟りに至るための力。「根」について底本は「抑」、底本傍書「根」。

＊23　**火宅の臰煙**……「火宅」は、煩悩に満ち汚辱にまみれたこの世を、火に焼けている家に喩える。法華七喩の一つ。「三界は安きこと無く、猶、火宅の如し」（『法華経』巻第二、譬喩品）。「臰」は「臭」の俗字。

＊24　**一門**……大きな朽ち果てた火宅に一つの出口しかない様子を、三界から救われる道である仏の教えに喩える。「この舎には、唯、一つの門のみ有りて、しかもまた、狭小なり。諸の子は幼稚にして未だ識る所有らざれば戯処に恋著せり。」（『法華経』巻第二、譬喩品）。

＊25　**化城の頓処**……小乗の涅槃を一時的な城に譬える。仏は方便として、衆生をひとまず化城で休息をとらせてから大乗の仏果（宝所）に向かわせるとされ、小乗の悟りは大乗の悟りへの方便であることを示す。法華七喩の一つ。「汝等よ、当に前進すべし。これはこれ化城なるべし。（中略）汝は今、勤に精進して当に共に宝所に至るべし。」（『法華経』巻第三、化城喩品）。

＊26　**四衢**……四つ辻。「宝所に通じる道」か。「長者は子が　火宅を出ずることを得　四衢に住するを見て　獅子の座に座せり。」（『法華経』巻第二、譬喩品）。

＊27　**宿昔**……過去世。

＊28　**当今**……現世。この世。

＊29　**大明神**……法華十講会を行う神社の祭神を指す。『日本三代実録』仁和二年（八八六）八月七日条には「松尾大明神」とあり、一〇世紀には大明神号は使われていたとされる。また一一世紀の神名帳を調査すると、諸国の正一位ないしは従一位に叙せられた国内鎮守の神に大明神号が見られたと報告されており、院政期には大明神号が通用していたとされる。〔今堀太逸「大明神号の成立と展開」『神祇信仰の展開と仏教』吉川弘文館、一九九〇年、中村一晴「平安朝期における大明神号の成立とその意義」『佛教大学大学院紀要』文学研究科篇、第三七号、二〇〇九年〕。

＊30　**月輪の分光**……衆生に本来備わっている心（仏性）を清浄な満月に譬えたもの。仏の慈悲の余恵。月輪は仏を指す。

＊31 **日域の垂跡**……「日域」は日本。「垂跡」は垂迹。仏が日本の神として現れること。法華経文を多用しつつ、神道思想を組み込んだ本縁起は神仏習合そのものを体現している。

＊32 **白蓮の華界**……華蔵界。仏の世界。

＊33 **妙法一乗の旨**……『法華経』の教え。「十方の仏土の中には　唯、一乗の法のみありて　二も無く、三も無し　仏の方便の説をば除く」（『法華経』巻第一、方便品）。

＊34 **明徳**……天から与えられたすぐれた徳性。仁義礼智の徳。

＊35 **神威**……神の持つ絶対的な力。

＊36 **国人**……在地領主のことで、国衆ともいう。

＊37 **権現正覚**……前出の大明神のこと。本地垂迹にしたがった呼び方。

＊38 **社頭精舎**……神宮を寺になぞらえている。

＊39 **肆**……底本は「肆」、底本傍書「肆」。

＊40 **十号の尊位**……仏の呼び名は十種あることから、仏の位。

＊41 **梵風声々、魚山の古曲に和す**……魚山は、中国山東省にある山の名。魚山で王曹植が空中の梵天の音を聞いて創作したという梵唄のこと。円仁が日本に伝えたという。「花山の松林は宝樹に変じて刹説す。梵曲は魚山のごとし、錦花は龍淵のごとし。」（『性霊集』第六「右将軍於華山宅設左僕射大祥斎願文」日本古典文学大系）。

＊42 **瑞花色々**……前項の「声々」と「色々」の対句的用法がある。「花復花、山復洗而色々、葉復葉、渓嵐吹而声々」（「文章生正六位上弓削宿禰以言対」『本朝文粋』巻第三、新日本古典文学大系）。「山野野杏の［之］色色、天（上）の［之］華を散すが如く。梵唄歌（頌）の［之］声声、自ら人中（の［之］）樹に供ふ」（「美作土民散位藤原秀隆塔供養願文」巻六―一九、『江都督納言願文集注解』）。

＊43 **露地**……三界の火宅から離れ安らぎを得た境地を喩えていう語。煩悩を離脱した境界。寺院の比喩。「三界の火宅を出でて露地に坐す」（『法華経』巻第二、譬喩品）。「露地を尋ねて道場に至る」（江大府卿「法華経賦一首」『本朝続文粋』巻第一）。

＊44 **五ケ日裏、香花を仏に供ふるの壇上に擎げ**……法華十講を五日間で行うことからいう。また『法華経』巻第五、提婆

達多品を修する日は、提婆達多成仏や龍女成仏を説き重要視された。「第五巻ノ日ハ、捧物ヲ高雄ノ山ノ花ノ枝ニ付テ、讃歎ヲキヨタキ河ノ波ノコヱニ合セリ（下　高雄法花会）」（『三宝絵』新日本古典文学大系）。「文永七年十月七日、法皇亀山殿にて宸筆の法華経を供養せさせおはしまして、五箇日の御講を行はる。」（『五大帝王物語』、『群書類従』第三輯、帝王部）。底本「供」一字衍字。

＊45 **塩梅を僧に施すのの床前に調ふ**……仏が前世で国王であった時に阿私仙に千年奉仕して採果汲水の給仕をしたこと（提婆達多品）にちなんで、同様の奉仕を行うことを示す。「王は仙の言を聞きて、歓喜し、踊躍し、即ち仙人に随って、須むる所を供給して、菓を採り、水を汲み、薪を拾い、食を設け、乃至、身をもって牀座となせしに、身心は倦ことなかりしなり」（『法華経』巻第五、提婆達多品）。「五巻ノ日薪ヲ荷事ハ、国王ノ昔ノ心ヲマネブ也（中、大安寺栄好）」（『三宝絵』新日本古典文学大系）。「塩梅」は君主を補佐して国を治めることを喩える。「夫れ菅大相国は、本是れ皇家の偉器なり。（中略）鼎鉉任重く、能く塩梅の気味を調ふ」（明衡朝臣「九日陪聖廟聴講法華経詩一首」『本朝続文粋』巻第八）。底本は「僧」、底本傍書「経」。

＊46 **丹洞**……仙境。丹穴の山。丹穴とは丹砂（水銀と硫黄の化合物）の出る山のことで、これらは仙薬の資とされた。

＊47 **屈し**……底本は「崛」。屈請すること。

＊48 **中道の経**……『法華経』のこと。釈尊は晩年八年間にわたって『法華経』を説いた。

＊49 **雞足**……インドの摩竭陀国にあった山の名。釈迦に託された金縷の衣を弥勒菩薩に伝えるために、仏弟子迦葉が入定した地。「宜しく鶏足金縷の衣を受け、速に鷲頭白蓮の座に登るべし。」（江帥「円徳院供養願文」『本朝続文粋』巻第一四）。

＊50 **下生の仏**……弥勒菩薩のこと。釈尊の滅後五十六億七千万年後に、弥勒菩薩がこの世に下生するといわれる。

＊51 **三会・龍華**……釈尊の滅後五十六億七千万年後に弥勒菩薩がこの世に現れて、三度の説法をする法座。この龍華三会の説法によって、釈尊の救いに洩れた衆生をことごとく済度するという。「龍」字、底本は「就」、底本傍書「龍」。

＊52 **堂上の伝戒**……道場で仏法を授けること。

＊53 **三聚の珠**……三聚浄戒の戒珠。戒律をよく保つことを珠にたとえる。

＊54 **弟子**……願主を指す。「願文類では、願主は釈迦の弟子ということで『弟子』を自称する」（後藤昭雄『本朝文粋抄

二』勉誠出版、二〇〇九年）とされる。

＊55 **明神力**……「力」字、底本は「力」、底本傍書「為」。

＊56 **白業**……善い行いのこと。「白業年深く丹心日積れり」（江納言「朱雀院被修御八講願文」『本朝文粋』第一三、新日本古典文学大系）。

＊57 **已懇応福**……「懇」字、『大日本仏教全書』翻刻（以下、大）にはなし。

＊58 **唐捐**……むなしく捨てること。「若し衆生ありて観世音菩薩を恭敬し礼拝せば、福は唐捐（むなし）からざらん」（『法華経』巻第八、普門品）。「開敷す　妙法の蓮　誓ひ弘くして誑れたる語なし　福（さひはひ）厚くして唐捐（たうえん）ならじ」（「叙意一百韻　五言」『菅家後集』日本古典文学大系）。「長者第一の［之］車、仏乗に寄せて［而］廻向す。その鄭重を謂ふに、豈に応に唐捐す〈応〉けむや」（「郁芳門院媞子熊野御使願文」巻第二―一〇、『江都督納言願文集注解』）。「唐」字、藤注では「ママ」。

＊59 **中凉**……「凉」字、底本「惊」、藤注では「ママ　凉カ」。

＊60 **現世万年**……現在の世。人間の生命のある間。

＊61 **南山**……長安の南にある終南山。崩れることがないことから長寿を象徴した。隠居の比喩。

＊62 **後生九品**……西方極楽浄土に往生する九つの階位の者。

＊63 **西方**……西方極楽浄土。

＊64 **国王**……不明。

＊65 **河は清くして**……黄河の濁流が澄むこと。祥瑞の象徴。

＊66 **山は呼して**……「山呼万歳声」漢の武帝が嵩山に登り、国家鎮護を祈念するとあたかも全山が万歳と叫ぶように聞こえたとする故事を指す。三呼。

＊67 **東宮儲君**……不明。

＊68 **幼講**……「幼」字、底本「相」、底本傍書「幼」。大「桐」。

＊69 **中宮国母**……不明。

＊70 **椒房**……皇后の住む部屋。辟邪のため山椒を壁に塗りこめるという慣習があり、実が多いことから子孫繁栄を祈る意

を込めた。「椒房の阿監青娥老いたり」（白居易『長恨歌』）。

＊71 **鸞台**……高官のこと。太政官の唐名。

＊72 **羽翼は変らずして**……鳥の羽根のように左右から補佐すること。また補佐する人。「昔は鳳闕に侍りて、已に羽翼の臣と為り」（高二品・高階成忠「従三位出雲権守藤原朝臣隆家誠惶誠恐謹言　殊に哀憐を蒙りて京に帰りて、且は老母の晨昏を訪ふことを聴されんと請ふ状」『本朝文粋』巻第七）。

＊73 **国光寮佐百福於門戸**……不明。「寮」字、『校刊美術史料』藤田翻刻（以下、藤）では「察」。『校刊美術史料』・『大日本仏教全書』ともに誤脱の可能性を指摘。「国光」は国風・威光などを指す。「寮佐」の「寮」字は「察」の可能性も指摘されるが、「寮」とすれば僚佐など下役を示すか。「百福」は仏の三十二相のことで、一つひとつが百の福徳を積んだ結果であることをいう。全体として多くの幸いが国内の家々に訪れることを指すか。「綵画して仏像の百福荘厳の相を作るに、自ら作り、若しくは人をもせしめば、皆、已に仏道を成じたり」（『法華経』巻第一、方便品）。「世雄は等倫なく、百福をもって自ら荘厳し、無上の知恵を得たまえり」（『法華経』巻第三、化城喩品）。「其和歌者、群徳之祖、百福之宗也」（『新古今和歌集』真名序、日本古典文学大系）。

＊74 **九穂**……質の良い一本の稲穂から数多くの穂が出るような瑞祥をいう。ここでは天皇の御世を讃える意。「嘉禾一茎九穂の瑞有り」（『十八史略』巻三「東漢」）。「穂」字、藤では「徳」とする。

＊75 **覚岸**……迷いを海に喩え、悟りを得ることを岸に喩えている。成仏を得ること。

＊76 **敬みて白す**……願文・表白文の書き出しと書き止めに一定の形式を以て使われる。〔峰岸明「表白の文章様式について」『高山寺典籍文書の研究（高山寺資料叢書　別巻）』東京大学出版会、一九八〇年〕。

二　翻刻・校異

【翻刻】

十一　〈一オ〉
大神宮《日前》法華《花》十《国懸》講会縁起天暦四年二月始修貞松房
夫以、廉《鹿》苑駕車、転法輪之跡始到、鷲峯
却鑰、至道場[1]之門方通、送六十小劫於食
[2]頃、披三千大界於門前、是以覚母入海、多済
群品、鶖子出房、更廻小心。遍法界中、草
木悉霑一味之雨、尽虚空際、瓦石併蒙
平等之光、但機未及者、抑[3]《根》未熟者、火宅　〈一ウ〉
梟煙、一門難出、化城頓処、四衢不通、弟
子等已値大法、是非小縁、若不殖善根於
宿昔、是意萌仏因於当今、何況惟大明
神、月輪分光、日域垂跡、[4]蹔辞彼白蓮之
華《花》界、幾救我国土《者》之行也、何異妙法一乗之旨
哉、然而戴其明徳者、蒙其神威《者》者、或是　〈二オ〉

氏人、或是国人、道[道]俗改心、男女励力、奉為権現正覚、於此社頭精舎、敬肆[5肆]大乗講莚、欲増十号之尊位、於是梵風声々、和魚山之古曲、瑞花色々、縟露地之新言、五ケ日裏、擎香花於供[6]供仏之壇上、十講会間、調塩梅於施僧[7経]之床前、喔浄侶於丹洞、昼説 〈二ウ〉 鷲頭中道之経、尋高僧於青渓、夜礼鶏足下生之仏、是此為送鶴齢於一生之日、攀就[8龍]花於三会之春而已、講経畢夜、念仏終夕、堂上伝戒、三聚之珠照昏、庭中列燃、万点之星依昼、弟子等寄下明神力[9為]、修白業誠、已慇[10]応福豈唐捐、唯願諸仏、 〈三オ〉 照察中涼[11]、現世万年、遠移南山之蔭、後生九品、近迎西方之月、擎此善根、先奉資国王、河清協時、山呼奏暦、東宮儲君相[12幼]講[13]春深、中宮国母椒房年久、風[14鳳]客鸞台、羽翼不変、諸司百官、栄爵常新、国[15]光寮佐百福於門戸、都吏上下盈七珍 〈三ウ〉

33 於庫倉、天下豊楽、海内清平、五穀成雲、九

34 穂[16]満畝《畆》、功徳無辺、何分法界、併出迷津、尽

35 登覚岸、敬白

校了　　重校了　　又校了光胤

〈四オ〉

【校異】

・対校本の略号は以下の通り。底本＝底、底本傍注＝底傍、大日本仏教全書＝大、藤田経世編『校刊美術史料』本文＝藤、同書傍注＝藤注

1…大・藤注／底は「𠬶」
2…大・藤注／底は「項」
3…底・藤／大・底傍は「根」
4…底・藤／大は「暫」
5…底・藤／底傍・大は「肆」
6…底・大はナシ
7…底／底傍・大は「経」
8…底／底傍・藤・大は「龍」
9…底・大／底傍は「為」
10…底／大はナシ
11…大・藤注／藤注は「惊」
12…底は衍字記号アリ／底傍・藤は「幼」／大は「桐」
13…底・藤／大は「溝」
14…底／底傍・藤・大は「鳳」
15…底・大／藤は「察」／大は「考恐有脱字」／藤注は「誤脱アラン」
16…底・大／藤は「徳」

三　考証　法華十講会について

（1）　法華講会の実際

平安時代は法華講会が多様な広がりをみせた時代であり、「法華八講」は多くの文学作品に取り入れられていった。「御八講」等と呼ばれるこうした法会は、法華経八巻を四日間、朝夕二座で修する法会と解されているが、『源氏物語』蜻蛉巻の御八講に「いつか（五日）といふ朝座にはてゝ」とあるように、その催行の日時などは必ずしも一定ではなかったという。

はちすの花のさかりに、御八講せらる、六条の院の御ため、紫の上など、みな思し分けつゝ、御経仏など、供養ぜさせたまひて、いかめしく尊くなむありける、五巻の日などは、いみじき見ものなりければ、こなたかなた、女房につきつゝ、参りて、もの見る人多かりけり。いつかといふ朝座にはてゝ、御堂のかざり取りさけ、御しつらひ、改むるに、北の廂も障子ども放ちたりしかば、皆入り立ちて、つくろふ程、西の渡殿にひめ宮おはしましけり。[1]

今成元昭氏は「法華八講の〈日〉と〈時〉——古典解読のために——」[2]において、八講会について、朝座と呼ばれる朝講は早朝からではなく多くは午刻頃に始められていたことや、必ずしも四箇日八講、五箇日十講のように原則通りに行われてはいなかったことを指摘しておられる。

五箇日八講には左に例示するような二類がある。［甲類］長和元年（一〇一二）五月の例で（中略）五箇日とは言っても講説に限って言えば四日八講に等しいもの。〔乙類〕前掲『文永七年宸筆御八講記』が「仙洞儀」として掲げる例で、五箇日間すべての朝夕二座の講説が行われるもの。この類では法華経八巻に開結二経が添えられて十講となるのであるが、これをも古来八講と称していたことは、同書がわざわざ「雖十講御八講日時ト注代々例也」と記していることによって知られる。(3)

とされ、「法華八講は先例を重んじながらもその折々の事情に応じて適宜に運用された」と述べておられる。十講を八講と称したことからも、「折々の事情に応じての臨機の運用がなされることも少なく無かった。よって〝法華八講は朝夕二座に一巻ずつの経が講じられる〟といった辞典的解説の初歩から吟味してかからないと、精密な古典の解読はできない」、また、「十座の講説が八講とされて省みられなかったということは、『八』の概念が広義にわたっていたことを意味する。即ち『八』は八回という度数を示すばかりではなく、法華経の八巻をいい、さらには開結二経をも添えた十巻の法華経関連経典を象徴する語として認識されていた」と指摘されている。「八講」と記されていても実態は「十講」であるような呼称の流動性、日限、時間などの臨機応変な開催の仕方があったことは注意しなければならない。

（2）　法華講会の広がり

本縁起ではどのようであったかといえば、外題・内題に「大神宮法華十講会縁起」とあり、文中に「五箇日之裏《うち》」「十講会の間」という語が見え、基本通り、五日十座で十講会を行ったものと推定できる。

五ケ日の裏、香花を仏に供ふるの壇上に擎《ささ》げ、十講会の間、塩梅を僧に施すの床前に調ふ。〈二丁オ〉

そもそも、法華十講は、『無量義経』一巻・『妙法蓮華経』八巻・『観普賢経』一巻の法華三部経合わせて十巻を五日十座で催行する法会である。これは延暦十七年（七九八）、最澄が天台大師智顗の忌日十一月十四日に、南都七大寺の大徳十人を比叡山に招き講筵を開いたことに始まるとされている。

又云。十七年冬十一月。始立十講法会。年々無闕。後々豈絶哉。為伝法事。常自思惟。国有七大寺。寺有六宗。宗有博達之人。人有強弱之智。雖知卑小草庵不能容龍象。而荘厳一会之小座。屈請十箇之大徳。講演三部之経典。聴聞六宗之論鼓。(4)

大和国石淵寺の勤操により延暦十五年（七九六）に法華八講が創始されたという伝承を載せる『三宝絵』にも、十講のことは語られている。

延暦十五年死タリ、四十九日ヨリハジメテ後々ノ年ノ忌日ゴトニ、タヘズオコナフ。勤操ノ聖徳世ニホメラレテ、ヲホヤケ、ワタクシ皆タウトブ。コノ八講イヨイヨ大ニ行フ。勤操死ニテ後ニ、ヲホヤケ僧正ノ職ヲオクリ給。東大寺ノ僧ドモ石淵寺ノ八講タウトキ事ナドキ、テ、天地院ニシテ代々ニツタヘオコナフ。イマニタエズ。コノ後ニ寺々皆ハジメ、所々ニアマネクヒロマル。或ハ開結経クハヘテ十講ニヲコナフ所モアリ。一寺ノ僧力ヲアハスルコトハ、勤操ガフルキアトヲ継グナリ。(5)

八講から始まるこのような法華講会の隆盛は十講、二十八講、三十講、長講、と種類を重ねていき、「十世紀に入ると、法華八講は貴族社会における法会の中心的地位を占め、その様相もきわめて多様な姿を示すようにな(6)」り、「亡者追善法要の最も代表的行事として、次第に僧俗両界に流布した。その多くは、先考・先妣、亡夫・亡妻、先師など縁者忌日に講筵されたが、その性格はさらに発展して参賀、逆修、現世安穏、同法結縁にも及んでいる(7)」とされ、中でも藤原氏に関わる講会の華麗さは目を引くものがあったという。その費用負担も漸次増加していくが、それを賄ったのは主に諸国の受領たちで、こうした講会調進によって、藤原氏との関係性を築いていくという側面があったと指摘されている(8)。費用の増大という負の面を持ちながらも、魅力的な行事として法華講会は貴族から庶民へと広まっていったのである。

高木豊氏『平安時代法華仏教史研究』第四章「法華講会の成立と展開」には、平安時代に展開された法華講会が詳細に説明されているが、その中で神社における法華講会として、本縁起「大神宮法華十講会縁起」が紹介されている。

> 早い例は、天暦四年（九五〇）始修の大神宮法華十講である。貞松房の始修で、その意趣は、この善根により国王・東宮・中宮・国母・大臣幾久しく、「都吏更上下盈七珍於庫舎、天下豊楽、海内清平、五穀成雲、九穂満畝」つ状態の将来にあった。鎮護国家・五穀成熟を意図した講会である(9)。

このような鎮護国家のための法華八講が、豊後国由原八幡宮、肥前国一宮河上社等、地方の一の宮で勤修されていたという。その中に、康治元年（一一四二）頃からの、日前国懸《ひのくまくにかかす》両社と大伝法院との抗争についての考察がある。八講会の支度を調える日前国懸両社の「八講頭」と大伝法院との係争は、八講会頭料の徴発に関わり発生したものであった(10)。ここでは深く立ち入らないが、八講会隆盛とともに費用が増大した負の面がこうしたところに表れているといえる。各国一の宮における法華八講について高木氏は、以下のように述べておられる。

> 平安時代は法華八講隆盛の時代であった。しかし、それは国忌八講・私家八講などとして、宮廷・貴族間でしばしば行われたことだけを意味してはならない。地方の寺社における護国八講をも含めねばならないのではないか。そして、地方寺社の護国八講は鎮護国家を標榜したけれども、その国家は必ずしも日本国家全体を意味したのではなく、むしろ、寺社所在の国々を意味し、さらに、所在の地域を意味したと考えられるのである。

鎮護国家を目的とした講経田施入が「為大守御息災、為国中豊稔」であったことは、地方寺社のいう鎮護国家理念の地方地域性を示すものと考えるのである[11]。法華講会はその形態や目的を自在に変化させて、中央から地方へ広がっていったことがわかる。

（3）「大神宮法華十講会縁起」の位相

こうした流れの中で、本縁起はどのような位置にあるだろうか。

本縁起冒頭には、「大神宮（日前）法華（国懸）十講会縁起　天暦四年二月、始めて修ず　貞松房」とあり、「大神宮」に「日前国懸」宮の傍書が入っている。後に掲出する『異本　太神宮年中行事』を考え合わせる必要があるが、この傍書は原典のものとは言えないだろうと思われる。またこの題号も、本文内容と合致しているとは言い難い。語注でも述べたように、その内容は願文・表白類の形式をとっている故である[12]。「天暦四年二月」という記述も、本文作成時が天暦四年（九五〇）とは考え難い。「貞松房」も始修者、または筆者を示すかと思われるが、本縁起の筆者かどうかは不審である。来歴も今のところ確認することができていない。

ここで、題号の「大神宮」と、傍書された「日前国懸」宮との関係性について考えたい。伊藤信明氏は「日前・国懸宮の応永六年神事記について[13]」で、応永六年（一三九九）の年記を持つ『日前宮文書太神宮神事記』『日前宮年中神事記』を浄書したものと考えられる『異本　太神宮年中行事』を紹介し、二月十八日から二十二日の五日間に行われた「弥勒会」について考察しておられる。

造花による荘厳、懺悔や行道、神名帳・人名帳の奉読があり、年頭に行われる五穀豊穣と除災を祈願する修正会・修二会の要素も合わせ持っているようである。修正会・修二会は経典にもとづく仏教儀礼ではなく、仏教以前からの予祝儀礼が諸寺院の年頭の法会に習合したもので、民俗に基盤を持つと考えられている。民俗と習合し年頭の仏教行事として成立した修正会・修二会は地方へ伝播し、日前・国懸宮においても行われるようになるのである。『太神宮年中行事』の次第を見ると法華経が講じられており、日前・国懸宮では天暦四年（九五〇）に法華十講会が始まったとされるが、このことがかかわっているかもしれない。

この弥勒会では五日間にわたって法華経の巻一、巻二、巻四、巻五、巻八の五巻、一切経惣釈及び、無量義経、観音普賢経を講じていて、いわゆる十講の形をとっている。十八日初日には「次ニ講師先ヅ展二開白ノ儀一ヲ読二縁起一ヲ」[14]との記述があり、弥勒会の中で日前宮の縁起が読誦されていたことがわかる。

二月十八日から二十二日という日付を持ち、五日間にわたり法華経を講じて造花による荘厳・懺悔・行道を行う「弥勒会」と呼ばれるこの行事と、本縁起とは、何らかの関連性が推測されるように思う。「弥勒会」と呼ばれる行事は本縁起本文中にも言及されている「龍華」の「三会」と通じ、『太神宮年中行事』という題号は「大神宮法華十講会縁起」という外題・内題と通じ合う。

年次を整理してみると、「弥勒会」として「法華十講会」とほぼ共通する行事が日前国懸宮で開かれているのが、応永六年（一三九九）。『醍醐寺本諸寺縁起集』の書写と校正が行われたのが建永二年（一二〇七）。『醍醐寺本諸寺縁起集』所収記事の年次の最下限は長寛三年（一一六五、第一冊東大寺）。前述のように「八講会」の支度を調える日前国懸両社の「八講頭」と大伝法院との係争資料が康治元年（一一四二）頃に存在する。以上のことを考え合わせると、「天暦四年（九五〇）」からかどうかは不明ながら、一二世紀頃には、日前国懸宮で「法華講会」に近い行事が催行されていたと確認できるだろう。もちろんこれをもって、本縁起が日前国懸宮のものと特定するのは難しいと思われる。

次に本縁起本文の内容を見たい。本縁起の趣意は、社頭で釈迦の教えを信じて法華経を講じ国家の繁栄を祈念する、鎮護国家のための講会ということである。用語の特徴としては、法華経の章句を多用し、かつ、漢学の語彙も用いられていることだろう。例えば、「河は清くして時を協し、山は呼して暦を奏す。東宮儲君、幼講して春深く、中宮国母、椒房に年久し。鳳客鸞台、羽翼は変らずして、諸司百官、栄爵は常に新し」とある部分には、『長恨歌』や『本朝文粋』の語句の影響を見ることができるだろう。「椒房」「鳳客鸞台」「羽翼」などは、「椒房の阿監青娥老いたり（白居易『長恨歌』）」、「昔は鳳闕に侍りて、已に羽翼の臣と為り（高二品・高階成忠「従三位出雲権守藤原朝臣隆家誠惶誠恐謹言　殊に哀憐を蒙りて京に帰りて、且は老母の晨昏を訪ふことを聴されんと請ふ状」『本朝文粋』巻第七）」といった語句と対応すると思われる。[15] 法華経と漢学・神道の三つを意識した語句が丁寧に組み合わされており、社前読経という神仏習合の姿が現れている。そして、いわゆる法華八講（十講）の願文・表白の形を踏襲している。[16]

次に注目したいのは、「国人」という語が見えることである。

　然うして、其の明徳を戴く者、其の神威を蒙る者、或は是れ氏人、或は是れ国人なり。道俗は改心して、男女は励力す。権現正覚の奉為《おほんため》に、此の社頭精舎に於て、敬ひて大乗の講莚を肆《つら》ね、十号の尊位を増さんと欲ふ。

〈二丁オ〉

釈迦の慈悲を受け、神の威光を受けるものは氏人と国人であり、この十講会を社頭精舎（大神宮）において勤修することで、人々は釈迦の慈悲に近づき成仏を得ると述べる。四六駢儷体の形をとり、対句的修辞の多いこの縁起においては、「氏人」と「国人」が対照的に述べられている。この「国人」はおおよそ南北朝から戦国時代の在地領主のことで、国衆ともいう人々を示すという。[17] 本文末尾には「何ぞ法界を分けん、併せて迷津を出で、尽く覚岸に上らむ」とあり、これは成句の趣もあるが、社頭精舎に集まった会衆すべてに向けた言葉と解することができるだろう。これらの点から本縁起を、「地方寺社の護国八講は鎮護国家を標榜したけれども、その国家は必ずしも日本国家全体を意味したのではなく、むしろ、寺社所在の国々を意味し、さらに、所在の地域を意味した[18]」ものの流れの中に位置づけることができるのではないか。

また本文中には、「大明神」という号が見える。

何ぞ況や、惟《これ》大明神は、月輪の分光、日域の垂跡なり。蹔《しばら》く彼の白蓮の華界を辞して、幾《いくばく》か我が国土の行を救ふ也。何ぞ妙法一乗の旨に異ならん哉。〈一丁ウ〉

この「大明神」は仏の慈悲の余光であり、その慈悲が日本国に垂迹して現れたものであり、しばらく仏界から遠ざかって修行者たちを済度するために日本の国土に垂迹するというのは法華経の教えの通りである、とする。中村一晴氏は、この号は九世紀から使用され[19]「院政期には大明神号が通用していたものを、鎌倉時代には大明神号が仏の垂迹を示すものとして広まっていた[20]」と述べておられる。

最後に、「草木は尽く一味の雨に霑ひ、悉く虚空の際に、瓦石も併せて平等の光を蒙る〈二丁オ〉」とある本文にも注目したい。ここには草木のみでなく、瓦石も釈迦の慈悲を受け成仏を得るとする天台本覚思想が垣間見える。これも体系化され集大成されていったのは、鎌倉から南北朝期のこととされる[21]。

以上のことから、本縁起の作成は『醍醐寺本諸寺縁起集』の書写年代に近い、院政期から鎌倉へかけてのものとすることが可能になってくるのではないか。外題・内題に「大神宮」とされる神社がどの地を指すかは確定できないにしろ、傍書として書かれている「日前国懸両社」において、一二世紀前後に「法華十講会」に近い行事が催行されていたということは確認できる。当時は、講会の願文・表白の形式や章句などが総合的に類聚編纂されて、講会の場で伝わっていた。地方へ伝播した法華講会と、それに連なる願文・表白生成の姿が、この縁起本文に浮かびあがっている。

注

（1）『源氏物語』蜻蛉巻、玉上琢彌『源氏物語評釈』角川書店、一九八八年。
（2）今成元昭「法華八講の〈日〉と〈時〉――古典解読のために――」『仏教文学講座　唱導の文学』第八巻、勉誠社、一九九五年。
（3）同前。
（4）『日本高僧伝要文抄』第二「伝教大師」新訂増補国史大系。
（5）「大安寺栄好」中一八、『三宝絵』新日本古典文学大系、岩波書店、一九九七年。
（6）山本信吉『摂関政治史論考』第三章「法華八講と道長の三十講」吉川弘文館　二〇〇三年。
（7）同前。
（8）同前。
（9）高木豊『平安時代法華仏教史研究』第四章「法華講会の成立と展開」・第六節「寺社八講の性格」平楽寺書店、一九七三年。
（10）語注にも示したように、日前国懸両社は紀伊国一宮である。また、高木氏は、「康治二年（一一四三）、紀伊の国造であり、かつ日前・国懸両社の社司である紀良佐は、『八講頭』と号し、神人を山東庄住人延久・有元の住宅に放ち入れ、種々の狼藉をいたし、榊を立てて還ったという。これ以後、紀良佐と大伝法院とは、それぞれ解・陳状を提出して争った。しかし良佐はこの係争中にも、神人五十余人を山東庄に乱入させ、十人を殺害するなどの悲法をおこなっている」と述べられる。
（11）前掲注（9）参照。
（12）山崎誠氏は、大江匡房「石清水八幡宮不断念仏縁起」について、「この縁起は形態や語彙の面で（縁起の部分を除き）願文と異なるところがなく（表名が欠けている）、謂わば『石清水八幡宮不断念仏供養願文』とも称すべきものである」と述べられている（『江都督納言願文集注解』八九六頁、塙書房、二〇一〇年）。本縁起も同様といえるか。

(13) 伊藤信明「日前・国懸宮の応永六年神事記について」『和歌山県立文書館紀要』第七号、二〇〇二年。
(14) 『異本　太神宮年中行事』東京大学史料編纂所謄写本。
(15) 小峯和明氏は日本文学における『白氏文集』の影響について、「白楽天の時点にまで遡行することにどの程度意義があるのかおぼつかないことも事実だ。そこではすでに白氏という権威は失われ、もはや典拠であることを問いただすことの意義すら失せて日本語の表現として定着し、習熟したものになっている」としながらも、「願文や表白類はその具体的な資料であり、『白氏文集』は正統なる典拠としての座を確立し、故事として血肉化し、表現の森を追体験する形で表出されていった」と述べておられる（「願文・表白を中心に」『白居易研究講座　第四巻　日本における受容（散文篇）』勉誠社、一九九四年）。
(16) 本来は末尾に法華講会催行の年月日とその催行者が記されるべきであるが、それを欠いている。また、内容的に、江大府卿「法華経賦一首」などの構成要素と本縁起は似通っている。「宝車を設けて朽宅を出で、露地を尋ねて道場に到る」「宝塔に入って座を並ぶ、大城の門を開くに似たり、復た夫れ仙人昔師と為る、龍女今何にか位する」など（「法華経賦一首」『本朝続文粋』巻第一）。
(17) 国史大辞典「国人」項「鎌倉時代にも、在地に居住し勢力を持つ武士との意で、国人という語は使用されているが、国人領主の動向が重要な歴史的意味を持ち始めるのは、十四世紀の中葉、特に、観応擾乱の前後からである」。
(18) 前掲注(9)参照。
(19) 確実な初例は、『日本三代実録』「松尾大明神」仁和二年（八八六）八月七日条。
(20) 中村一晴「平安朝期における大明神号の成立とその意義」『佛教大学大学院紀要』文学研究科篇、第三七号、二〇〇九年。
(21) 田村芳朗「天台本覚思想概説」『天台本覚論』日本思想大系9。

「龍門寺縁起」注釈

小林真由美

一　読み下し・語注

【読み下し】

十五一　龍門寺[*1]　大和国吉野郡に在り。官造作して勅して僧正に施す。已上一乗院御経蔵内の文

有る抄物[*3]に云く[*2]、義淵[*4]僧正は龍門岡寺[*5]等の本願なり。件の僧正は清原天皇[*6]と師壇なり。彼の所知皇子[*7]は、学を義淵僧正に受く。仍《より》て所知皇子忿怒を成して蛇と成り、古京昔時の人万人を吸い、上下出で行くこと能はず。時に天皇、義淵僧正を以て誘ひ伏せしめ給ふ。龍僧正に語りて云く、抜苦与楽の証得ある菩薩の為に、奏聞せしめて仏寺等を建立せしめよと。龍蓋寺は是れ所知皇子の宮なり。岡寺は大和国高市郡に在り、僧正に施すなり。又龍の引導せる寺有り。

龍本寺[*8]　掃守寺。大和国葛下郡に在り。官、掃守司に造らしめて僧正に施し給ふ。

又龍門寺　大和国吉野郡に、官、僧正に造施する在り。

[*9]龍華寺　河内国若江郡に、僧正龍の為に起基する在り。

已上[*10]喜国[*11]已講筆跡、[*12]龍門寺流記の本縁を尋ぬ可きなり。

[*13]太政官牒す　龍蓋龍門両寺

応に別当大法師[*14]晋祥の替はりに補任すべきの事

[*15]大威儀師伝灯大法師位[*16]玄延年六十八 臈五十二　法相宗興福寺

右、彼の寺の別当伝灯大法師位[*17]晋祥等の去る五月廿八日の[*18]解状を得るに称《いは》く、「謹みて案内を検ずるに、[*19]件の両寺は故義淵僧正国家の隆（泰）と藤氏の栄昌の奉為に建立する所なり。即ち興福寺一門の中にて其の人を撰び、譲状に依り両寺の別当に任ぜらるる、其の来たること尚《ひさ》し。寺院は両所に有りと雖も、一僧別当を兼任す。爰に大法師晋祥、年臈にして衰耄し、行歩に堪へず。茲に因りて、件の別当職を以て状を門徒上臈の権別当大威議師玄延に譲り与ふること已に畢んぬ。方に今、玄延は[*20]唯有職たる[*21]上臈たるのみにあらず、[*22]才撰び相備へ首と為るに堪ふ。望み請ふらくは、殊に処分を蒙りて、蹤跡に任じ譲状に依り、早く彼の両寺に別当を塡補せられ、将に寺家を條治せしめんことを。」てへり《者》。[*23]右大臣の宣するに、「宜しく件の玄延を以て別当と為すべし」てへり。寺は宜しく承知し、宣に依りて行ふべきなり。牒到らば、状に准へよ。故に牒す。

[*24]天禄元年八月廿九日　[*25]左少史伴宿禰が牒

[*26]左中弁藤原

校了　重校了　又校了　[*27]光胤

【語注】

＊1 **龍門寺**……奈良県吉野郡吉野町にあった寺。七世紀後半の飛鳥池遺跡出土の寺名木簡に「龍門」が見える〔伊藤敬太郎・竹内亮「飛鳥池遺跡出土の寺名木簡について」（『南都仏教』七九、二〇〇〇年）、および考証（1）参照〕。平安期は、興福寺別当が龍門寺と龍蓋寺の別当を兼ね、興福寺の寺領であった。

＊2 **一乗院**……興福寺一乗院。

＊3 **抄物**……不明。

＊4 **義淵**……生年不詳～神亀五年（七二八）。元興寺で法相を修め、大宝三年（七〇三）に僧正に任ぜられた。弟子に、玄昉、行基、隆尊、良弁などがいる。

＊5 **岡寺**……龍蓋寺とも称する。奈良県高市郡明日香村にある、真言宗豊山派の寺。考証（2）参照。

＊6 **清原天皇**……天武天皇。『扶桑略記』などの義淵伝では「天智天皇」とする。考証（2）参照。

＊7 **所知皇子**……「日並智皇子」（『続日本紀』『東大寺要録』）で、草壁皇子のこと〔福山敏男『奈良朝寺院の研究』綜芸舎、一九四八年〕。考証（2）参照。

＊8 **龍本寺**……別称・掃守（かもり・かにもり）寺・龍峯寺。奈良県当麻町加守にあった寺。江戸時代にはすでに廃寺に近い状態であった。

＊9 **龍華寺**……大阪府八尾市安中町、陽光園の大門付近にあった寺。寺跡が発掘されて安中廃寺とされる。神護景雲三年（七六九）に、称徳天皇が西京由義宮に行幸の際、龍華寺に建てられた市を遊覧し、綿二万屯と塩五十石を龍華寺に施入した（『続日本紀』）。

＊10 **喜国**……不明。

＊11 **已講**……三会已講師の略。有職三綱の一つ。宮中の御斎会・薬師寺の最勝会・興福寺の維摩会の講師を勤め上げた僧。

＊12 **龍門寺流記**……不明。

＊13 **太政官牒**……寺院などに下す命令書。

＊14 **晋祥**……不明。

＊15 **大威儀師**…威儀師は、受戒の時に、立ち居振る舞いを指示する、三師七証の一つの教授師のこと。

＊16　**玄延**……不明。
＊17　**﨟**……出家した人が受戒してから、一夏九旬の安居勤行を行い終えること。この安居を区切りとして出家してからの年数を数え、その多少によって僧の位を定める。
＊18　**解状**……諸官庁から、太政官または所属の上役に提出する文書。
＊19　**件の両寺**……龍蓋寺と龍門寺の義淵建立説の最古の記事。
＊20　**有職**……已講・内供・阿闍梨の総称。
＊21　**上﨟**……年功を積んだ高僧。
＊22　**右大臣**……藤原伊尹か（天禄元～二年）。
＊23　**才撰び相備**……原文「才撰相備」であるが意味が通らない。「才操相備」の誤字か（山田尚子氏のご教示による）。
＊24　**天禄元年**……九七〇年。
＊25　**左少史伴宿禰**……不明。日付の下と次の行に文書取扱者の位置を記すのは、牒の書式による。
＊26　**左中弁藤原**……不明。
＊27　**光胤**……不明。解題参照。

二　翻刻・校異

【翻刻】

1　十五
一龍門寺在大和国吉野郡。官造作了勅施僧正。　〈一オ〉
2　已上一乗院御経蔵内文
3　有抄物云、義淵僧正龍門岡寺等本願也。件僧正者清原天皇[1]師壇也。彼所知皇子者[2]、受学於義淵僧正。僧〔仍〕[3]所[4]知皇子成忿怒而成虵、吸於古京昔時人万人、上下不能出行。于時天皇、以義淵僧正令誘伏給。龍語僧正〈一ウ〉云、爲抜苦与楽証得井ノ、令メテ奏聞建立仏寺等ヲ。龍蓋寺是所[5]知皇子ノ宮也。岡寺在大和国高市郡、施於僧正也。又有龍引導寺。龍本寺（掃守寺。在大和国葛下郡、官令掃守司造施僧正給。）又龍門寺（在大和国吉野郡、官造施僧正。）龍華〔花〕寺（在河内国若江郡、僧正起基爲龍。）〈二オ〉

已上喜国已講筆跡、龍門寺流記本縁可尋也。

大[6]政官牒龍蓋龍門両寺

応補任別当大法師晋祥賛[7]事

大威議[8]師伝灯大法師位玄延（年六十八 臈五十二） 法相宗興福寺 右、得彼寺別[9]当伝灯大法師位晋祥等去五月廿八日解状称、謹検案内、件両寺ハ、〈二ウ〉故義淵僧正奉為国家隆〔泰〕[10]藤氏栄昌所建立也。即興福寺一門之中撰其人、依譲状被任両寺別当、其来尚矣。寺院雖有両所、一僧兼任別当。爰大法師晉祥、年臈衰耄、不堪行歩。因茲、以件別当職譲与状[11]門徒上臈権[12]別当大威儀師玄延已畢。方今、玄延非唯〈三オ〉爲有職上臈、才撰相備堪爲首。望請、殊蒙処分、任蹤跡依譲状、早被塡[13]補彼両寺別当、将令條[14]治寺家者。〔者[15]〕右大臣宣、宜[16]以件玄延為別当者。寺宜承知、依宣行也[17]。牒到准状。故牒。

天禄元年八月廿九日　左少史伴宿禰牒〈三ウ〉

左中弁藤原

校了　重校了　又校了　光胤〈四オ〉

【校異】

・対校本の略号は以下の通り。底本＝底、『校刊美術史料』本文＝藤、同書傍注＝藤注

1…藤注は天武
2…藤注は日並脱カ・草壁
3…藤は仍
4…藤注は日並脱カ
5…藤注は日並脱カ
6…藤注は太
7…藤注は替カ
8…藤注は儀カ

9…藤は堂／藤注は当カ
10…底は字間に点あり、「泰」と傍書
11…藤注は衍カ
12…藤は枉／藤注は権カ
13…底は怄／藤は怄「ママ」
14…藤注は修カ
15…底は字間に点あり、「者」と傍書／藤は者／藤注は衍カ
16…藤注は衍カ
17…藤は之

三　考証　龍門・龍蓋寺と密教

醍醐寺本『諸寺縁起集』第一五冊の表題は「一龍門寺」とある。内容は、「有抄物云」ではじまる龍蓋寺縁起と、天禄元年（九七〇）の日付のある太政官牒で、本書以外に所伝のない資料である(1)。

前半の龍蓋寺（岡寺）縁起は、「有龍引導寺」として「龍本寺・龍門寺・龍華寺」を挙げている。龍蓋寺（奈良県高市郡明日香村）と龍門寺（奈良県吉野郡吉野町、現在は廃寺）は、創建時に両寺に関わりがあったことを示す確かな資料はないが、いつの時期からか、ともに義淵創建の寺とされ、龍を調伏して建てたという縁起を共有するようになった。

太政官牒は、龍門・龍蓋寺が義淵建立であることと、興福寺の別当が龍門・龍蓋寺の別当を兼任していたことを記す最古の日付の資料である。寺院縁起ではないが、「件両寺故義淵僧正奉為国家隆泰藤氏栄昌所建立也」という一文があるために、龍門・龍蓋両寺の縁起として醍醐寺本『諸寺縁起集』に収録されたものと思われる。

（1）龍門寺の創建

吉野川北岸の龍門ヶ岳の南斜面中腹に、一〇メートル余りの瀑布「龍門の滝」がある。龍門寺は、かつてその付近にあった寺である。昭和二十八年の発掘調査で、滝の右岸側に塔跡が確認され、岡寺式軒丸瓦、均整唐草文軒平瓦、連座磚仏が出土した。これらは八世紀前半のものと推定されており、その時期が龍門寺の創建期とされていた。

しかし近年、伊藤敬太郎氏と竹内亮氏によって、明日香村の飛鳥池遺跡から出土した寺名木簡から、龍門寺が天武朝（六七三〜六八六）頃にすでに存在していたことが指摘された。(2) 飛鳥池遺跡北地区の出土木簡は、飛鳥寺東南禅院において使用されたものである可能性があり、その中に寺名を列記した木簡がある。

「軽寺」　波若寺　瀆尻寺　日置寺　春日部　矢口

石上寺　立部　山本　平君　龍門　吉野　（長二〇三×幅三六×厚九ミリメートル）

伊藤・竹内両氏は、この木簡は、東南禅院の道昭招来経典の配布先リストであった可能性があることを指摘し、道昭のもたらした経典が七世紀後半に各地の寺院に急速に普及していったことの一端を、この寺名木簡は示しているると言えるのではないだろうか。　（「飛鳥池出土の寺名木簡について」）

と推測している。

古来、吉野川流域は清浄の地として名高く、神仙思想や仏教の修行者たちが神秘的な能力の体得を求めて分け入り、吉野川の宮滝付近には離宮が建立されて歴史の舞台になった。書物の中に「龍門」の地名が初見されるのは、『懐風藻』の葛野王の詩である。葛野王は慶雲二年（七〇五）に没しているので、それ以前の作である。龍門山を仙境として詠んでいる。

五言。龍門山に遊ぶ。一首。
駕を命《おほ》せて山水に遊び、長く忘る冠冕の情。安《いづく》にか王喬が道を得て、鶴を控きて蓬瀛に入らむ。（『懐風藻』）

いつにさかのぼるのかはわからないが、瀑布をいだく山を「龍門山」と名づけたのは、漢文的な知識によるものであろう。龍門の滝のほとりに、山林修行者たちのために「龍門寺」が建てられた。堀池春峰氏は、寺院といっても当初は伽藍というほどの規模はなく、「小規模な堂舎」であっただろうと述べている。

以上の如き藤原時代の世相に受容せられた仏教界の趨勢よりみれば、大伴・安曇の二仙によって代表せられる行者的な色彩を濃厚に感取し得る山僧が、後の龍門寺と称せられた一山寺の開基であったろうし、又その当初に於いては確たる寺院的規模をもって創設をみたものでは無かった事がわかる。唯この龍門寺の発生と云うか濫觴がかくの如きものであってみれば、仙人修業のこの山岳にいつしか山寺的な小規模な堂舎が漸次建立をみるに至ったものと思考せらる。（堀池春峰『南都仏教史の研究　遺芳編』「龍門寺に就いての一考察」(3)）

飛鳥池遺跡の寺名木簡資料は、龍門寺跡の瓦よりも前に龍門寺が存在していたことを示し、堀池氏の推測を裏付けるものである。

龍門寺のほかに、古代の吉野の寺として、吉野川北岸の谷間に比蘇寺（吉野寺・現光寺）があった。物部氏による廃仏の難を逃れた仏像を安置したことを創建伝説とする。その仏像は霊木の放光仏として知られ、『日本書紀』欽明天皇十四年五月条や『日本霊異記』上巻第五縁にも由来が記されている。七世紀末から八世紀初頭頃に、唐僧神叡が比蘇寺に二十年居住して「自然智」を獲得したといわれる。薗田香融氏によると、奈良時代に比蘇寺には自然智宗といわれる元興寺法相学派が中核体となる山林修行の一派が形成されており、元興寺には平城京の元興寺と吉野の比蘇寺を往復する修行形態があったという。(4) 飛鳥時代に見られた都と吉野の寺のネットワークは、奈良時代に入り、宮都と吉野の距離は遠くなっても引き継がれていた。逵日出典氏は次のように述べている。

律令時代の吉野山は、このように、官僧の修行者と優婆塞・沙弥等の修行者が入り混っての、盛んな山岳修行の場となっていた。そのような中で、比蘇山寺の占める位置は、既に前項で述べた如く、官大寺の別院（山房）的な存在として、自然智を求める山岳修行の場となったことである。（逵日出典『奈良朝山岳寺院の研究』(5)）

比蘇寺は谷間の近くに位置するが、龍門寺は龍門山中腹にあり、より本格的な山林修行の場であった。『懐風藻』の次に「龍門」の名称が見られるのは、九世紀後半の文献である。『日本三代実録』元慶四年（八八〇）十一月二十九日、太上天皇（清和法皇）の不予にあたって使者を遣わした寺々の中に「龍門」が見え、十二月四日の崩御の記事に、前年の元慶三年（八七九）に、太上天皇が大和国の寺々を歴訪したことが記されている。

天皇事を頭陁に寄せ、意を経行に切す。便ち名山仏壠を暦覧せんと欲す。是に於いて山城国貞観寺より始めて、大和国東大寺、香山、神野、比蘇、龍門、大滝、摂津国勝尾山の諸の有名なる処に至る。（『日本三代実録』元慶四年十二月四日）

『菅家文章』に「遊龍門寺」の詩が見え、『伊勢集』には、寛平（八八九～八九八）頃に、龍門寺に詣でたときの歌がある。龍門寺が「山の人（仙）の家」として名高かったことが知られる。

山とに三月ばかりありけるに、龍門といふ寺に詣でたりけり。正月十一日ばかりなりけり。この寺のさまは、雲の中より滝は落つるように見ゆ。山の人の家といふは、いたう年経て、岩の上に苔八重むしたり。いみしらぬ心地に、いとかなしう物のみあはれにおぼえて涙は滝におとらず。橋のもとにしばしあるに、いと暗うなりぬ。「雨や降らんとすらん」供なる人といふ。法師ばら「雪ぞ降らん」といふほどに、いみじう大きなる雪かきくらし降れば、人々「歌詠まむ」といふに、この詣でたる人

裁ち縫はぬ衣着し人もなきものを何やまひめの布さらすらん
と詠みたりければ、さらにこと人詠まずなりにけり。
（『伊勢集』）

『扶桑略記』昌泰元年（八九八）十月二十五日条に、宇多太上天皇が宮滝に行く途中に龍門寺に立ち寄ったという記録があり、供奉の源朝臣昇と有原朝臣友子が、古仙の仙窟に感動した様子が書かれている。

両人手を執りて古仙の旧庵に向かふ。覚えず落涙して殆ど帰りて言はず。
（『扶桑略記』巻第二三、昌泰元年十月二十五日）

「古仙の旧庵」について、『扶桑略記』治安三年（一〇二三）に藤原道長が高野山参詣の途中に龍門寺に立ち寄った記録があり、仙窟が「方丈之室」であったことを記している。[6]平安時代には、古仙の旧居として名をはせていたことが知られる。

龍門寺は、醍醐寺本『諸寺縁起集』所収の太政官牒の天禄元年（九七〇）までに、興福寺の末寺となっていた。興福寺と龍門寺の間に、元興寺と比蘇寺のような関係が生じていたことが推測される。

平安初期に、吉野川南岸の金峯山に聖宝によって金峯山寺が建立され、蔵王権現をまつる真言宗の山岳寺院として繁栄した。龍門寺は、「龍門寺の北の峰」（『法華験記』巻中「叡山西塔宝幢院の陽勝仙人」）、「龍門寺北山」（『阿娑縛抄諸寺略記』）とあるように、金峯山の南山に対する北の山の寺としてとらえられていた。金峯山寺は開祖として役行者を押しいただくようになったが、龍門寺もまた安曇仙や久米仙の旧居として喧伝され、吉野は山林修行の一大拠点として多くの祈禱僧や修験者を養成した。

（2）　龍蓋寺（岡寺）と義淵

龍蓋寺（岡寺）は古京飛鳥を見降ろす丘陵地にあり、現在も西国七番の厄除け観音として全国から信者が参拝している。現在の本堂は標高一八四メートルの高地にあるが、古代の伽藍は少し下方の現在の治田神社付近にあったらしい。義淵創建説の最も古い日付の記録は天禄元年の太政官牒であるため、義淵が実際に創建に関わっていたかどうかは不明だが、治田神社境内から白鳳時代の瓦が出土していることから、創建は義淵と同時代にさかのぼることができる。

正倉院文書に、龍蓋寺と東大寺などの他の寺院の間で経論の貸し借りが行われていた記録が残り、龍蓋寺が良質の経論を所蔵する寺院であったことが知られる。次の天平勝宝三年（七五一）の三種の文書から、奈良時代に龍蓋寺とも岡寺とも称されていたことがわかる。(7) 造東大寺司が「岡寺」から借用していた『雑阿含経』一部を、「大徳」（良弁）の宣によって天平勝宝三年五月二十二日に紫微中台に渡していたものを、七月三十日に紫微中台から造東大寺司に返送した。その翌日、造東大寺司が「龍蓋寺」に返送し、「龍蓋寺」が受け取ったという経緯である。

造東寺司

雑阿含経一部五十巻黄紙及表緑緒朱軸紙帙

納漆塗箱一合、　帛巾一條並岡寺

右、依大徳宣、奉請如前

天平勝宝三年五月廿二日

次官正五位上兼行大倭介佐伯宿禰「今毛人」

「勘納大疏山口佐美麻呂」
「舎人弓削塩麻呂」
「返送如前員、仍附舎人依羅必登、以牒、
同年七月卅日少疏高丘連比良麻呂」
（『大日本古文書』一一、「造東寺司請経文」）

造東寺司牒　龍蓋寺三綱所
雑阿含経一部五十巻、納漆塗箱一合、帛巾一條
右、依所請数、奉返如前、故牒、
天平勝宝三年八月一日主典美奴連
判官正六位下上毛野君
次官正五位上兼行下総員外介　使田部乙成
（同一一、「造東寺司牒案」）

龍蓋寺三綱牒上　造東大寺務所
奉所請経返抄事、
右、依当月一日牒旨、領納如数、付舎人田部弟成返抄、以状牒上、
天平勝宝三年八月都維那勝律
知事順道
（同三、「龍蓋寺三綱返抄」）

『続日本紀』天平宝字六年（七六二）には、

壬申、勅して、越前国江沼郡山背郷の戸五十烟を岡寺に施入したまふ。

（『続日本紀』巻第二四、天平宝字六年四月二十三日）

という記録があり、当時の龍蓋寺の規模や寺格をうかがうことができる。

醍醐寺本『諸寺縁起集』龍門寺縁起によると、義淵は「清原天皇」と師檀の関係にあり、「所知皇子」が義淵から学を受けた。皇子が憤怒を成して龍蛇となって人々を襲った時、天皇は義淵に命じて龍を調伏させた。龍は、義淵に、寺院建立を奏上することを願った。天皇は「所知皇子の宮」に龍蓋寺を建立し、義淵に施した。

「清原天皇」とは、飛鳥浄御原宮で政治をとった天武天皇（在位六七三〜六八六）のことであるが、「所知皇子」の名は未見である。

義淵は、七世紀後半から八世紀後半の奈良時代前期の法相宗の高僧である。大宝三年（七〇三）に僧正に任ぜられ（『続日本紀』巻第三）、神亀四年（七二七）に徳を讃えられて聖武天皇より岡氏の姓を賜った。

十二月丁丑、勅して曰はく、「僧正義淵法師俗姓市往氏なり。は、禅枝早く茂り、法梁惟れ隆なり。玄風を四方に扇ぎ、慧炬を三界に照せり。加以、先帝の御世より朕が代に迄るまで、内裏に供奉《つかへまつ》りて一の咎愆も無し。念ふに斯れ、若《かくのごと》き人、年・徳共に隆なり。市往氏を改めて岡連の姓を賜ひて、その兄弟に伝ふべし」とのたまふ。

（『続日本紀』巻第一〇、神亀四年十二月十日）

「岡連」の姓は地名の「岡」から賜ったと思われるが、この「岡連」から、義淵が天皇から「岡寺」を賜ったという説が生まれたのであろう。

義淵は神亀五年十月二十日に卒した（『続日本紀』巻第一〇）。後世ますます高徳の僧として敬われ、伝説化された。『扶桑略記』『七大寺年表』『東大寺要録』などの義淵伝に、義淵は観音の申し子で、白帖に包まれて柴垣の上で泣いており、日を経ずして成長したという異常誕生・異常成長譚が記されている。『七大寺年表』には「化生人也」（化生は四生の一つで、母胎・卵・水によらず自然に生まれる生物）とある。それを聞し召した天智天皇が皇子とともに宮に移し、後に宮を賜って龍蓋寺と号したとある。

三月乙酉日。以興福寺僧義淵任僧正。大和国高市郡人。俗姓阿刀氏。其父（母）依無子息。多年祈請観音。然間。夜聞小児啼音。奇出見之。柴垣之上。有裹白帖。香気普満。歓以取養。不日長大。天智天皇伝聞。相共皇子。令養岡本宮。至是。任僧正。造寺。号龍蓋寺。俗云五箇龍寺。龍門。龍福寺。

（『扶桑略記』巻第五、大宝三年三月二十四日）

僧正義淵三月十四日任、法相宗、興福寺、化生人也、道昭、道慈、道場、道鏡、已上皆一室弟子也、智鳳法師弟也

龍蓋寺伝記云。大和国高市郡居住。夫津守、婦阿刀氏。多年依無子。常申観音。爰夜聞小児啼音。出見之。在柴垣上被裹白帖也。叢香満宅。悦取養。不日生長。天智天皇聞食件事。□並所智王子共令移岡宮。遂以宮賜僧正。爰寺号龍蓋寺云々。

（『七大寺年表』）

十二月丁丑。勅曰。僧正義淵法師。俗姓市往氏也。禅枝早茂。法梁惟隆。扇玄風於四方。照恵炬於三界。加以。自先帝御世。迄于朕代。供奉内裏。無一咎。愆念其若人。年徳共隆、宜改市往氏。賜岡連姓。伝其兄弟。龍蓋寺記云。大和国高市郡居住。天津守婦阿刀氏。多年無子。祈乞観音。爰夜聞小児音。奇出見之。在柴垣上被裹白帖也。叢香満宅。悦取養之。不日生長。天智天皇聞食之。与日並智王子共令移岡宮。遂以宮賜僧正。爰寺号龍蓋寺矣。

（『東大寺要録』巻第一、本願章第一）

以上の三書は語句に共通する箇所が多いため、同じ資料を祖としてそれぞれ書承されたものと思われるが、義淵の出自、皇子名、宮名などに異伝がある(8)。

福山敏男氏は、次のように述べている(9)。義淵の出自は、『扶桑略記』や『七大寺年表』は「津守氏」「阿刀氏」としているが、『続日本紀』に「僧正義淵法師俗姓市往氏」とあるので、『東大寺要録』の「市往氏」が正しく、

且つ市往氏を岡連に改めたといふのは、義淵の本貫の地が高市郡の岡の地方であったことによるとは当然考へられるし、従って義淵と岡寺との関係も一概に否定することはむつかしからう。（『奈良朝寺院の研究』）

とする。福山氏は続いて、「所知王子」は「日並所知皇子」すなわち「草壁皇子（日並《ひなみしの》皇子）」であり、草壁皇子に「岡宮御宇天皇」の尊号が追贈されたのは天平宝字二年八月であり、「特に「岡宮」の称が撰ばれたのは、当時草壁皇子が岡の地に居住せられてゐたと信ぜられてゐたためであらう」と述べている。

勅したまはく、「日並知皇子命は、天下に天皇と称さず。尊号を追崇するは古今の恒典なり。今より以後、岡宮に御宇《あめのしたしらしめ》しし天皇と称へ奉るべし」とのたまふ。（『続日本紀』巻第二一、天平宝字二年八月九日）

すなわち、『扶桑略記』などの原拠になった義淵伝は、観音の申し子である義淵を、天智天皇が草壁（日並智）皇子らとともに岡宮に居住させ、後に岡宮を義淵に下賜して龍蓋寺とした、というものになる。義淵と草壁皇子の龍蓋寺建立縁起は、岡氏—岡寺—岡宮の連想から生まれたものと思われ、成立の時期は、草壁皇子に尊号が追贈された天平宝字年間以後の成立と推測される。

しかしこの伝説は、天智天皇と、天武の皇子である草壁皇子との関係が矛盾している。そのために、草壁皇子との父子関係から天智天皇が「清原天皇（天武天皇）」に修正され、醍醐寺本『諸寺縁起集』龍門寺縁起のような異伝も生み出したのであろう。

また、皇子が龍となり義淵が降伏したという伝説は、龍蓋寺の寺名から生まれたものであろうが、憤怒のために龍となったという人物像は、同じ天武の皇子でも、草壁皇子よりも大津皇子を想起させる。醍醐寺本『諸寺縁起集』所収の薬師寺縁起には、大津皇子が悪龍となり、義淵と修円が調伏して、皇子のために龍峯寺（掃守寺）を建てたという説話がある。(10)

福山氏は、醍醐寺本『諸寺縁起集』の龍門寺（龍蓋寺）縁起について、

これは掃守寺の縁起が混入したもので、この或る「抄物」の作者は、今昔物語集の作者と同様に、龍蓋寺縁起の云ふ「日並所知皇子」を理解することが出来ずに「所知皇子」と書き且つ大津皇子のことと思ひ込んだらしく、このやうな混同が生じたのであらう。（『奈良朝寺院の研究』）

と述べている。

平安期に、寺名に龍を冠する寺は、龍調伏縁起を共有する「五箇龍寺（四箇龍寺）」として語られていた。『法華験記』巻中第六七話「龍海寺沙門某」には、「沙門某」の読経を聞いた龍の捨身降雨伝説が、「龍海寺・龍門寺・龍天寺・龍王寺」の四箇龍寺縁起として記されている。(11)『今昔物語集』巻第一三第三三話は、同話を奈良大安寺の南にある「龍苑寺」（所在不明）の僧の説話として、「龍海寺・龍心寺・龍天寺・龍王寺等」の縁起としている。こうした異伝の多さは、龍調伏伝説の伝播の広さを物語っている。

（3）　龍蓋寺と密教

『今昔物語集』巻第一一に、義淵僧正の龍蓋寺縁起が所収されている。「始建龍門寺語第三十七」の本文が欠文となっており、次に「義淵僧正、始造龍蓋寺語第三十八」がある。

今昔、天智天皇ノ御代ニ、義淵僧正ト云フ人在シマシケリ。俗姓ハ阿刀ノ□。是、化生ノ人也。初メ、其父母、大和国、□市ノ郡天津守ノ郷ニ住テ年来ヲ経ルニ、子無キニ依テ、其事ヲ歎テ、年来観音ニ祈リ申ス間ニ、夜ル聞ケバ、後ノ方ニ児ノ呼ク音有リ。是ヲ怪ムデ出テ見ルニ、柴ノ垣ノ上ニ白帖ニ被裹《ツツマレ》タル者有リ。香薫ジテ馥シキ事無限《カギリナ》シ。夫妻是ヲ見テ、心ニ恐ルト云ヘドモ、取リ下シテ見レバ、端正美麗ナル男子、白帖ノ中ニ有リ。今歳ノ程也。

其時ニモ、夫妻共ニ思ハク、「是ハ、我等ガ子ヲ願テ年来観音ニ祈リ申スニ依テ、給ヘル也」ト喜テ、取テ家ノ内ニ入ルニ、狭キ家ノ内ニ馥キ香満タリ。是ヲ養フニ、程無ク勢長シヌ。

天皇此事ヲ聞給テ、召取テ養テ皇子トセリ。然ルニ、此子心ニ智リ有リ、法ノ道ヲ悟レリ。遂ニ頭ヲ剃テ法師ト成テ、興福寺ノ僧トシテ、大宝三年ト云フ年、僧正ニ成ヌ。其家ノ所ヲバ伽藍ヲ建テ、如意輪観音ヲ安置シ奉レリ。

今ノ龍蓋寺ト云、是也。霊験新タニシテ、諸ノ人首ヲ挙テ詣テ、願求ムル所ヲ祈請フニ、必ズ其験シ有リトナム語リ伝ヘタルトヤ。

（『今昔物語集』巻第一一）

傍線部「其家ノ所ヲバ伽藍ヲ建テ、如意輪観音ヲ安置シ奉レリ」と、龍蓋寺に如意輪観音像が安置されていたことが記されている。その如意輪観音像は現在も龍蓋寺にあり、西国第七番の厄除け観音とされている。奈良時代に作成された、国内現存の塑像として最大級の丈六像で、頭部と胸部は建立当時のものであるという。

平安後期の恵什著とされる『十巻抄（図像抄）』には、龍蓋寺の如意輪観音像と不空羂索観音像の記述がある。興福寺南円堂の不空羂索観音像の後に、

又東大寺羂寂院、古京龍蓋寺金堂に、皆三目八臂の丈六不空羂索金色立像有り。南円堂本と八臂の持物は頗同

じからず。（『十巻抄』第六、観音上）

とあり、如意輪観音の項には、

右に引く所の二臂像は石山寺像と頗相違有り。昔より二臂像を画に造る所、皆右手を施无畏に作し、左手を膝上に与願印を作し、左足を垂下し、盤石の上に坐す。大和国龍蓋寺の丈六如意輪像も亦之に同じ。東大寺大仏殿左方の如意輪も亦之に同じく、左足を垂下す。（同）

とある。如意輪観音について、福山敏男氏は「岡寺の信仰は少くとも既に平安時代後期からこの如意観音像を中心としてゐたやう」（『奈良朝寺院の研究』）であり、道鏡の造立として著名であったと指摘している。[12] 興福寺僧であった道鏡に仮託されたものと思うが、堀池春峰氏は、もし事実であれば、

天禄元年（九七〇）八月の前記の太政官牒にみる興福寺と龍蓋寺との関係は、奈良時代に迄遡ると云わざるを得ない。（『南都仏教史の研究　遺芳編』「龍門寺についての一考察」）

と述べている。[13]

不空羂索観音も如意輪観音もともに、密教系の変化観音である。両観音の経典は雑密経典として奈良時代にはすでに伝来しており、正倉院文書の「写経請本帳」（『大日本古文書』七）には、「不空羂索呪経一巻」（天平九年三月十四日）、「如意輪陀羅尼一巻」（同年三月廿四日）の両経典名が見える。

日本に奈良時代後期の雑密全盛期をもたらしたきっかけの一つが、玄昉が天平七年（七三五）年に請来した五千余巻の経論であったという。その中には雑密経典のほとんどが含まれており、根本誠二氏は、玄昉は「日本に聖観音・十一面観音・千手観音、そして、不空羂索観音へと人々の求める利益に呼応するがごとく変貌を遂げていった観音信仰の〝うねり〟をもたらし」、「より合目的的な性格を物語る「変化観音」の信仰を奈良仏教の世界へもたら

したといえよう」と述べている[14]。

如意輪観音は、天台・真言宗では六観音の一つとされる、密教系の代表的な観音である。奈良時代の如意輪観音像の作例は、龍蓋寺のほかに、石山寺と東大寺の大仏脇侍像がある。如意輪観音は通常六臂であるが、これらの作例は二臂像であることから、奈良時代は二臂像であったといわれている[15]。右手が与願印、左手が施無畏印を結び、片足を垂らす坐像である。奈良時代後期の雑密系の観音信仰流行を背景に造像され、平安時代の純密興隆期にさらに信仰を集めたものと思われる。

前掲の『十巻抄』によれば、龍蓋寺には不空羂索観音像も安置されていた。不空羂索観音の信仰は玄昉が光明皇后に指教したといわれ[16]、天平勝宝九年（七五七）頃に作成された東大寺大仏殿の大織成曼荼羅は、東が聖武太上天皇の華厳往生を願う聖観音曼荼羅、西は光明皇太后の現世利益を祈願する不空羂索曼荼羅であったという。天平年間に東大寺法華堂や興福寺講堂の本尊として不空羂索観音像が造られ、他にも多数の奈良時代の作像例がある。弘仁四年（八一三）に藤原冬嗣が興福寺に南円堂を建立し、不空羂索観音を安置した[17]。光明皇后に始まる藤原氏の不空羂索観音信仰によるものであろう。藤原氏北家の繁栄は、興福寺南円堂の不空羂索観音の利益によるものといわれる。

前掲『十巻抄』によると、龍蓋寺には、興福寺南円堂と同じ三目八臂丈の金色立像の不空羂索観音もあった。龍蓋寺と興福寺の信仰の共通性がうかがわれる。平安時代の龍蓋寺は、如意輪観音と不空羂索観音が安置され、密教系観音信仰の寺であった。

現在龍蓋寺では、本堂の前の池を「龍蓋の池」とし、義淵が龍を鎮めた池としてまつっている。いつ頃からそのように呼ぶようになったかはわからないが、「龍蓋」という寺名は、岡の地に水に関する信仰が古くからあったからではないであろうか。龍蓋寺関係の正倉院文書の経典名には特に密教的傾向はないが、奈良後期から平安期にかけて密教が興隆するにつれて、龍蓋寺は寺名からも密教的効験の期待を呼び、密教への傾斜が導かれたものと想像される。

『不空羂索神呪心経』には、不空羂索観音の二十種勝利が説かれ、第九は次の利益である。

九は、所有《あらゆる》種植・悪龍・霜霰・風雨を畏れず。（唐玄奘訳『不空羂索神呪心経』）

『如意輪陀羅尼経』の如意輪陀羅尼明眼薬法の利益に、次の項目が説かれている。

第五七度塗せば、一切の羅刹及び羅刹女、一切の阿修羅及び阿修羅女、一切の龍及び龍女を自在に摂伏し皆給使と為す。（唐菩提流志訳『如意輪陀羅尼経』如意輪陀羅尼経眼薬品）

『不空羂索神呪心経』には傍線部「悪龍」を畏れずとあり、『如意輪陀羅尼経』には「一切の龍及び龍女を自在に摂伏」するとある。すなわち、不空羂索観音と如意輪観音信仰には、龍調伏の功験があるのである。義淵が龍を調伏して寺を建てたという龍蓋寺縁起は、龍蓋寺の如意輪観音・不空羂索観音の信仰と一体になって喧伝されたものと想像される。

天禄元年（九七〇）には、龍門寺と龍蓋寺が興福寺の末寺となり、別当兼務の寺となっていた。興福寺が両寺を傘下に取り込んだ理由は、両寺が密教寺院としての機能と評判を有していたためではないだろうか。天禄元年太政官牒には両寺の創建を「国家の隆泰と藤氏の栄昌の奉為」とするが、当時の興福寺が、その目的のための貢献を両寺に求めていたということであろう。

『東大寺諷誦文稿』は、九世紀前半に南都の法相宗の僧によって書かれたものと思われるが、山林修行を長年積んだ後に郷里に帰った檀主についての叙述がある。(18) また、僧の役割として、病人の看病や山林の薬草採集が述べられており、平安初期において、法相宗僧侶が山林の活動と密接に関わっていたことが知られる。興福寺も、法相宗総本山でありながらも、龍門寺のような山岳寺院との連携を必要としていたのであろう。九世紀末から、金峯山寺が山岳信仰の霊峰として急激に勢力を拡大してゆく。興福寺が、龍門寺を寺領としたのは、吉野の山岳信仰地帯を掌握しようという意欲の表れとしても受け取められる。

飛鳥は吉野への入り口である。龍蓋寺は平城京と吉野を結ぶ要所としても利用され、興福寺の庇護のもと、龍門・龍蓋両寺は祈禱僧や看病僧の養成や活動に奉仕していたことであろう。義淵は、玄昉・行基・道慈・行達・隆尊等の師としても知られる興福寺法相宗が誇る高僧である。義淵の龍調伏伝説は、奈良時代後半以降の密教全盛の時代に生まれ、人々が密教に求める現世利益信仰と興福寺法相宗を結びつける役割も果たしていたであろう。

注

（1）解題参照。
（2）伊藤敬太郎・竹内亮「飛鳥池遺跡出土の寺名木簡について」（『南都仏教』第七九号、二〇〇〇年）参照。
（3）堀池春峰『南都仏教史の研究　遺芳編』（法藏館、二〇〇四年）参照。
（4）薗田香融『平安仏教の研究』（法藏館、一九八一年）参照。
（5）逵日出典『奈良朝山岳寺院の研究』第一章（名著出版、一九九一年）参照。
（6）『扶桑略記』巻第二八、治安三年十月十九日条。『権記』に次のような龍門・龍蓋寺に関わる記事が見える。
十五日己未、霧雨不止、自明久律師許披申事、為申左府参向、先覧内大臣披奏左相撲人等申、次申明久律師所申所申諸供並龍蓋・龍門等寺事、即覧譲状並書状等。（『権記』長保二年〈一〇〇〇〉八月）
此日左大臣仰云、以権少僧都定澄為龍蓋・龍門両寺別当。（『権記』長保二年〈一〇〇〇〉九月二十七日）
（7）福山敏男『奈良朝寺院の研究』「岡寺（龍蓋寺）」（綜芸舎、一九四八年）参照。

（8）『元亨釈書』義淵伝には、「天智帝」「岡本宮」とある。

釈義淵。世姓は阿氏、和州高市郡の人なり。其の父、子無きをもて観自在の像に祈る。一夕児の呱くを聞き、出でて之を見れば柴籬の上に一包あり、香気芬郁たり。開きて之を見れば小児なり。父母喜びて収養するに数日ならずして長ず。天智帝之を聞きて皇子と同じく岡本ノ宮に鞠育せらる。後出家し智鳳に従って唯識を学ぶ。又唐に入り智周法師に相宗の訣を禀く。周は慈恩基公の上首なり。帰朝して盛に相宗を倡ふ。其の業を受くる者行基・道慈・玄昉・良弁・宣教・隆尊等なり。又営建に勤む、龍蓋寺・龍門寺・龍福寺は皆淵が構造なり。大宝三年僧正となり、神亀五年十月寂。礼部に勅して喪事を監護せしめらる。

（『元亨釈書』巻第二、慧解二の一）

（9）前掲注(7)福山書参照。

（10）今案、伝言、大津皇子厭世籠居不多神山、而依謀告被禁掃守司蔵七日矣、子急成悪龍、騰雲吐毒、天下不静、朝廷憂之、義淵僧正皇子平生之師也、仍勅修円令呪悪霊、而忿気未平、修円仰空呼曰、一字千金、悪龍永諾。仍為皇子建寺、名曰龍峯寺、寺在葛下郡、掃守寺是也、又七月廿三日被賜宣旨於薬師寺、請定六十口僧、差威従四人、七箇日之間、令転読大般若経也、其布施在信乃国也。

（醍醐寺本『諸寺縁起集』薬師寺縁起）

（11）菅家本『諸寺縁起集』龍蓋寺の項には、「或記」云として『法華験記』龍海寺縁起の類話が所収されている。

龍蓋寺

件寺者、号岡寺、安二丈二臂如意輪観音、刄未人参、

三重塔一基

此寺者、義淵僧正建立之所也。彼僧正神亀五年十月入滅了、又建立龍宮寺、龍門寺、龍王寺、龍禅寺、合号五龍寺也云々。

是皆以長者宣、件寺別当職事、彼付興福寺別当、但近来龍□龍門両寺計也。

或記云、龍海寺有一僧、年来誦法花妙、能覚文義、龍神感之、反而人形、当成親昵約束、于時天下旱魃、天皇聞此験、召僧祈雨之時、龍王之云、雨者偏不龍王所知、源大梵天王之進士也、若我開雨者、天尺等之可蒙責、

雖然年来聴聞経、何為空祈雨哉、我可下雨也、然者必為天尺失命者也、仍可訪我後世云々、其後雨降、則其龍死骸上仁建立彼寺、又龍云事有、我所之行処四処也　（菅家本『諸寺縁起集』）

傍線部の「長者宣」は、藤氏長者から興福寺にあてられた別当補任の「三度長者宣」である（高山京子『中世興福寺の門跡』第二章、勉誠出版、二〇一〇年参照）。

(12) 前掲注(7)福山書参照。

(13) 前掲注(3)堀池書参照。

(14) 根本誠二『奈良仏教と密教』二（高志書院、二〇一一年）参照。

(15) 井上一稔氏は、これらの奈良時代の二臂像が『如意輪陀羅尼経』壇法品の曼荼羅や二臂像や中国の作例とは異なるため、如意輪観音として造像されたものかどうかについて疑問を呈している。これらの像を如意輪観音とするのは一〇世紀の『三宝絵』の石山寺の像が初見で、石山寺の観音像が如意輪観音とされてから、同じ姿である東大寺左脇侍像と岡寺も如意輪観音であるとされるようになったのではないかと述べている。もしそうであるとすると、龍蓋寺の像は当初は他の菩薩像であったが、一一世紀までの間に如意輪観音として信仰されるようになったということになる（井上一稔編『日本の美術312　如意輪観音像・馬頭観音像』「如意輪観音」至文堂、一九九二年）。

(16) 前掲注(14)根本書参照。

(17) 興福寺講堂の不空羂索観音像を、南円堂の本尊として迎えたという説もある（福山敏男『日本建築史研究』墨水書房、改訂版一九七二年、初版一九三五年）。

(18) 内ニ独リ思惟《オモヘ》ラクハ、正ニ四恩ニ報イムニハ、山林ヲ出デ臨ミテ、正道ヲ行ゼムニハ如ジ。（中略）是ノ如ク出離シ修スト雖モ、父母ヲ恋ヒ慕《シノ》ヒテ朝夕ニ忍ビ難シ。此ニ於イテ、本郷ニ帰リ至ル云。

（『東大寺諷誦文稿』、96～100行）

僧ハ着《カキツ》キテ昼モ夜モ避ラズシテ、病ヲ看テ経ヲ読ミ、乞ヒ誓ミ、身力ヲ砕キ、心魂ヲ竭シ、寝《イモネ》ズシテ、守リ扶ク。雨風ニモ礙ヘラレズ、杖ヲ策キ、山藁沓《ハ》ヲ着キ云々。

（同、182～183行）

「六角堂縁起」注釈

榊原史子

一　読み下し・語注

【読み下し】

[*1]六角堂縁起

[*2]山背国平京[*3]愛宕郡[*4]六角堂の[*5]如意輪観音は、淡路国巌屋海に、小韓櫝に入りて鏁を差しながら、打ち寄せらるるなり。しかるに聖徳太子[*6]拾ひ取りて開くと見るのところ、すなはち如意輪観音なり。持仏としたまへり。[*7]太子守屋と合戦の間、誓願していはく、戦もし勝ちをわりなば、四天王を造立し奉るべしてへり。我その利ありて、思ふがごとく勝ちをわりなば、四天王寺を建立せんと欲して、材木を山城国愛宕の杣に採るの[*8]間、[*9]しばらく本尊を多良の樹の樕に居奉りて水を浴ぶ。水を浴びをわりて本のごとく本尊を取るに、まったく樹の樕を[*10]放ち給はず。祈り請ふに、夢にいはく、吾は汝の本尊としてすでに七世を経て、今においてはこのところにおいて、[*11]蠢々の衆生に利益すべきな

り。すなはち御堂を建立せんと欲し、このところにおいて経[*12]を始めるのところなり。東より一老嫗の出て来たり。太[*13]子件の老嫗に問ひていはく、この地に小堂を建立せんとおもふに、材木不日に採り得ることいかがか。すなはち答えていはく、この傍らに禿なる椙の樹一本ありて、毎朝紫雲この樹に下り降りたるてへり。翌の日の早旦、件の樹の下に向かひ給ひてこれを見るに、はたして老嫗の言のごとし。すなはちこれを見て切り臥して、件の樹一本を以て、六角堂一宇を造立し奉りをわんぬ。そ[*14]の後遷都の間[*15]造営使奏していはく、京都丈尺を打ち小路を分け定めんと欲するのところ、六角の小堂一宇ありて、分け定むることべからず。小路の中心に当[*16]つるべきなり。いはゆる聖徳太子建立の六角堂これなり。勅して壊し奉り御堂を他所に渡すべし。よって行事の官等を引率して、来り臨みてこれを見るに堂宇なし。この旨を奏す。重ねて勅使を遣はしていはく、これもとよりこのところに住す。御志あらば、南北の間、少し入らしめ給ふべし。時に天下にはかに暗し、さるに奇と成すのところに、五丈ばかり北に入らしめ給へり。よって六角の小路を分け定めをわんぬ。霊験殊勝なり。

【語注】

＊1　**六角堂縁起**……醍醐寺本『諸寺縁起集』に収められており、護国寺本や菅家氏本の『諸寺縁起集』には載録されていない。今日現存している「六角堂縁起」の最古のテキストは、醍醐寺本『諸寺縁起集』に載録されたものである。

＊2　**山背国**……古くは「山代」と記され、大宝令の施行によって「山背国」という表記になった。さらに平安京への遷都によって「山城国」に改称された。

＊3　**京**……校異注1参照。

＊4　**六角堂**……京都市中京区に所在する紫雲山頂法寺六角堂。

＊5　**如意輪観音〜持仏としたまへり**……仏像が拾われるという話の展開は、『日本霊異記』上巻五「信敬三宝得現報縁」の影響を受けていると考えられる。当該箇所を引用すると、次のとおりである。

大花位大部屋栖野古連公者、紀伊国名草郡宇治大伴連等先祖也、天年澄情、重尊三宝、案本記曰、敏達天皇之代、和泉国海中有楽器之音声、如笛箏琴箜篌等声、或如雷振動、昼鳴夜耀、指東而流、大部屋栖古連公聞奏、天皇嘿然不信、更奏皇后、聞之詔連公曰、汝往看之、奉詔往看、実如聞有当霹靂之楠矣、還上奏之、泊乎高脚浜、今、屋栖伏願応造仏像焉、皇后詔、宜依所願也、連公奉詔大喜、告嶋大臣以伝詔命、大臣亦喜、請池辺直氷田雕仏、造菩薩三軀像、居于豊浦堂、以諸人仰敬、然物部弓削守屋大連公、奏皇后曰、凡仏像不可置国内、猶遠退、皇后聞之、詔屋栖古連公曰、疾隠此仏像、連公奉詔、使氷田直蔵乎稲中矣、弓削大連公、放火焼道場、将仏像流難破堀江、徴於屋栖古言、今国家起災者、依隣国客神像置於己国内、可出斯客神像、速忽棄流乎豊国也、客神仏神像也、固辞不出焉、弓削大連、狂心起逆、謀傾窺便、爰天亦嫌之、地復慍之、当於用明天皇世而挫弓削大連、則出仏像以伝後世、命安置吉野窃寺而放光阿弥陀之像是也

*6 拾……校異注2参照。

*7 太子守屋と～四天王寺を建立せんと欲して……蘇我氏と物部氏の戦いに勝利することを祈願し、四天王寺を建立するという話の展開は、『日本書紀』崇峻天皇即位前紀秋七月条の影響を受けていると考えられる。当該箇所を引用すると、次のとおりである。

秋七月、蘇我馬子宿禰大臣、勧諸皇子与群臣、謀滅物部守屋大連、泊瀬部皇子・竹田皇子・廐戸皇子・難波皇子・春日皇子・蘇我馬子宿禰大臣・紀男麻呂宿禰・巨勢臣比良夫・膳臣賀拕夫・葛城臣烏那羅、倶率軍旅、進討大連、大伴連嚙・阿倍臣人・平群臣神手・坂本臣糠手・春日臣、闕名字、倶率軍兵、従志紀郡、到渋河家、大連親率子弟与奴軍、築稲城而戦、於是、大連昇衣揩朴枝間、臨射如雨、其軍強盛、塡家溢野、皇子等軍与群臣衆、怯弱恐怖、三廻却還、是時、廐戸皇子、束髪於額、古俗、年少児年、十五六間、束髪於額、十七八間、分為角子、今亦然之、而隨軍後、自忖度曰、将無見敗、非願難成、乃斮取白膠木、疾作四天王像、置於頂髪、而発誓言、白膠木、此云農利泥、今若使我勝敵、必当奉為護世四王、起立寺塔、蘇我馬子大臣、又発誓言、凡諸天王・大神王等、助衛於我、使獲利益、願当奉為諸天与大神王、起立寺塔、流通三寶、誓已厳種々兵、而進討伐、爰有迹見首赤檮、射墮大連於枝下、而誅大連幷其子等、由是、大連之軍、忽然自敗、合軍悉被皂衣、馳獵広瀬勾原而散之、是役、大連児息与眷属、或有逃匿葦原、改姓換名者、或有逃亡不知所向者、時人相謂曰、蘇我大臣之妻、是物部守屋大連之妹也、

大臣妄用妻計、而殺大連矣、平乱之後、於攝津国、造四天王寺、分大連奴半与宅、為大寺奴田荘、以田一万頃、賜迹見首赤檮、蘇我大臣、亦依本願、於飛鳥地、起法興寺

＊8　**問**……校異注3参照。

＊9　**しばらく本尊を多良の樹の樹に居り奉りて水を浴ぶ**……聖徳太子が「多良樹」に持仏を置いて沐浴する話は、「六角堂縁起」において初めて見える。

＊10　**放**……校異注4参照。

＊11　**蠹**……校異注5参照。

＊12　**経を始める**……校異注5参照。

＊13　**太子件の老嫗に問ひていはく**……聖徳太子が寺院の造営に関わるという話の展開は、『聖徳太子伝暦』推古天皇二十七年春正月条の影響を受けていると考えられる。当該箇所を引用すると、次のとおりである。

太子奉勅命駕、巡検畿内諸国臣連国造伴造所建寺地、無地者給地、无木者給木、無田者給田、無壠者給園、経二十箇日、終至蜂岡、建塔心柱、定常住僧一十口（中略）、数日之後、更還蜂岡、更届山崎指北岡下、謂左右曰、此地勿垢、応建伽藍、即渡大河、行経交野、自茨田堤、直投堀江、宿江南原、指東原

＊14　**その後遷都の間～小路を分け定めんと欲するのところ**……平安京への遷都について述べている。

＊15　**問**……校異注7参照。

＊16　**当つるべきなり**……校異注8参照。

二　翻刻・校異

【翻刻】

1　六角堂縁起

2 山背国平景 京歟[1] 愛宕郡六角堂如意輪
3 観音ハ、淡路国巌屋海ニ、小《コ》韓《カラ》櫃ニ入テ乍ラ差シ
4 鏁《クサリ》、被打寄也、而聖徳太子[2]取開ト見之処、
5 即如意輪観音也、為シタマヘリ持仏、太子与守屋
6 合戦之間、誓願云、戦若勝畢ナハ、可奉造立
7 四天王者ヘリ、我有テ其利、如思勝畢ハ、欲テ建立四天
8 王寺、採材木於山城国愛宕杣《タキノ》[3]之、暫奉居
9 本尊於多良樹樾浴水、々々畢如本取本
10 尊、全不敬樹 放歟[4] ノ樾《マタヲ》給、祈請ニ、夢云、吾ハ為テ汝
11 本尊既経七世、於今者於此処、可利益
12 [5] 春春 々衆生也、即欲建立御堂、於此所侄[6]
13 如之処ナリ、自東一老嫗ノ出来リ、太子問件老嫗《オムナ》云、
14 此地ニ建立《トオモフニ》小堂、材木不日ニ採得事如何、即
15 答云、此傍有禿《カフロナル》椙樹一本、毎朝紫雲下
16 降《タル》此樹者、翌《ツキノ》日早旦、向給件樹下見之、果如
17 老嫗言、即見之切臥テ、以件樹一本、奉造
18 立六角堂一宇畢、其後遷都之[7]造営使
19 奏云、京都欲打丈尺分定ムト小路之処、

有六角小堂一宇、不可分定、小路中心ニ可
当[8]之、所謂聖徳太子建立ノ六角堂是
也、勅可奉壊渡御堂於他所、仍行事
官等引率テ、来臨テ見之無堂宇、奏此旨、
重遣勅使云、是元ヨリ住ス此所ニ、有御志者、
南北之間、少可令入給、于時天下俄暗シ、然
成奇之処ニ、五丈許令入北給ヘリ、仍分定六
角小路了、霊験殊勝也
校了　重校了　又校了　光胤

【校異】

・対校本の略号は以下の通り。底本＝底、『校刊美術史料』傍注＝藤注

1…底は京カ
2…藤注は拾脱カ
3…藤注は間脱カ
4…底は放カ
5…藤注は蠢カ
6…藤注は経始カ
7…藤注は間脱カ
8…藤注は也カ

三　考証　「六角堂縁起」の成立と平安時代の信仰——聖徳太子信仰との関係——

はじめに

「六角堂縁起」に関する先行研究としては、名畑崇氏[1]、薮田嘉一郎氏[2]、朧谷寿氏[3]、中前正志氏[4]、橋本正俊氏[5]などの研究を挙げることができる。これらのうち、名畑崇氏、薮田嘉一郎氏、朧谷寿氏の研究は、六角堂の歴史を論じる上で、「六角堂縁起」についても考察を加えたものである。一方、中前正志氏、橋本正俊氏は、「六角堂縁起」の中世以降の展開についても論じている。

すでに述べたとおり、「六角堂縁起」の最古のテキストは、醍醐寺本『諸寺縁起集』に収められたものであるが、この「六角堂縁起」の成立年代について詳細に論じた研究は少ない。また、同縁起を考察するにあたっては、聖徳太子信仰との関係について論じることが必要であるが、これまでの研究においてはそれも十分になされてこなかった。

本稿では、こういった現状を受けて、まず「六角堂縁起」の成立年代について考えていきたい。そして、六角堂に参詣した平安時代の人々に注目し、六角堂への信仰と聖徳太子信仰との関係について論じていきたい。

（1）「六角堂縁起」の成立

a　六角堂の創建時期

「六角堂縁起」によれば、六角堂は聖徳太子によって創建された寺院であり、平安遷都以前から伽藍が存在したことになる。しかし、昭和四十九年（一九七四）に発掘調査が行われ、文献史料も再検討されることになった。

発掘調査では、六角堂の北限を示す区画であったと思われる溝が検出されたが、この溝は平安時代中期末以降に造られたものと見られている。また、瓦も出土しているが、年代が古いものは平安時代の瓦と考えられている(6)。

次に諸史料を具体的に見ていきたい。六角堂の創建について六国史は何も記していない。また、『聖徳太子伝暦』は、従来の聖徳太子伝を集大成した内容となっているが、やはり六角堂について何も記していない。聖徳太子伝において、六角堂に関する記述が見えるのは、顕真が一三世紀前半に著した『太子伝古今目録抄(7)』が最初である。そこでは、聖徳太子が建立した寺院の一つとして六角堂が出てくる。

さて、「六角」という言葉が史料に初めて見えるのは、『親信卿記』天延二年（九七四）九月二十五日条の「度六角小宅」である。また、『御堂関白記』寛仁元年（一〇一七）三月十一日条においては、「六角小路」と記されている。さらに、寛仁二年（一〇一八）には、『小右記』に六角堂の存在が記される。六角堂の建物があって、その周辺を建物にちなんで「六角」「六角小路」と呼ぶようになったのであろう。六角の地名が先にあり、あとから六角の建物が建てられたとは、考え難い(8)。

このように見ていくと、六角堂の創建は平安遷都以降であり、一〇世紀後半には現在地に伽藍が建立されていたことになる。六角堂が聖徳太子によって建立されたという事実はなく、創建を太子と関係づけたのは、「六角堂縁起」の作成者であろう。また、「六角堂縁起」が作成された時期も、一〇世紀後半以降となる。

b　文献史料から見た「六角堂縁起」の成立時期

では、「六角堂縁起」はいつ頃作成されたものであろうか。

名畑崇氏は、「現存するような縁起伝説は平安時代末期には既に成立していたとみなければならない」と述べている。(9)

また、薮田嘉一郎氏は、「「六角堂縁起」が作られたのは『太子伝暦』の撰述された延喜以後の藤原時代ということになるであろう」(10)とした上で、「平安末期までには成立していたと考えられる」(11)と論じている。延喜は、九〇一年から九二三年までの年号なので、薮田氏の見解によれば、その成立は、上限が九二三年であり、下限が平安時代末期となる。

さらに、中前正志氏は、「『本朝世紀』康治二年（一一四三）十二月八日条も、六角堂の火災について記す中で「昔奉ㇾ懸ニ多羅木一」と、その断片らしきものを書き止めているから、より早く平安末期には成立していたであろう」と述べている。(12)

さて、「六角堂縁起」の成立時期をより限定した研究としては、朧谷寿氏の論考がある。朧谷寿氏は、同縁起の成立時期について、六角堂が「10世紀の後半に建立され、それから間もなく縁起が制作されたとみるべきである」とした上で、「創建者が誰であったのか知るべくもないが、本尊をどこかの寺から貰いうけてきて、それ（如意輪観音像）に関する縁起を作成したことが充分に考えられる。そうして出来たのが「六角堂縁起」であるとすれば、それは寺側の作為に出るものであり、その目的は、宣伝効果をねらったためといった想定が可能である」と論じている。[13]

朧谷氏が論じるとおり、「六角堂縁起」は寺側が作成したものであり、その目的は六角堂の存在を人々に宣伝するためと考えて間違いないが、縁起の成立時期は、伽藍の建立後間もなくではなく、年月が経過してからと考えることも可能である。

先にも述べたが、現在伝わっている『聖徳太子伝暦』には、六角堂や「六角堂縁起」のことが何も記されておらず、「六角堂縁起」の成立は、『聖徳太子伝暦』の成立以後と思われる。現行本『聖徳太子伝暦』の成立年代の下限は、寛弘五年（一〇〇八）と考えることができるので、[14]「六角堂縁起」が成立した時期は、寛弘五年以後となるであろう。

次に成立年代の下限について考えていきたい。現存する「六角堂縁起」の最古のテキストは、醍醐寺本『諸寺縁起集』に載録されたものである。醍醐寺本『諸寺縁起集』は、建永二年（一二〇七）に弁豪によって記されたものであり、[15]建永二年には「六角堂縁起」が成立していたことになる。

また、一〇巻本『伊呂波字類抄』と『続古事談』においても、醍醐寺本『諸寺縁起集』所載「六角堂縁起」とほぼ同じ内容の「六角堂縁起」が記されている。一〇巻本『伊呂波字類抄』は、鎌倉時代初期には成立していたと考えられており、[16]『続古事談』は、建保七年（一二一九）に成立したものである。[17]

ところで、六角堂が初めて焼失したのは、天治二年（一一二五）のことである。『百錬抄』天治二年十二月五日条には、「六角堂始焼亡、草創之後歴五百余歳」とあり、これによれば六角堂が創建された時期は六二五年以前となる。聖徳太子の没年は六二二年とされているので、聖徳太子によって六角堂が創建されたという伝承が、天治二年の段階ですでに存在していたと考えられる。そして、「六角堂縁起」もこの時期にすでに成立していたと推定される。

また、六角堂は康治二年（一一四三）にも焼失しており、それを記録した『本朝世紀』康治二年十二月八日条に、「六角堂為灰燼、但観音霊像奉出了、件像、上宮太子随身持仏也、昔奉懸多羅木、件木今在堂中云々」とある。ここに見える観音像に関する記述は、「六角堂縁起」の内容と共通するものであり、同縁起も康治二年の段階ですでに成立していたと考えられる。

醍醐寺本『諸寺縁起集』についてさらに詳しく見ていきたい。醍醐寺本『諸寺縁起集』に収められた縁起は、二〇本であり、次の1から20の順に載録されているが、それらの縁起には、それぞれの記事の下限を示すと思われる年次が記されているものもあれば、記されていないものもある。各縁起に記される年次のうち、一一世紀以後のものを抄出していくと、次のとおりである。(18)

1「東大寺」　長和六年（一〇一七）
2「元興寺縁起」　長寛三年（一一六五）
3「大安寺縁起」　長和六年（一〇一七）
4「西大寺縁起」
5「薬師寺縁起」　長和四年（一〇一五）
6「招提寺建立縁起」
7「放光菩薩記」
8「弥勒寺本願大師善仲善算縁起文」
9「清水寺建立記」

10「子嶋山寺建立縁起」
11「大神宮法華十講会縁起」　記載なし
12「高野寺縁起等」　寛弘元年（一〇〇四）、延久四年（一〇七二）
13「興福寺在超昇寺大念仏」　寛弘三年（一〇〇六）、万寿四年（一〇二七）
14「超昇寺大念仏」　永久二年（一一一四）
15「一龍門寺在大和国吉野郡官造作勅施僧正」
16「大日本洲大官大寺門徒大唐大福光寺増算」
17「大安寺崇道天皇御院八嶋両処記文」　承保三年（一〇七六）
18「関寺縁起」　万寿二年（一〇二五）、寛治四年（一〇九〇）
19「六角堂縁起」
20「粉川寺大率都婆建立縁起」　天喜二年（一〇五四）

このように見ていくと、もっとも時代が下る年次は、長寛三年（一一六五）であることがわかる。

醍醐寺本『諸寺縁起集』について、藤田経世氏は、「すでにまとまっていた本を写したのか、この時にいろんなものをまとめたのか、その点については、はっきりとはいえないが、大体あるできあがった本を写したのではあるまいか」と述べた上で、「ひとつのまとまった底本を想定するならば、それは長寛三年以前のものではあり得ないわけになる。そして十一世紀以後の年は、上記のように頻出するのに対して、十世紀のものはごく僅かであるのを考えると、その底本は十一世紀のはじめ頃に準備されたものが基礎になって、その後若干の記事が増補されたのではなかろうか」と論じており、「また、たとえば天平元年から長和六年まで二百八十九年といった記載の仕方が、全体で六箇所ほどあるうち、長和までのが三箇所、寛弘までのが一箇所と、十一世紀初頭を計算の基準にとっているのが都合四箇所におよぶことが注意される」としている。[19]

藤田氏の見解は妥当なものと思われるが、「六角堂縁起」に年次を示す記事がないことを考えると、「六角堂縁起」が醍醐寺本『諸寺縁起集』に記された時期を、一一世紀初頭以後建永二年（一二〇七）以前と見ることもできるであろう。すなわち、一一世紀初頭頃にあった「ひとつのまとまった底本」に「六角堂縁起」が収められていたのではなく、「その後若干の記事が増補された」時期に、「六角堂縁起」が収められたと考えることもできるのである。

すなわち、bにおける考察からは、「六角堂縁起」の成立時期の上限は、寛弘五年（一〇〇八）に求めることができ、下限は天治二年（一一二五）となるであろう。

c　平安時代における参詣の記録

cでは、平安時代の人々が六角堂に参詣した記録を見て、「六角堂縁起」の成立時期についてさらに考えていきたい。詳しくは（2）において論じるが、平安時代に六角堂に参詣した人々の記録を見ていくと、次のとおりである。また、本人が直接参詣をしていないが、使者を出して祈願をしたり、寄進をしたことがわかる史料も、六角堂に対する信仰を表しているものであり、これらも含めて次に挙げていく。[20]

『小右記』寛仁二年（一〇一八）十一月二十二日条に始まり長元五年（一〇三二）十二月二十五日条に至るまで、六角堂に参詣した記録が六七箇所ある。

『殿暦』康和五年（一一〇三）十二月九日条。

『中右記』康和五年十二月九日条。

『長秋記』元永二年（一一一九）七月二十日条。

『台記』康治元年（一一四二）正月八日条に始まり久安六年（一一五〇）五月二日条に至るまで、六角堂に参詣した記録が三三箇所ある。

『兵範記』仁平二年（一一五二）八月二十八日条に始まり保元二年（一一五七）八月十四日条に至るまで、六角堂に参詣した記録が四箇所ある。

『山槐記』応保元年（一一六一）九月三十日条に始まり治承二年（一一七八）十一月十二日条に至るまで、六角堂に参詣した記録が四箇所ある。

『愚昧記』仁安元年（一一六六）八月十五日条、仁安三年五月二十一日条、嘉応元年（一一六九）二月七日条。

『吉記』承安三年（一一七三）六月二十日条、養和元年（一一八一）九月二十二日条、寿永二年（一一八三）六月十日条。

『玉葉』安元二年（一一七六）正月十一日条に始まり建久六年（一一九五）正月二十三日条に至るまで、六角堂に参詣した記録が二一箇所ある。

『御産部類記』治承二年（一一七八）六月二十八日条。

また、不特定多数の人々が参詣した記録もあり、それらは次のとおりである。

『中右記』長承元年（一一三二）三月十七日条。

『愚昧記』仁安三年（一一六八）五月二十一日条。

『百錬抄』承安二年（一一七二）五月十二日条、建久五年（一一九四）六月十三日条。

『梁塵秘抄』(一二世紀後半成立)[21]。

『台記』康治元年正月八日条は、藤原頼長が参詣した記録であるが、それ以降に参詣の記録が増加していることがわかる。『小右記』の場合のように、藤原実資一人のみが参詣した記録が残っているのではなく、さまざまな人物の記録が残されているのである。六角堂に対する人々の関心が高まり、多くの記録が残されるようになったのであろう。その理由の一つとして、「六角堂縁起」が成立し、縁起の内容が人々に知られるようになったことを推定することができる。

「六角堂縁起」は一二世紀の半ばにはすでに成立しており、人々に知られるようになっていたと思われる。

d　如意輪観音

「六角堂縁起」においては、「如意輪観音」が聖徳太子の持仏とされる。**d**では、この「如意輪観音」について考え、「六角堂縁起」が成立した時期をさらに限定していきたい。

『聖徳太子伝暦』は、百済の阿佐王や日羅が、太子を救世観音として礼拝したと記しており、聖徳太子を観音菩薩の化身とする考えは、ここに決定づけられる。『聖徳太子伝暦』は、従来の聖徳太子伝を集大成したものとして広く流布し、後世に至るまで大きな影響を与えた。そのため、太子を救世観音菩薩の化身とする説も、流布していったのである。

しかし、「六角堂縁起」においては、救世観音ではなく、「如意輪観音」が聖徳太子の持仏として登場する。聖徳太子の観音菩薩伝承に、如意輪観音菩薩が加わるのは、いつ頃のことであろうか。

聖徳太子と関係が深い救世観音像に如意輪観音が結びつけられた早い例として、橋本正俊氏は、『小野類秘抄』

と『別尊雑記』の記述を挙げている。(22)『小野類秘抄』は、保延三年（一一三七）頃に寛信によって記されたものであるが、(23)四天王寺の救世観音の「趺」には「如意輪」と朱書があると記している。一方、『別尊雑記』は、承安二年（一一七二）頃に心覚によって著された図像集であるが、(24)如意輪観音の条においては、四天王寺の救世観音像の図像が描かれており、「聖如意輪云々、仍私加之」という注記がある。

また、『水鏡』は、平安時代末期から鎌倉時代初頭にかけて成立したと考えられているが、(25)平城天皇条において、弘法大師は聖徳太子の再誕とされ、弘法大師の遠い御本地は大日如来で、近くは「六臂ノ如意輪救世観音ノ垂跡」であると記されている。

さらに、円運が草し、元久二年（一二〇五）に書写された『如意輪講式』においても、聖徳太子を如意輪観音の化身とする説が見える。(26)

聖徳太子を如意輪観音の化身と考える説は、一二世紀末には確実にあったと見てよいであろう。

一方、聖徳太子の持仏であったとされる六角堂の如意輪観音像について記す史料は、「六角堂縁起」以外では、一三世紀後半に成立した『阿娑縛抄』(27)が早い例である。『阿娑縛抄』「諸寺略記」の六角堂条には、「用明天皇御宇聖徳太子建立、本尊二臂如意輪、救世観音是也」と記されている。

また、橋本正俊氏が指摘しているとおり、中世に成立した聖徳太子伝の諸本においても、「六角堂縁起」が典拠とされて、救世観音と如意輪観音の同体説や形像についての諸説が挙げられている。(28)

このように見ていくと、聖徳太子の持仏として如意輪観音が記される文献は、「六角堂縁起」が最初のものであることがわかる。それは「六角堂縁起」の特色であり、「六角堂縁起」の作成者が創作した内容であろう。

寺院の創建を聖徳太子と関係づける縁起は、「六角堂縁起」以外にも多数ある。しかし、聖徳太子を建立の発願者とし、太子の持仏を本尊とする縁起、すなわち太子が二重に登場し、縁起の根幹をなす寺院縁起は、「六角堂縁起」が最初のものと考えられる。こういった縁起の構成も、「六角堂縁起」の作成者によって創作されたと思われる。

dで見たとおり、聖徳太子が如意輪観音と関係づけられるようになっていったのは、一二世紀と考えられる。太子を如意輪観音の化身と考える説が流布していく過程で、六角堂の本尊であった如意輪観音像は、「六角堂縁起」の作成者によって、聖徳太子の持仏と位置づけられ、寺の本尊とされたと考えられる。「六角堂縁起」が成立した時期も、一二世紀に求められるであろう。

すなわち、**b**において述べたとおり、「六角堂縁起」が成立した年代の下限は、天治二年（一一二五）と考えられることから、「六角堂縁起」が成立した時期は、一二世紀の初頭と見ることができ、より限定するならば、天治二年以前とすることができるのである。

従来の研究では、「六角堂縁起」の成立年代を一〇世紀後半と考えていたが、本稿では、それよりも一世紀以上下ることを指摘しておきたい。

（2）六角堂への信仰と聖徳太子信仰との関係

（1）においては、平安時代に六角堂に参詣した人々の記録について述べたが、**（2）**においては、その記録を詳しく見て、参詣者が六角堂に寄せた信仰について考えていきたい。

（1）までの考察からも明らかなとおり、「六角堂縁起」においては聖徳太子の存在が非常に重要なものであり、六角堂に対する信仰を論じるにあたっては、聖徳太子に対する信仰との関係について考えていく必要がある。

聖徳太子に対する信仰は、聖徳太子信仰もしくは太子信仰と呼称されている。聖徳太子信仰と六角堂への信仰の関係について、朧谷寿氏は、「六角堂創建期には、すでに太子信仰が貴族層の間にかなり浸透していたことに思いをいたすとき、創建の背景には、太子信仰が深く関わっており、創建者の側に立ってみるならば、これを最大限に利用したというみかたが可能であろう」とした上で、「太子信仰の盛行と歩調を合わせるかのように、12世紀末には、六角堂が多くの貴賤の尊崇を集めていたことは、後に述べるところから明らかである[29]」と論じ、「12世紀の中ごろから末にかけて、貴賤を問わず多くの人々の尊崇するところとなって、六角堂信仰は最高潮に達した。いうまでもなく、その背景に太子信仰があったことは先述の通りである[30]」とも記している。

このように朧谷氏は、六角堂への信仰において、聖徳太子信仰を大きく評価している。「六角堂縁起」が作成された一二世紀の初頭において、聖徳太子信仰はすでに隆盛しており、作成者が聖徳太子信仰を最大限に利用して、「六角堂縁起」を創作したことは間違いない。しかし、実際に六角堂を参詣した人々は、聖徳太子信仰を有していたから、六角堂に参詣したのであろうか。

(1) で挙げた人々の参詣の記録を具体的に見ていくと、次のとおりである。

藤原実資

『小右記』寛仁二年（一〇一八）十一月二十二日条に始まり長元五年（一〇三二）十二月二十五日条に至るまで、六角堂に参詣した記録が六七箇所ある。

「夢想不静」「夢想紛紜」のときなどに参詣している。

藤原忠通

『殿暦』康和五年（一一〇三）十二月九日条、『中右記』康和五年十二月九日条。

七歳になった康和五年に、昇殿を許されたが、その報謝として諸社寺に諷誦を行わせており、六角堂もそのうちの一寺であった。

顕仁親王（崇徳天皇）

『長秋記』元永二年（一一一九）七月二十日条。

初めて内裏に入った元永二年七月二十日に、五社七寺に使者を出して祈願しているが、六角堂もそのうちの一寺であった。

藤原頼長

『台記』康治元年（一一四二）正月八日条に始まり久安六年（一一五〇）五月二日条に至るまで、六角堂に参詣した記録が三三箇所ある。

頼長の参詣は、大願成就の目的のもと、几帳面な性格を反映して、定期的に実行された。自身の病気治癒、養女の立后を祈願することなどが目的であった。頼長の邸宅から六角堂までは距離が近く、頼長が頻繁に参詣したのは、そのことも理由となっていたと思われる。

鳥羽法皇

『兵範記』仁平二年（一一五二）八月二十八日条。

鳥羽法皇の五十の宝算の賀が仁平二年に行われたとき、誦経を挙行した五〇箇寺のうちの一寺が六角堂であった。

藤原（九条）兼実

『兵範記』保元二年（一一五七）八月十四日条、『玉葉』安元二年（一一七六）正月十一日条に始まり建久六年（一一九五）正月二十三日条に至るまで、六角堂に参詣した記録が二一箇所ある。九歳で昇殿を許されたときに、六角堂などにおいて誦経を行わせている。また、執筆の役をつとめた叙位除目のときなどに、一〇箇寺（ときには七箇寺）において諷誦を修しており、六角堂はそのうちの一寺であった。

藤原（三条）実房

『愚昧記』仁安元年（一一六六）八月十五日条、仁安三年五月二十一日条、嘉応元年（一一六九）二月七日条。七観音めぐりを行ったが、六角堂にも参詣した。それがこのときだけでなく、幾度もあった。

藤原（吉田）経房

『吉記』承安三年（一一七三）六月二十日条、養和元年（一一八一）九月二十二日条、寿永二年（一一八三）六月十日条。

観音霊所の一〇箇寺巡りを行ったが、そのうちの一寺が六角堂であった。

平徳子（建礼門院）

『山槐記』治承二年（一一七八）六月二十七日条。

高倉天皇中宮の平徳子が、如意輪観音像を造進し、御帳を調進したと記している。安産を願っての寄進であった。

『御産部類記』治承二年六月二十八日条。

ほかの寺院とともに、六角堂においても観音経を転読させた。

不特定多数の人々

『中右記』長承元年（一一三二）三月十七日条。

「参詣清水寺六角堂之輩数千万、此雨成妨也歟」。

『愚昧記』仁安三年（一一六八）五月二十一日条。

「昏黒之後、騎馬侍三人在共、向右大弁、依先日之約諾也、即相伴詣七観音、近代貴賤成群参詣、甚有霊験云々」。

「七観音」のうちの一寺が六角堂であった。

『百錬抄』承安二年（一一七二）五月十二日条。

「京中諸人修諷誦於六角堂因幡堂、為免疾疫云々」。

『百錬抄』建久五年（一一九四）六月十三日条。

「六角堂上棟也、貴賤挙首結縁云々」。

『梁塵秘抄』（一二世紀後半成立）。

「観音験を見する寺、清水石山長谷の御山、粉河近江なる彦根山、間近く見ゆるは六角堂」。(1)においても論じたとおり、平安時代の人々が六角堂に参詣した記録は、一二世紀に多く見える。『梁塵秘抄』に記されたように、当時は観音信仰が隆盛しており、六角堂は人々の観音信仰を支える場となっていた。[31]

しかし、人々の参詣の記録には、なぜか聖徳太子に関する記述が見えない。「六角堂縁起」に記された聖徳太子の存在は、参詣者にどのように受容されていたのであろうか。

六角堂が創建されたのち、聖徳太子信仰を利用した「六角堂縁起」が作成された。縁起の内容は信じられ、流布し、六角堂が聖徳太子に関係の深い寺院として認識されるようになったことは確かである。しかしながら、参詣者の行動を見ると、六角堂のみを真摯に参詣しているわけではなく、他の寺院も同時に参詣している。また、参詣者たちは、観音菩薩に対する信仰を有していたために、六角堂を参詣したと考えることもできるのである。

参詣者のうち、聖徳太子信仰を有していたことが知られるのは、藤原頼長である。頼長は、聖徳太子信仰の霊場である四天王寺に幾度も参詣して、聖霊院に安置される聖徳太子像を前にし、自らが執政の座につくことなどを願い、聖徳太子そのものに真摯に祈りを捧げている。[32] こういった行動は、信仰に基づくものであり、頼長の聖徳太子信仰は、四天王寺において確実に認めることができる。

一方、六角堂において、頼長は聖徳太子の持仏であったとされる観音像に祈りを捧げているが、祈願内容は病気治癒、立后などであり、太子に対する信仰を明らかに見出すことはできない。また、頼長は、六角堂のみでなく、一条革堂（行願寺）にも定期的に参詣しており、六角堂のみを定期的に参詣していたわけではなかった。

頼長の四天王寺参詣と六角堂参詣とは質が異なり、聖徳太子信仰に基づいて頼長が六角堂を参詣していたと考えることは、難しいのではないか。

一二世紀当時、藤原頼長のみでなく、多くの人々が四天王寺を参詣したが、四天王寺には聖徳太子像があり、太子を祀る聖霊院もあった。四天王寺は、聖徳太子信仰の霊場として確固とした地位を築いていた。四天王寺に参詣して聖徳太子に祈りを捧げる人々には、聖徳太子信仰を認めることができる。

一方、六角堂の観音は、聖徳太子像ではない。六角堂を参詣した平安時代の人々は、あくまでも観音に祈願しており、観音像であり、聖徳太子像ではない。聖徳太子に関係が深いから霊験があるとされたが、人々が祈りを捧げていたのは、観音を信仰していたと見ることができる。六角堂は、聖徳太子に関係の深い観音像が安置されていた観音信仰の霊場であった。四天王寺とは異なり、六角堂は聖徳太子信仰の霊場ではなかったのではないか。

すなわち、六角堂に対する信仰は、観音信仰に支えられていたのであり、聖徳太子信仰はその観音信仰の一端にすぎないと考えられる。

聖徳太子信仰とは何か。「聖徳太子信仰」「太子信仰」という語は、古代中世の人々が用いていた語ではなく、後世において研究上の概念として用いられるようになった語である。「聖徳太子信仰」「太子信仰」という語が、これまでの研究において頻繁かつ広範に使われてきたが、古代中世の人々の信仰の実態を精査して、慎重に用いる必要があるのではないか。

観音菩薩ではなく、人間として表現されている聖徳太子、すなわち絵画や彫刻によって造形された聖徳太子像に祈りを捧げる、聖徳太子そのものを祀る聖霊院などの場所に参詣する、聖徳太子そのものに祈りを捧げる、といった行為にこそ、確実に聖徳太子信仰を認めることができると思われる。

平安時代の人々は、観音菩薩の化身である聖徳太子を崇敬もしくは信仰していたが、その気持ちは仏教全般に対する信仰の枠内に位置していたと考えられる。それは、観音信仰の一端であり、聖人を崇敬する気持ちに近かったと思われる。

「六角堂縁起」が作成されたこと、観音信仰の霊場として六角堂が確立したことは、聖徳太子信仰に依拠してはいるが、六角堂に参詣し、聖徳太子に関係の深いもの（六角堂の観音像）に対して祈りを捧げる行為を、これまでの研究のように、「聖徳太子信仰」「太子信仰」と見ることには、検討が必要であろう。

おわりに

本稿では、**(1)** において「六角堂縁起」の成立年代について論じた。同縁起の成立年代は、一二世紀の初頭であり、天治二年（一一二五）以前と考えることができる。

また、**(2)** において平安時代の人々の六角堂に対する信仰と聖徳太子信仰との関係について考えたが、平安時代の人々が六角堂に寄せた信仰は、当時隆盛していた観音信仰に基づくものであった。聖徳太子信仰がその観音信仰に含まれていることは間違いないが、参詣者の聖徳太子への気持ちは、信仰にまでは至らず崇敬の念に近かった場合もあったと思われる。「聖徳太子信仰」「太子信仰」という言葉が研究用語として頻繁に使われているが、平安時代の人々の聖徳太子に対する信仰は、観音信仰の一端を成すものであり、精査して用いる必要があると考える。

注

（1）名畑崇「六角堂考――特に如意輪の信仰をめぐり親鸞の六角夢想に及ぶ――」（『大谷史学』一〇、一九六三年）。

（2）薮田嘉一郎「六角堂を中心とした日彰校区の歴史」（日彰百年誌編集委員会編『日彰百年誌』日彰百周年記念事

業委員会、一九七一年)。
(3) 朧谷寿「文献よりみた六角堂」(平安京調査本部 甲元眞之編『平安京六角堂の発掘調査 平安京跡調査報告第二輯』財団法人古代学協会、一九七七年)。
(4) 中前正志「石山寺縁起と六角堂縁起」(『日本文芸研究』五二―三、二〇〇〇年)、同「六角堂縁起と池坊いけばな縁起――古代寺院縁起の近世近現代的展開――」(『女子大国文』一四一、二〇〇七年)。
(5) 橋本正俊「中世六角堂縁起異説」(『国語国文』七五―五〈八六一〉、二〇〇六年)、同「六角堂縁起の展開と太子伝」(『巡礼記研究』三、二〇〇六年)。
(6) 平安京調査本部 甲元眞之編『平安京六角堂の発掘調査 平安京跡研究調査報告第二輯』(財団法人古代学協会、一九七七年)参照。
(7) 荻野三七彦『聖徳太子伝古今目録抄の基礎的研究』(名著出版、一九八〇年)参照。
(8) 前掲注(3)朧谷寿「文献よりみた六角堂」参照。
(9) 前掲注(1)名畑崇「六角堂考――特に如意輪の信仰をめぐり親鸞の六角夢想に及ぶ――」一九頁。
(10) 前掲注(2)藪田嘉一郎「六角堂を中心とした日彰校区の歴史」四七九頁。
(11) 同前、四七八頁。
(12) 前掲注(4)中前正志「石山寺縁起と六角堂縁起」三〇頁。
(13) 前掲注(3)朧谷寿「文献よりみた六角堂」六三頁。
(14) 拙著『四天王寺縁起』の研究――聖徳太子の縁起とその周辺――』(勉誠出版、二〇一三年)参照。
(15) 藤田経世編『校刊美術史料寺院篇』上巻(中央公論美術出版、一九七二年)参照。
(16) 川瀬一馬『古辞書の研究』(大日本雄弁会講談社、一九五五年)参照。
(17) 新日本古典文学大系四一『古事談 続古事談』(岩波書店、二〇〇五年)参照。
(18) 前掲注(15)藤田経世編『校刊美術史料寺院篇』上巻参照。
(19) 同前、六九頁。

(20) 前掲注(3)朧谷寿「文献よりみた六角堂」、福田豊彦監修『新訂増補国史大系本吾妻鏡・玉葉データベース(CD-ROM版)』吉川弘文館、東京大学史料編纂所古記録フルテキストデータベース、国立歴史民俗博物館データベースなど参照。
(21) 新編日本古典文学全集四二『神楽歌　催馬楽　梁塵秘抄　閑吟集』(小学館、二〇〇〇年)参照。
(22) 前掲注(5)橋本正俊「中世六角堂縁起異説」参照。
(23) 和田性海編『真言宗全書』解題(真言宗全書刊行会、一九三七年)参照。
(24) 錦織亮介「別尊雑記の研究――その成立問題を中心にして――」(『仏教芸術』八二、一九七一年)参照。
(25) 平田俊春「水鏡の史的批判」(『史学雑誌』第四六編第一一号、一九三五年)、野村一三「水鏡の作者と成立」(『国語国文研究』五〇、一九七二年)、皆川完一・山本信吉編『国史大系書目解題』下巻(吉川弘文館、二〇〇一年)など参照。
(26) 林幹彌『太子信仰――その発生と発展――』(評論社、一九七二年)参照。
(27) 切畑健「阿婆縛抄――その成立と撰者承澄――」(『仏教芸術』七〇、一九六九年)参照。
(28) 前掲注(5)橋本正俊「中世六角堂縁起異説」参照。
(29) 前掲注(3)朧谷寿「文献よりみた六角堂」六四頁。
(30) 同前、七二頁。
(31) 前掲注(1)名畑崇「六角堂考――特に如意輪の信仰をめぐり親鸞の六角夢想に及ぶ――」など参照。
(32) 『台記』康治二年(一一四三)十月二十二日条などによる。

東京大学史料編纂所蔵実相院本『大雲寺縁起』の紹介・翻刻

水口幹記

一　読み下し

［凡例］

・本項目は、「二　翻刻」に基づいて、全文の読み下しを付したものである。
・読み下しに際し、便宜上項目を分け、適宜〔1〕～〔37〕の番号と内容に基づき項目名を付した。項目名後の括弧内の数字は、「二　翻刻」の行数を指す。
・読み下しに際し、基本的に常用漢字に直した。
・本文中の細字注は〈　〉で示した。
・句読点は任意に付した。
・読み下しに際し、底本の読みを最大限尊重したが、任意に訂正した箇所もある。
・各項目読み下しの後に、続群書本の該当箇所を挙げ、それぞれ①～⑳の番号を振った。該当箇所が無い場合は、「なし」

と記した。
・参考までに続群書本と大日本仏教全書本との校異を、続群書本の後に記載した。

【外題】大雲寺縁起　全
【内題】大雲寺縁起

〔1〕仏教伝来以前（1～6）

【読み下し】

大雲寺縁起

清□□□三昧禅衆惣物

夫れ仏日は迷慮山の雲に耀き、神月は滄溟の海水を照らす。凡そ仏と云ひ神と云ふは、是れ水波の隔《へだて》、内證外用の差異なり。滋《ここ》を以て和光同塵の結縁、始めは相ひ道を成し物を利し、終りに此の語は誠となるかな。三国其の所異なりと雖も報身説法は同時なり。〔　　　〕域の興盛元来良《や》や尚しいかな。

【続群書本】なし

〔2〕仏教伝来（6～12）

【読み下し】

抑そも欽明天皇御宇壬申歳、仏法初めて伝はる。厥の後、連続し卅七代崇峻天皇元年戊申歳、百済国自り仏舎利を献ぜらる。推古天皇元年二年甲申歳、百済国の僧観勒を初めて法努僧正と為す。此の時自り僧尼を僧正・僧都・検校に任ぜらる。孝徳天皇御宇白雉二年辛亥十二月、二千一百人の僧尼を屈請して一切経を読ましめたまふ。斉明天皇御宇白鳳四年乙亥四月、二千四百余人の僧尼を請じて、被〔　　〕律を遣唐〔ママ〕使と為す。大国自り律宗経鈔等繁多に日域に来たる。

【続群書本】なし

〔3〕鑑真来日（12～17）

【読み下し】

聖武天皇天平八年丙子、大唐自り道璿律師来たる。花厳章疏等朝に来たる。南都大安寺に住す。四十六代女帝高野姫孝謙天皇天平勝宝六年甲午歳、大唐鑑真和尚渡る。玄宗皇帝天宝十三年に当たれり。和尚六十七歳なり。欽明天皇自り已後二百三年を経たり。鑑真薄多《はかた》の津自り上洛して、南都入京の儀式す。道璿律師・天竺婆羅門菩提僧正等之を慰問す。大臣・公卿一百余人礼拝問訊す。勅使正四位□備朝臣真吉備なり。

【続群書本】なし

〔4〕八宗・十宗の成立（18～23）

【読み下し】

則ち和尚東大寺に戒壇院を造る。此の和尚天台大師自り第四、南岳大師自り第五世なり。其の時賷持の章疏は、天台摩訶止観・法花玄義・法花文句小止観・六妙門等なり。和尚の門人に法進・曇静・思託・如宝等在り。皆な天台の碩覚なり。和尚は大安寺に住し台宗・北禅宗・律宗等を弘通す。然し自り分けて八宗と為す。謂ゆる華厳・法相・三論・成実・天台・倶舎・律・真言宗等なり。此の外に仏心・浄土の二宗を加へて、十宗と名く。浄土宗は日本に始まる黒谷法然坊源空元祖なり。

【続群書本】なし

〔5〕北禅・南禅の伝来（23〜27）

【読み下し】

当世の禅宗は南禅なり。天竺に南禅・北禅在り。北禅は鑑真伝来す。南禅は近来唐朝自り来たりて日域に流布す。北禅は伝教大師の相伝なり。当初《そのかみ》伝教〈最澄〉、大安寺の行表和尚に随ひて天台の教観〈幷びに〉毘尼北禅等を伝習し、化雲を一天に覆へり。東寺弘法同じく彼の寺にして真言の秘教を伝ふ。其の真言は虚空蔵求聞持の秘法なり。勤操僧正を師と為す、と云々。

【続群書本】なし

〔6〕比叡山延暦寺建立（27〜32）

【読み下し】

伝教と桓武とは与に師檀の聖契浅からず。帝都を長岡自り平安城に移し、天台の遺教を比叡山に弘めたまふ。大師延暦四年乙巳年、十九にして初めて叡山に登る。勝瑞一に非（韭）ず。過去に鷲嶺は此に在り。勅裁を請ひて開闢の誓願を起こす。同廿三年甲申、根本中堂を建立し、□□山王を崇し、山は七重絣戒して九院仏閣を建て、都は三変地鎮して九重皇居を開く。是を以て帝都・叡岳は車の両輪・鳥の双翼なり、と云々。

【続群書本】なし

〔7〕最澄入唐・入滅（32～40）

【読み下し】

大師は鑑真和尚将来の台教悉く行表より伝ふると雖も、猶ほ以て之を詳《あきら》しめむが為に義真阿闍梨〈修禅大師と号く〉を相ひ伴ひ、法舩の纜《ともづな》を西海に解き、風に順らひ意に任せ、漢土の国清寺に至り、道邃和尚・仏瀧寺行満座主等に謁して、天台の四教五時の奥義を究む。順暁和尚に遇ひて真言の教へを伝ふ。延暦廿四年乙酉八月、帰朝す。天台の教観・妙楽の疏記・余師の記述等を委ね、悉く伝へたまふ。入唐已前に三大部を講ずること三遍なり。又た延暦十一年、伝教三十五のとき南都七大寺の名哲たる勝猷・奉基・寵忍・賢壬・光證・観敏・慈誥・安福・玄耀等十大徳を一乗止観院〈根本中堂なり〉に請じて、法花十講を修せらる。同年正月十九日、大夫和気朝臣弘世に朝議し、高雄山に於いて七大寺の名匠を請じて、止観玄義文句の三大部〈法花会と号く〉を講ぜらる。弘仁十三年壬寅六月四日、入滅す〈春秋五十六なり〉。入唐帰朝後十八年なり。

【続群書本】なし

〔8〕義真（40～42）

【読み下し】

次いで義真和尚は大師と与に大安寺に住し習学す。入唐も同じなり。帰朝の後、門人三百房〈修禅大師と号く〉を建つ。天台第一座首なり。天長十年癸巳七月四日〈春秋七十七なり〉、入滅す。

【続群書本】なし

〔9〕円澄・光定・惟首（42～43）

【読み下し】

第二は円澄〈倚教曼家光大師の上息なり〉、第三は光定〈別当大師と号く〉なり。又た惟首和尚〈座主に非ず〉なり。

【続群書本】なし

〔10〕円仁（43～47）

【読み下し】

第四は円仁〈慈覚大師〉なり。承和五年戊午、四十五歳にして小栗栖常暁・安祥寺恵運と同船し入唐す。法全和尚に謁して、密教を伝へられ、次いで悉曇を究め、世間出世の梵字を弁へ、五竺の能響を通達し魚山に入る。声明を伝へ業を大原に移す。別業是れなり。如法妙経を伝へ書写を楞厳院椙洞に留む。五臺山に攀《よじ》りて、現身の文殊を拝し、即ち画図を移せり。前唐院大師と号くなり。門人は恵亮・安恵・長意・相応等なり。

【続群書本】なし

〔11〕円珍（48～58）

【読み下し】

第五は円珍〈智證大師と号く。山王院大師と号く〉なり。山王上三社菩薩戒を受け三聖と成るが故なり。又た山王直に入唐求法を勧む。然らば文徳天皇仁寿三年癸酉、四十歳にして漫々たる広海を凌ぎ、唐朝に渉り、先に良諝和尚に謁して、台教を伝へられ、般若怛羅三蔵・法詮和尚・恵輪阿闍梨等に随ひて、真言両部の秘奥を受く。名山霊跡を順礼す。爰に一つの石椎有り。昔智者大師之を椎《うちしか》ば、山谷を響かす。恵眼盲ひての後、之を椎くと雖も敢へて音を出さず。智證之を打ちしかば、怖冷して響き有り。聞く人大国の賢哲にも勝れりと驚くのみ。是れ天台再来との尊敬讃歎止む時無し。或は一天の旱颰あり、勅請に依りて雨を祈るに、雨忽ち降り下る。駮を広く繍《ほどこ》し、名を高に揚げたまへり。在唐六年なり。天安二年戊寅、帰朝す。其の後三十四年、叡岳に住して、一流顕密を弘通し、真俗二諦を満足す。五十九代宇多天皇寛平三年辛亥、七十八歳にして十月晦日に入滅す。兼ねて弟子夢見らく丈六仏、坐を立ちて去る、と。是れ大師遷化の奇瑞なり。日域に於いて法門に天聴を驚かし、効威を振て聖悩を鎮むること代々の帝に重なれり。悉く古記に載置せり。

【続群書本】なし

〔12〕その他の弟子（58～64）

【読み下し】

大師の遺第〔ママ〕は増命僧正〈山門。千光院と号く〉・良基・康済・猷憲等各おの叡岳の名哲なり。山王院門徒と号く。大師遷化の後に教待和尚の遺跡を點じて園城寺を建てて、盛んに顕密を弘む。凡そ三代の天皇、井苑水を浴して即位したまふ。之に依りて三井寺と称す、と云々。肆《かるがゆへ》に北嶺の両徒互ひに学閣を卜《し》め、心馬を構《しず》めて轡を並べ、論皷を撃ちて法雷を鳴らす。然れば則ち四教五時の春花は八教頂岳に匂《にほ》ひ、三部秘密の秋月は九会谷水を照らす。之に依りて往代の聖主、仏法に帰して叡運を増し、神明を敬ひ一天を治む。寔《まこと》に此れ宝祚長遠御願円満の洪基なり。

【続群書本】 なし

〔13〕大雲寺概要（65～68）

【読み下し】

抑そも北岩蔵山大雲寺は、六十四代円融院御願の園城寺の別院なり。本堂は本院の左大臣の旧宅を引き移し、真覚上人が之を造る。本尊は日野中納言敦忠卿室家の持仏たる長谷観音の御素木の第二切を以てする行基菩薩の真作等身の金色の十一面観音なり。本願は敦忠の息文範卿なり。勅使敦忠卿なり、と云々。

【続群書本①】

大雲寺縁起

帝都北岩藏山大雲寺者。人王六十四代之帝円融院御願。日野中納言文範卿草創也。勅使中納言敦忠卿。本願真覚上人造営之。本尊者行基菩薩之御作金色等身十一面観音。桓武天皇[1]仙洞ニ御安置[2]。相継本院左大臣《時平公》感得也[3]。彼室家藤原明子之時。依勅定大雲寺江之御遷座。本堂同仙洞之旧宮ヲ引移。智証大師流之灌頂堂是也。鎮守当山秘所之霊石座明神之社稷江。高徳之神明七所勧請。八所大明神与号。又比叡山飯室座主観音院大僧正《餘慶》之御弟子《文慶法印》。依為高行之仁。依勅定。初而補当寺別当職也。天台一味之法流。三井之別院。北禅清浄法華三昧《読経念仏三昧也》云者当寺之事也。

[4]張紙云

北禅ノ事別紙ニ有。南禅ト云ハ今禅宗ニアリ。当初北禅。於東大寺。天竺婆羅門僧正行表和尚等ニ伝教摩訶止観北禅等伝授ス。

1…皇は大日仏「王」に作る。
2…安は大日仏「案」に作る。
3…得は大日仏「徳」に作る。
4…「張紙云」は大日仏無し。これは、原書に張り紙がしてあったものを、続群書本は注記としてしるしたものであろう。

〔14〕大雲寺建立縁起（1）（68〜79）

【読み下し】

情を旧記に尋ぬるに、天禄二年四月二日、比叡山に大法会〈五堂会と号く〉を行はる。月卿雲客数多く以て山に登る。高岳自り麓の景地を見下すに、遥谷に五色の雲聳へ昇る。之を見る人、各おの奇特の思ひを成す。権中納言藤原文範卿・左衛門督源延元・勅使蔵人頭従四位下右近衛中将兼修理大夫春宮源朝臣惟正等、親《まのあたり》に之を見る。文範卿測らずして誓願して曰く、「此の雲は仏法相応の瑞雲なること疑ひ無し。尋ね入りて伽藍を立つべし」と。西坂本にて乗輿を改めて駿馬を駕し、則ち此の洞に分け入る。松栢は梢を並べ、柴擲は枝茂れり。猨熊豺狼の栖にして人跡は絶えて道無し。漸く瑞雲の静堀に臻《いた》るに、文範慮らずして落馬して既に以て絶入す。暫く程在りて蘇《よみがへ》り、邑《こ》従の輩に告げて云ふに、「我れ瑞雲を求め此の隈に尋ね入る。志偏に伽藍建立の為なり。然るに今馬より落ち絶入するは甚だ以て怪《あやし》と為すなり。近辺に何なる仏神有るや之を相ひ尋ぬべし」と、云々。即ち之を求むるに山傍に一つの叢祠有り。蔓草は戸を閉ざし、玉露は軒に連なる。使ひ還りて此の由を文範卿に告ぐ。則ち宝前に参詣し之を拝み奉る。元起の由来を問はむと為《す》るに、敢へて人無し。

【続群書本②】

謹[1]記当寺開闢之由来。[2]天禄二年辛未卯月二日比叡山一乗止観院之五堂会。従岩藏之峰紫雲靉。各不思議之瑞雲哉与消肝。爰其日之講之勅使日野中納言文範卿。倩此奇瑞拝見。心中誓。何様此紫雲之根元必為仏在所。仏閣ヲ建立セント深ク思ヒ。法会終而下山之時。自西坂本当山江分入。松柏[3]並梢。柴擲枝茂レリ。且人倫絶テ無人声也。文範卿乗物止。扈従之輩残シテ。只一人幽谷至。爰一叢祠有之。蔓草閉戸。玉露連軒。文範卿此社稷[4]前ィ。

1…記は大日仏無し。
2…大日仏「来」の後に「記」有り。
3…「並梢」は大日仏「梢並」に作る。
4…大日仏「稷」の後に「之」有り。

〔15〕大雲寺建立縁起（2）（79～90）

【読み下し】

爰に老尼忽然として視《まみ》へたり。文範問ひて曰く、「汝此の処に早暁《いつ》自り住するか。此の叢祠の元来を知るや」と。老尼答へて曰く、「我れは是れ仏法守護の善神なり。人の懇篤なるを知りて所々に出現す。故に二所に住せざるなり。今文範の興隆誓願を知り、顕現する所なり。凡そ当社は岩蔵山守衛の石坐明神是れなり。元来は之を知らず。亦た此れ自り西に一宇の草堂有り、相博寺と号く。是れ往古の仙窟にして一人の聖《ひじり》住せり。吾れ聖尼為りと雖も、彼の聖人の由来を知らず。然れども旦暮に吹く風は此の宝刹自り福聚海無量の音を成す。此れ尼是の響きを聞くに、忽ちに解脱を得て、即ち補陀落山といふことを覚《さと》りぬ。汝早く往きて拝むべし」と、云々。文範は聖尼の訓に随ひ荊棘《けいきょく》茅薄《ぼうはく》を分け此に望みて之を見るに、寔に草堂一宇有り。青蘿白苔軒に連ねて、瓔珞の如き信心肝に銘じ、之を渇仰す。袂を渡潤し、五体を地に投げ礼拝し御張を褰《かか》げて之を拝と為るに、更に以て本尊無し。文範卿安然たること数剋にして聖尼を尋ぬるに、跡を暗くして隠れぬ。屢《しば》しば思慮を回らすに本尊は則ち聖人なり。聖人は則ち観音なり。処は此れ補陀山なり。伽藍建立の勝地此に有りと歓喜悦豫して帰洛す。

【続群書本③】

又忽然而老尼。[1]石腰懸居給。文範卿問云。汝者何人。又山之来歴者知耶。[2]老尼答云。吾者石座之老尼。仏法守也。釈尊之出世。霊山浄土在。仏滅度之後。尋吾可住所。[3]此山之風。[4]慈眼視衆生福聚海無量吹也。然者聞人得解脱。又此山之奥観音浄土有之。号相転寺。[5]無始無終之仏閣也。更凡夫之濁眼不能見。[6]諸天常影向。故紫雲聳。音楽聞。鳥[7]念三宝。南閻浮提中[8]弥勒出世[9]残当寺之仏法也。汝遙拝見。此清浄地奏聞。[10]当山可立仏閣。汝有宿執。今此処来也。我者亦知人之懇篤所々出現。必守当寺仏法。[11]此山偏補陀山与可思。聖尼一樹之松本失給。文範卿恋慕之涙沈。夢之心地帰都。[12]

1…大日仏「然」の後に「与」有り。
2…耶は大日仏「ヤ」に作る。
3…尋は大日仏無し。
4…大日仏「此」の前に「尋」有り。
5…転は大日仏「輪」に作る。
6…大日仏「見」の後に「事」有り。
7…「鳥念三宝」は大日仏「鳥三宝念」に作る。
8…大日仏「提」の後に「之」有り。
9…大日仏「世」の後に「迄」有り。
10…大日仏「聞」の後に「而」有り。
11…「守当寺仏法」は大日仏「当寺仏法守」に作る。
12…「帰都」は大日仏「都帰」に作る。

〔16〕大雲寺建立（90〜103）

【読み下し】

爰に真覚上人、二志無きを以て仏閣を造るべしと事を企て、既に旧《ふり》ぬ。霊地を求むる時節に此の奇特を聞けり。即ち之を談活して、円融院に奏す。叡感すること以て甚し。時に日野中納言敦忠卿に仰せて宣下せられ、勅願寺と定む。真覚上人を本願と為し、伽藍を造るべしと、寺領を寄附せらる。抑そも此れ真覚上人は、時平公の旧亭を移し改めて御堂と為す。本尊は敦忠卿の室家たる藤原明子の持仏堂の尊像なり。最初の本願は参議元名卿の息戸部納言文範なり。建立せる上人は、敦忠卿の息武衛将軍佐理〈天下無双の能書なり〉なり。入道の後に真覚上人と号く。額を改めて大雲寺と称す。倫旨に依り佐理額銘を書す。相ひ続きて石坐明神社を立て本堂の鎮守と為。朝夕の法楽懺法例の時、清浄法花禅侶に居し、昼夜六時の移点を守り、一乗妙典を読誦し、朝家の安寧を祈らしむ。三井園城寺の別院と為して、顕密両檀［壇カ］肩を並べ、法式の根源は叡願重寵たるに依る。岩蔵山号に臻りて当北寺を以て本源と為す。其れ法に二法無しと雖も、之を論ずれば真諦俗諦なり。法に勝劣無しと雖も、顕密相ひ分れり。夫れ天台宗は顕正傍密を旨と為し、寤寐に睡沈を除く。或は妙典を読誦す。或は八軸を敷演するに、弊房と為すと雖も、釈迦の草坐に同じからむ。金言是れ誠なるかな、誠なるかな。

【続群書本④】

翌日参内奏聞。叡感以甚。中納言敦忠卿幷[1]参議佐理卿有宣下。定勅願寺。佐理卿忽出家。名号真覚[2]。此佐理卿者。三国無双之能書。至異国無其隠。仍大雲寺之額書。為叡願重寵故以此寺清浄山当北寺云。但密号也。更不流布〈本院左大臣時平公三男敦忠卿。此息佐理卿[3]。息文慶法印。桓武崩御也[4]後。仙洞住給。因本院左大臣云〉。

1…幷は大日仏「並」に作る。
2…「号真覚」は大日仏「真覚号」に作る。
3…理は大日仏「野」に作る。
4…也は大日仏「已」に作る。

〔17〕文慶の霊験（104～110）

【読み下し】

一、文慶法印〈時に闍梨位なり〉、甫《はじめ》て岩蔵大雲寺別当職に補任す。是れ建立上人の在俗の息智弁和尚入室にして瀉瓶の弟なり。智行兼備し、効験比類無し。丹後国に往きて千日の間不動護摩を修し、結願に八千牧〔ママ〕を焼くの砌、乳木の炎に三尺の不動尊像を現す。

一、小一条院の母后を勅請に預りて之を加持し奉るに、明王託して曰く、「御悩既に定業為り。更に之を転じ難し。然れども猶ほ三箇月の寿算を延べ奉るべし」と。是れ行者の威徳なり、と云々。皇帝大いに感じて権律師に補せらる。其の言、相ひ違はずして三月の後天皇崩じたまふなり。

【続群書本⑧】

文慶法印為当寺之別当故者。後一條院之母后御悩之時預勅請奉加持之。明王記[1]云。母后之不例定業也[2]更難転。但三箇月之寿算可奉延。是行者之威徳也。如案三箇月之日数経崩。皇帝大感被補権[3]律師。亦[4]文慶法印千日護摩供被修。結願乳木之炎[5]中。三尺之不動尊像現給。

1…記は大日仏「詑」に作る。
2…也は大日仏「ナリ」に作る。
3…権は大日仏「准」に作る。
4…亦は大日仏「又」に作る。
5…炎は大日仏「災之」に作る。

〔18〕式部卿親王（敦儀親王）出家・如法院建立（111～115）

【読み下し】

一、式部卿親王〈三条院の王子、小一条の御弟なり〉伏して文慶高徳に帰し、忽ちに出家し〈法名悟覚なり〉、岩蔵南谷の幽閑〈乗々房と号け奉る〉に住す。此の時、江州鴻郷を寄附せらる。文慶、近江甲賀郡の得道上人と相ひ語りて、如法経を書写せしめ、石坐明神の東辺に一間四面の堂舎を建立し、妙典を安置し奉る。如法院是れなり。此の道場内陣潔済にして精進せざるの輩は之を禁ず。宛《あたか》も慈覚大師根本如法経の如し、と云々。

【続群書本⑨】

式部卿親王〈三條院王子。後一條院弟〉。文慶高行之故帰伏給。忽出家。岩蔵南大門西谷之幽閑住。法名覚悟[1]〈奉号乗乗房〉。此時被寄附江州鴻[2]之郷。

1…「覚悟」は大日仏「悟覚」に作る。

2…鴻は大日仏「島」に作る。

〔19〕智弁入滅（116～119）

【読み下し】

一、正暦元年二月十八日、智弁僧正入滅す。御遺言に云く、「観音院は我れ滅度して後、久しからずして忘癈の地と成るべし。大雲寺は仏法を慈尊の出世に継ぐべし。吾が遺骨は大雲寺の西辺に埋《うづ》むべし。尓は令法久住《りょうぼうくじゅう》を謀らむことを成さむ」と。之に依りて葬ふり奉る。此れ和尚は叡岳にする者なり〈飯室座主余慶僧正と号け奉る。此の験記は別紙に有り〉。

【続群書本⑥】

永祚二年庚寅二月十八日。飯室僧正遷化也。遺言。比叡山者頓而可成荒廃之地。大雲寺者可継慈尊之出世。吾遺骨可[1]残岩藏山有。依之当寺為奉葬也。今之智弁和尚是也〈智弁者於当寺之賜号也。本縁起正暦元年有。爰永祚元年書者。正暦永祚二年七月改〉。

1…「可残岩藏山有」は大日仏「岩藏山可残有」に作る。

〔20〕良源（120～123）

【読み下し】

一、慈恵僧正〈良源〉、其の比の法論は以て甚し。彼の霊魂は横川嶺自り当寺の檜木尾に飛び下る。其の光は満月の如し。来り望む法門以て同き時は、光耀くこと前の如し。大師論詰の時は、螢火の如くして飛び帰りたまふ。之を見るは覚仙律師なり。覚仙者〈宝生坊なり。御室の本願なり〉。

【続群書本・参考・「当寺名哲之系図」所収】

横川之峰慈恵大僧正良源之霊魂成円火飛下。智弁和尚卯塔之前檜屋落着。其光如満月。従光之中有声。法音聞。和尚卯塔下答給。慈恵僧正法門心叶時者光本如。又悪覚時者螢火如飛帰。覚仙律師毎度見之〈覚仙者御室戸本願宝生房云〉。

〔21〕慈覚大師の門人・智證大師の門徒、山門を退く（124～132）

【読み下し】

一、正暦四年〈癸巳〉八月、山門に於いて慈覚大師の門人、智證大師の門徒と与に、鉾楯をせしめるに依りて、一千余人叡岳を退く。慶祚阿闍梨〈大阿闍梨御房と号く〉・賀延阿闍梨〈山本御房と号く〉・忠増供奉〈習修御房と号く〉三人各おの門弟等を引率して大阿闍梨房に住す。叡岳自り岩蔵に入るの時、西方院僧正源殊、慇憂に耐へず、還て吾山を見送るも、慶祚之を推知して、敢へて見還らず。岩蔵の沢の口にて河を渡る時に、足音に驚き之を示悟する由、互ひに以て芳談す、と云々。彼れ此れ共に大雲寺に住し仏法を興隆し、廿八講・智者天台法楽霜月会、幷びに妙楽講・常楽講等を始む。又た石座の宝庭に於いて最勝王経を講ず。其の後、霊託に依りて理趣分を読誦す。

【続群書本⑤】

大雲寺建立廿余年過而一條院御宇正暦四年癸巳八月八日。於叡山慈覚大師門徒智証大師之門流従教門之事[1]。智証門弟一千余人之大衆一夜[2]退山門。大雲寺入寺。慶祚大阿闍梨〈号龍雲房〉。賀延阿闍梨〈山本房〉。忠増阿闍梨〈習修房〉。源珠大僧正〈西方院〉。彼是四人為頭領。則大雲寺為本寺。建立二箇寺[3]。是王寺。福泉寺是也。中大門者大雲寺。南大門者是王寺。北大門者福泉寺也。

1…「従教門之事」は大日仏「教門之従争」に作る。

2…大日仏「夜」の後に「仁」有り。

3…「建立二箇寺」は大日仏「二ケ寺建立」に作る。

〔22〕高徳明神勧請（132～134）

【読み下し】

一、長徳三年四月十八日、其の感有りて、高徳明神七所を勧請し奉る。八所大明神と号く。然る後、所々自り影向の霊祇あり。之を加え別社に十二所を建つ〈本地は別紙に在り。更に之を問ふ〉。

【続群書本】なし

〔23〕如法経峯の名称由来（135～139）

【読み下し】

一、万寿五年五月三日、当山高岳に紫雲聳ゆ。円満大僧正〈明尊〉山本房に於いて之を見る。件の日、叡山慈覚大師始行せらるるに、如法経、之を供養せり。彼の堂内に紫雲立ち、其の雲の尾は岩蔵と立合へり。之に依りて明尊僧正、山本御房に於いて如法経を書写し、十種供養を展べ、岩蔵嶺に埋め奉る。如法経峯と号く。

【続群書本⑦】

万寿四年丁卯五月三日従当山叡山江紫雲聳。円満院大僧正明尊於山本坊見之。其日横川楞厳院之杉[1]洞如法経奉納。十種供養之時分也。仍当寺如法経堂建立。不断経始。当寺之如法経。日本第二番也。江州甲賀郡得道上人。於当寺如法経令書写。此寺奉納。岩藏山之嶽。如法経之峰号。

1…大日仏「杉」の後に「之」有り。

〔24〕成尋の来歴（140～151）

【読み下し】

一、成尋阿闍梨の事〈別当。時に非職なり。天喜二年、延暦寺阿闍梨を補す。宋朝に於いて善恵大師と号くるなり〉。長久年中、入唐す。寛弘八年、誕生す。左京人なり。父の名は未だ詳《あきら》かならず。但し母は堤大納言女、祖父は実方中将なり、と云々。智弁の弟子は石蔵法印文慶なり、文慶入室の弟子は成尋なり。恵燈熾燃にして戒珠融朗し一乗の奥義を究む。頻りに詞花を清涼殿の春風に飛ばし、深く三部大法に通じ、朗かに観月を畢究空の晴天に懸く。書典を製作す。観心論注・法華経注・法華実相観注・観経抄・普賢経科・善才童子智識集等なり。法花を誦持すること四十余年、専ら現證を求め更に極楽を期す。其の徳其の行は敢へて凡人に非ず。少年の時従り、入唐の志有り。寺務の間、殊に仏法を興隆し講席を荘厳す。康平二年四月、始めて毎月十八日文句講を行ふ。幷せて石座明神宝前毎月の朔幣・二季の神祭等は料田壹町を以て之を寄置せられ畢んぬ。漸く暮年に及びて宇治関白亭に啓し、永く公請を辞す。入唐求法の素懐を祈らむが為なり。

【続群書本⑩】

成尋阿闍梨之事。寛弘八年辛亥誕生。母堤大納言息女。実方中将孫。文慶法印嫡弟也。七歳時。岩蔵之法印入室。恵燈熾燃戒珠融朗。悉究一乗奥義。飛詞花於清涼殿之春風。深通三部大法。朗懸観月於[1]畢竟空之時。天［其カ］製作書典。観心論[2]註。法華経註。法華実相観[3]註。観経[4]鈔。普賢経[5]科。善財童子知識集等也。[6]誦持法華四十余年。専求現証期[7]極楽。其徳其行敢非凡人。自少年之時有入唐之志。事務間殊仏法興隆。講席等荘厳。廿八講。智者大師霜月会[8]。妙楽講。常楽講等也。[9]亦石座明神[10]宝庭於最勝王経講。其後有霊託[11]。毎日理趣分読誦。又毎月之朔幣。二季神事。料田等定。漸及暮手［年カ］[12]之間。啓宇治関白之亭。永辞[13]台請。入唐求法之素懐遂故也。

1…於は大日仏無し。
2…大日仏「論」の後に「之」有り。
3…大日仏「観註」無し。
4…大日仏「経」の後に「之」有り。
5…大日仏「経」の後に「云」有り。
6…「誦持法華」は大日仏「法華誦持」に作る。
7…期は大日仏「明」に作る。
8…会は大日仏「雲」に作る。
9…亦は大日仏「又」に作る。
10…「宝庭於」は大日仏「於宝庭」に作る。
11…託は大日仏「詫」に作る。
12…手は大日仏「年」に作る。
13…台は大日仏「召」に作る。

〔25〕宝塔院建立（151～156）

【読み下し】

如法院の東に多宝塔〈宝塔院と号く〉を建立す。内陣に三重に壇を築き、木像の法花曼陀羅四十六尊を安置し奉る。□［毎カ］日十二時に法花の秘法を修すること一千日、兼て常住法花三昧を行ふ。塔の艮角に住して、昼夜眠らず。然るに青衣の天童二人宝塔の上に降り来りて、大師の誦経を聴聞す。蓮花房に於いて恒久阿闍梨常に之を見て、則ち大師に告げ申す。此れ恒久は慶祚大阿闍梨付法の上息なり。或は護法を仕ひ、或は空に鉢を飛ばし、神変を現す人なり。

【続群書本⑪】

如法院之東建立多宝塔。内陣三重壇築。法華曼陀羅木像四十六尊安置。多宝院〔宝塔カ〕号。毎日十二時一千日之間法華三昧。塔艮角住昼夜睡眠止。然処青衣天童降而誦経聴聞。是蓮華坊恒久阿闍梨常見。此恒久者慶祚大阿闍梨上定〔足カ〕[1]弟子。護法善神常来而遺。或[2]鉢空飛神変現人也。

1…定は大日仏「足」に作る。
2…或は大日仏「式」に作る。

〔26〕大槻樹の奇瑞（156～161）

【読み下し】

一、宝塔院巽方に大なる槻樹有り、枝葉茂り盛へたり。大師坐禅誦経し給ふ夜半計に風雪の冒すことも無きに、件の樹の枝俄に折れて地に落つ。大師怪と為す処、其の暁に伊勢太神宮〈或は貴船、と云々〉自り御使〈双環童子と号く〉有りて云く、「大師の誦経の声遙に大梵天に至り、内外宮を離れず。聴聞するに足りたると為すと雖も、猶ほ結縁が為に参臨する所なり。而るに眷属の神士、多く木の枝に居る。故に折れ畢んぬ。怪と為すべからず」と、云々。此の言を成し訖りて童子忽に隠れぬ。

【続群書本⑫】

又宝塔院巽方有大槻[1]木。枝葉茂盛。成尋読経給。夜半非風雷之冒。件槻[2]木枝俄折大地落。怪給処。我従伊勢大[3]神宮之御使也童子来。汝之誦経之声遙至梵天。殊内外之宮不離雖無不足。猶為結縁参臨処也。仍眷属之神多木之枝居給故也。不可怪云双還[4]童子神被遺[5]身也虚空飛去。

1…大日仏「槻」の後に「之」有り。
2…大日仏「槻」の後に「之」有り。
3…大は大日仏「太」に作る。
4…還は大日仏「環」に作る。
5…遺は大日仏「遺」に作る。

〔27〕成尋の母、顕現す（161～165）

【読み下し】

一、千日に満つる午時、現存の悲母禅尼の居《い》長《たけ》五寸計にして、首《かうべ》に帽子を覆ひ、合掌して大師を礼したまふ。宛も生身の如くして異無し。曼荼羅聖衆中の釈迦多宝の仏前に顕現する所なり。其の時大師、円慶阿闍梨〈大師の弟子、大内記保胤の子なり〉に示して云く、「今度の行法の證は此の如し」と。経に云く、「父母所生の眼は悉く三千界を見ゆ。〈乃至〉清浄常体一切を以て中に現る」と、云々。偏に之を示し給ふ歟。

【続群書本⑬】

法華三昧千日満日之午刻。成尋遷化悲母居長五寸許。首覆帽子合掌礼[1]成尋。其成尋阿闍梨見給。円慶阿闍梨言。今度法華三昧之其証拠是也。経云。父母所生眼悉見三千界云示之。円慶阿闍梨者[2]成尋上弟也。大内記保胤子也[3]。

1…「礼成尋」は大日仏「成尋礼」に作る。
2…「成尋」以下「保胤子」まで、大日仏細字。
3…大日仏「也」無し。

〔28〕五大尊像安置（165～166）

【読み下し】

一、五大尊像〈大仏師の元祖定肇作る〉、如法院に安置し奉る。百日の間、不動護摩供を修す。爐の火中に三尺の不動尊現れたまふ、と云々。

【続群書本⑭】

五大尊之像〈大仏師定肇作。〉如法院安置。百箇日之間五大尊合行護摩供。供[1]毎度[2]不動尊容顕給。

1…供は大日仏「修」に作る。　2…「毎度」は大日仏「度毎」に作る。

〔29〕成尋渡宋（166～172）

【読み下し】

長久四年三月十三日、大摂政殿の宣〈宇治殿の御息なり〉を以て渡唐す。宋朝監寧[ママ]五年に当たれり。十月日本懐に依り天台山に参る。次いで、洛陽城経に入りて奏聞して云く、「成尋少年の時従り順礼の志有り。伝え聞く江南天台定光垂跡の金地を拝み、次いで五臺山文殊現身の巌洞に至り、将に其の本処を尋ね聖跡を順礼せんと欲す。而るに大雲寺の寺主と為ること三十一年、大丞相を護持すること二十年たり。此の如くの間、本意を遂げず。今齢六旬余に満ちて、喘幾くならず。若し鄙懐を遂げざれば後悔すること何ん。之に因りて将に商客の舩に附きて参り来たる所なり」と、云々。即ち勅して阿闍梨を召すの官符〈其文は別紙に有り〉有り。

【続群書本⑮】

治暦三年丁未三月十三日。大摂政殿宣以既為入唐。大唐者英宗皇帝治平四年。当[1]十月明州津着。頓而入洛陽城経奏聞。大日本国大雲寺沙門成尋阿闍梨。伝聞江南天台定先[光カ]垂跡。為結縁此国来。鄙懐遂為給云。即皇帝有勅詔。東京開宝寺官符。逐日天台智者大師金地五臺山至文殊現身[2]岩洞何順礼。於仏瀧[3]寺有[4]奇瑞。天台智者大師之後身也。諸人渇[5]仰之。

1…大日仏「月」の後に「仁」有り。
2…大日仏「身」の後に「之」有り。
3…瀧は大日仏「朧」に作る。
4…有は大日仏「在」に作る。
5…渇は大日仏「偈」に作る。

〔30〕成尋祈雨（173～176）

【読み下し】

一、唐記に云く、「監寧〔ママ〕五年、日本成尋阿闍梨来朝す。同六年三月二日、宣旨に依りて大内に於いて祈雨の御修法を勤仕す。皇帝夢らく修法の壇上自り青赤の二龍競ひて天に昇る、と云々。翌日、簷《のき》の瓦自り黒雲沸き出でて天に満ち大雨忽ちに降る。三箇日更に止む時を得ず。皇帝自ら三度礼拝し深く帰依を致し、善恵大師と号く」と、云々。

【続群書本⑯】

在唐三年之中。熙寧元年戊申年三月二日。於大裏勤[1]仕祈雨之修法。皇帝御夢告。修法之壇上江赤色之龍青色之龍王競下与見給。翌日御殿[2]簷[3]瓦黒雲沸出。大雨忽三箇日不止。皇帝去御座阿闍梨三度礼拝給。号善恵大師也。正日本沙門於大[4]唐得大師号事昔無之。況末代哉。日本眉目。大雲寺之名誉。皇帝奉始。摂家丞相以下帰依渇仰。

1…「勤仕祈雨之修法」は大日仏「祈雨之修法勤仕」に作る。
2…大日仏「殿」の後に「之」有り。
3…大日仏「簷」の後に「之」有り。
4…大は大日仏「太」に作る。

〔31〕英宋皇帝の前世（177〜178）

【読み下し】

一、英宋皇帝の前生は日本国に在り。成尋□弟子為りし。早世して宋朝に生まれ皇子と成り、遂に帝位に即《つ》く。其の後、闍梨宋朝に入る。宿習に依りて皇帝殊に以て渇仰す、と云々。

【続群書本】なし

〔32〕成尋の五台山礼拝（179）

【読み下し】

一、五臺山に於いて現に文殊の尊容を拝し奉る。仏瀧寺に於いて智者大師の後身を示す、と云々。

【続群書本⑮参照】

〔33〕顕密聖教の返送（180〜184）

【読み下し】

一、随身せる入唐の顕密聖教を大雲寺に返送せらるる文に云く、「右、真言顕教の経論典藉を運納し処に安下せよ。□〔顕カ〕教法門は人に勧めて披閲し書写して流布せよ。真言の秘教は若し本《もと》三部大法灌頂を受くるの輩有らば、縁に随ひて披覧し広演弘伝せよ。自他兼済の志は弘法に在り。秘蔵すると雖も深く結縁を望まば、且《しばら》く秘法を修して祈り奉るべし」と。

【続群書本⑱】

具僧彼是給而涙共熙寧二年四月十五日唐[1]洛城出。九月廿日大雲寺着。阿闍梨帰朝也[2]。門葉之人々東西令馳走処。具僧一人也。是者何与隆覚已下門弟人々[3]。天仰地臥而雖悲給無力。御文札披[4]閲。随身入唐之顕密之聖教被返送大雲寺。顕教之経論典藉勧他演説書写流布。又真言之秘法者。若有本受三部之大法灌頂之輩者。随縁為披[5]覧広演弘伝。自他兼済之志在仏法。雖為秘教。於懇望者令結縁。此鐘令寄進大雲寺。仏法興隆宝祚長遠之祈可抽精誠。難辞唐帝之叡勅[6]。遙[7]隔遠浪。但期寂光之宝刹再会而已。

熙寧貳稔己酉卯月日唐国東京成尋[8]

日域山城国帝都北岩藏山大雲寺

円生樹院阿闍梨隆覚門弟中

1…大日仏「唐」の後に「之」有り。
2…大日仏「也」の後に「与」有り。
3…大日仏「人々」無し。
4…披は大日仏「被」に作る。
5…披は大日仏「彼」に作る。
6…大日仏「遙」の前に「勅」有り。
7…大日仏「遙」の後に「之」有り。
8…大日仏「尋」の後に「上表」有り。

〔34〕熙寧五年上表文（185～189）

【読み下し】

一、聖王天台智者は蓮華の香爐・水精の念珠を以て隋の陽帝《ママ》に献じて、延祝を表す。今、日域の愚僧は純銀の香爐・五種の念珠を以て今上聖主に進り、万歳を祈誓す。玉躰の弥いよ日銀の光よりも明固ならむことを。宝寿長遠殊計万万。上表して以て聞す。

監寧《ママ》五年十月□日□日本国阿闍梨賜紫成尋上表す

【続群書本⑲】

唐記云。

奉祈

聖主天台智者大師者。以蓮華香爐水精念珠献隋煬帝表延祝。今日域之愚僧者。以純銀之香爐五種之念珠献今上聖主祈誓万歳。玉體弥明固日之銀光。宝寿長遠殊計万万。上表以聞。

熙寧五年十月日日本国沙門賜紫成尋上表

〔35〕成尋遷化（190～194）

【読み下し】

一、扶桑略記に云く「監《〔ママ〕》寧七年〈甲寅〉十月六日、成尋阿闍梨遷化す。光明幷びに種々寄《〔ママ〕》瑞有りと、云々。臨終に唱へて云く『観音来迎弥陀一半』」と、云々。

一、太宋皇帝礼敬を加へ、善慧国師と謚す。化縁既に尽きて東京開宝寺に於いて遷化し畢んぬ。廟塔は壇三重にして天台智者の廟壇の如し。

【続群書本⑳】

熙寧七年甲寅十月六日。種々奇瑞繁多。大師遷化[1]。紫雲聳異香薫、親三尊来迎在而[2]。於[3]東京開宝寺[4]仏前化縁既尽。天台大師廟壇並善恵大師之廟塔。三重築[5]壇畢。皇帝既[6]有行幸向廟塔。南無天台後身善恵大師。生々世々値遇頂戴[7]三度礼敬給。頓而大師袈裟法服[8]幷仏道具以勅符[9]日本送給。

1…大日仏「化」の後に「給」有り。　2…大日仏「而」無し。

3…大日仏「於」無し。
4…大日仏「寺」の後に「於」有り。
5…「築壇」は大日仏「壇築」に作る。
6…有は大日仏「在」に作る。
7…大日仏「戴」の後に「与」有り。
8…并は大日仏「並」に作る。
9…大日仏「本」の後に「江」有り。

〔36〕隆覚（195～197）

【読み下し】

一、大師は大雲寺を以て円生寿院阿闍梨隆覚に付属す。宇治大納言隆国の息なり。智行兼備せり。此の闍梨別当の時、舎兄覚猷僧正を検校別当に補せしむ。覚仙は隆覚の弟子、京極源納言俊実の息なり。

【続群書本】 なし

〔37〕跋文（199～201）

【読み下し】

右、旧記目録等を略し大雲寺縁起を取詮すること件の如し

永正十七〈庚辰〉六月□日□清浄法花禅衆、古本を以て之を書く。

金剛弟子玄祝 明善坊

＊参考・東大蔵実相院本なし

【続群書本⑰】 帰朝の意志、大雲寺鐘

此其歳暮熙寧二年。大師参内。在吾[唐カ]既六旬余。保命不久。急帰朝。吾寺仏法再興奏。勅答云。尊意最有謂。但吾宿業之故哉大師難離。縦[1]商船纜解給湊瀾漂[2]防。忽御衣袂褆潤涕。勅定銘肝咽涙退出。開宝寺帰。従日本連給具僧召出。汝者早可帰朝。勅命難黙而吾者止。随身聖教書籍等并[3]大師之文札添渡給。爰一霊宝龍宮城大師令献鐘有[4]之。是大雲寺江寄進言〈此鐘之由来有別紙〉。

1…縦は大日仏「従」に作る。
2…漂は大日仏「正勦」に作る。
3…并は大日仏「並」に作る。
4…有は大日仏「在」に作る。

二　翻刻

【凡例】
・東大蔵実相院本『大雲寺縁起』を底本とする。
・基本的に文字を忠実に翻刻する。
・各行の冒頭に通し番号で行数を示す。
・原文に付されている返り点やルビは、翻刻では省略した。ただし、「一　読み下し」において、可能な限り参照した。

【外題】大雲寺縁起　全
【内題】大雲寺縁起

1　清□□□三昧禅衆惣物〈一オ〉

大雲寺縁起
夫佛日耀迷慮山雲神月照滄溟海水凡云佛云神是水波之隔
内證外用差異也滋以和光同塵結縁始ハ相成道利物終尓此語誠哉
三国其所雖異報身説法同時也［　　　］域之興盛
元来良尚矣抑□□欽明天皇御宇壬申歳佛法初傳厥後連
續卅七代□崇峻天皇元年戊申歳自百濟國献佛舎利□推古天
皇元年二年甲申歳百濟国僧観勒初為法努僧正自此時僧尼〈一ウ〉
被任僧正僧都検校□孝徳天皇御宇白雉二年辛亥十二月
屈請二千一百人僧尼使讀一切経□齋明天皇御宇白鳳四年
乙亥四月請二千四百餘人之僧尼被［　　　］律為遺唐
使自大国律宗経鈔等繁多日域来□聖武天皇天平八年丙子自大唐
道璿律師来花厳章疏等朝来住南都大安寺四十六代□女帝髙野
姫孝謙天皇天平勝宝六年甲午歳大唐鑒真和尚渡當□玄宗
皇帝天宝十三年和尚六十七歳也自□欽明天皇巳後経二百三年鑒真〈二オ〉
自薄多津上洛南都入京之儀式道璿律師天竺婆羅門菩提僧正等
慰問之大臣公卿一百余人礼拝問訊□勅使正四位□備朝臣真吉備也
則和尚東大寺造戒壇院此和尚自天台大師第四自南岳大師第五世也
其時賷持之章疏者天台摩訶止観法花玄義法花文句小止観

六妙門等也和尚之門人法進曇静思託如宝等在皆天台碩覺也
和尚住大安寺弘通台宗北禅宗律宗等自然分為八宗謂華厳
法相三論成實天台倶舎律真言宗等也此外加佛心浄土之二宗
名十宗浄土宗日本始黒谷法然坊源空元祖也當世之禅宗南禅也〈二ウ〉
天竺南禅北禅在北禅鑒真傳来南禅近来自唐朝来流布日域
北禅傳教大師相傳也當初傳教最澄随大安寺行表和尚傳習天台
教観并毘尼北禅等覆化雲於一天東寺弘法同彼寺而傳真言秘教
其真言者虚空蔵求聞持之秘法也為勤操僧正師云々傳教與□桓武
師檀之聖契不淺□帝都自長罡移平安城天台之遺教弘比叡山大師
延暦四年乙巳年十九初登叡山勝瑞韭一過去鷲嶺在此請□勅裁
起開闢誓願同廿三年甲申建立根本中堂祟□□山王山七重結戒
建九院佛閣都三変地鎮開九重皇居是以帝都叡岳車両輪鳥〈三オ〉
雙翼云々大師鑒真和尚将来之台教悉雖傳行表猶以為詳之
相伴義真阿闍梨号修禅大師解法舩之纜於西海順風任意至漢土国清寺
謁道邃和尚佛瀧寺行満座主等究天台四教五時奥義遇順暁和尚
傳真言教延暦廿四年乙酉八月皈朝天台教観妙樂疏記餘師記述等
委悉傳入唐已前講三大部三遍又延暦十一年傳教三十五請南
都七大寺名哲勝猷奉基寵忍賢壬光證観敏慈誥安福玄耀等十

大徳於一乗止観院根本中堂也被修法花十講同年正月十九日朝議大夫和氣朝臣弘世於高雄山請七大寺名匠被講止観玄義文句三大部号法花會弘仁〈三ウ〉十三年壬寅六月四日入滅春秋五十六入唐皈朝後十八年也次義真和尚大師與任大安寺習學入唐同皈朝之後建門人三百房号修禅大師天台第一座首也天長十年癸巳七月四日春秋七十七入滅□第二圓澄倚教曼家光大師上息第三光定号別當大師又惟首和尚非座主第四圓仁慈覺大師承和五年戊午四十五歳小栗栖常暁安祥寺恵運同船入唐謁法全和尚傳密教次究悉曇弁世間出世梵字通達五竺能響入魚山傳聲明業移大原別業是也傳如法妙経留書寫於楞厳院椙洞攀五臺山拜現身文殊即移畫圖号前唐院大師也門人恵亮安恵長意相應等也〈四オ〉第五圓珍号智證大師号山王院大師山王上三社受菩薩戒成三聖故也又山王直勧入唐求法然者□文徳天皇仁壽三年癸酉四十歳凌漫々廣海渉唐朝先謁良諝和尚傳台教随般若怛羅三蔵法詮和尚恵輪阿闍梨等受真言両部秘奥順礼名山霊跡爰有一之石椎昔智者大師椎之響山谷恵眼盲之後雖椎之敢不出音智證打之怖冷有響聞人勝大国賢哲驚耳是天台再来尊敬讃歎無止時或一天旱颰依勅請祈雨々忽降下駁廣繍名揚高在唐六年也天安二年戊寅皈朝其後三十四年住叡岳弘通一流顕密満足真〈四ウ〉

俗二諦五十九代□宇多天皇寛平三年辛亥七十八歳十月晦日入滅
兼弟子夢見丈六佛立坐去是大師遷化之奇瑞也於日域法門鷲
天聴振効威鎮聖悩重代々□帝委載置古記大師遺第
増命僧正山門号千光院良基康濟猷憲等各叡岳之名哲号山王院門
徒大師遷化之後點教待和尚遺跡建園城寺盛弘顕密凡三代之
天皇浴井苑水即位依之称三井寺云々肆北嶺两徒互卜學閣
構心馬並轡撃論皷鳴法雷然則四教五時之春花芍八教頂岳 〈五オ〉
三部秘密之秋月照九會谷水依之往代聖主皈佛法増
叡運敬神明治一天寔此寶祚長遠御願圓満之洪基也
抑北岩蔵山大雲寺者六十四代□圓融院御願園城寺之別院也
本堂者引移本院左大臣之舊宅真覺上人造之本尊日野中納言敦忠卿
室家之持佛長谷観音御素木以第二切行基菩薩真作等身金色
十一面観音本願者敦忠息文範卿□勅使敦忠卿云々情尋舊記
天禄二年四月二日比叡山被行大法會号五堂會月卿雲客數多以登 〈五ウ〉
山自高岳見下麓景地遥谷五色雲聳昇見之人各成奇特之思
權中納言藤原文範卿左衛門督源延元勅使蔵人頭従四位下
右近衛中将兼修理大夫春宮源朝臣惟正等親見之文範卿不測
誓願曰此雲者佛法相應之瑞雲無疑尋入可立伽藍西坂本而改

乗輿駕駿馬則分入此洞松栢梢並柴擲枝茂猿熊豺狼之栖人跡絶無道漸臻瑞雲之静堀文範不慮落馬既以絶入暫在程蘇告邑従輩云我求瑞雲尋入此隈志偏為伽藍建立然今落馬絶入甚以為恠近過何有佛神乎可相尋之云々即求之山傍〈六オ〉有一叢祠蔓草閉戸玉露連軒使還告此由於文範卿則参詣宝前奉拝之為問元起由来敢無人爰老尼忽然視文範問曰汝此処自早暁住乎此叢祠知元来乎老尼答曰我是佛法守護之善神知人之懇篤出現所々故二所不住也今知文範興隆誓願所顕現也凡當社者岩蔵山守衛石坐明神是也元来不知之亦自此西有一宇草堂号相博寺是往古之仙窟而住一人聖吾雖為聖尼不知彼聖人由来然而旦暮吹風自此宝刹成福聚海無〈六ウ〉量之音此尼聞是響忽得解脱覺即補陁落山汝早往可拝云々文範随聖尼訴分荊棘茅薄望此見之寔草堂有一宇青蘿白苔連軒如瓔珞信心銘肝渇仰之渡潤袂五躰投地礼拝褰御張為拝之更以無本尊文範卿安然數剋尋聖尼暗跡隠娄回思慮本尊者則聖人々々則観音処者此補陁山也伽藍建立之勝地有此歓喜悦豫而皈洛爰真覺上人以无二志可造佛閣企事既舊求霊地時節聞此奇特即談活之奏□圓融院叡〈七オ〉

感以甚于時仰日野中納言敦忠卿被宣下定勅願寺為真覺上人
本願可造伽藍被寄附寺領抑此真覺上人者時平公之舊亭
移改為御堂本尊敦忠卿室家藤原明子持佛堂之尊像也
最初之本願参議元名卿息戸部納言文範建立上人敦忠卿息
武衛将軍佐理也天下無雙能書也入道後号真覺上人改額称大雲寺
依□倫旨佐理書額銘相續立石坐明神社為本堂鎮守
朝夕法樂懺法例時居清浄法花禅侶守晝夜六時移點讀〈七ウ〉
誦一乗妙典令祈朝家安寧為三井園城寺別院顕密両檀*並
肩法式之根源依□叡願重寵臻岩蔵山号者以當北寺
為本源其雖無法而二法論之真諦俗諦也法而雖無勝劣
顕密相分夫天台宗顕正傍密為旨寤寐除睡沇或讀誦
妙典或敷演八軸雖為弊房同釈迦之草坐金言是誠哉々々
一文慶法印于時闍梨位甫補任岩蔵大雲寺別當職是建立上人之
在俗之息智辨和尚入室潟瓶之弟也智行兼備効験無〈八オ〉
比類往丹後国千日之間修不動護摩結願焼八千牧之砌
乳木炎現三尺不動尊像
一小一条院母后預□勅請奉加持之明王託曰御悩既為定業
更難轉之然而猶可奉延三箇月之壽算是行者之威徳也云々

皇帝大感被補権律師其言不相違三月之後天皇崩也
一式部卿親王三条院王子小一条御弟皈伏文慶高徳忽出家法名悟覺
住岩蔵南谷幽閑奉号乗々房此時被寄附江州鴻郷□文慶 〈八ウ〉
相語近江甲賀郡得道上人令書寫如法経石坐明神之東邉
建立一間四面堂舎奉安置妙典如法院是也此道場内陣
潔濟不精進之輩禁之宛如慈覚大師根本如法経云々
一正暦元年二月十八日智弁僧正入滅□御遺言云観音院者
我滅度後不久可成忘癈之地大雲寺者佛法可継慈尊出世
吾遺骨可埋大雲寺西邉尓成令法久住謀依之奉葬 〈九オ〉
此和尚叡岳者奉号飯室座主餘慶僧正此験記有別紙
一慈恵僧正良源其比法論以甚彼霊魂自横川嶺
當寺飛下檜木尾其光如満月来望法門以同時者
光耀如前大師論詰之時者如螢火飛皈見之覺仙律師也
覺仙者宝生坊御室本願也
一正暦四年癸巳八月於山門慈覺大師門人与智證大師門徒
依令鉾楯一千餘人退叡岳慶祚阿闍梨号大阿闍梨御房 〈九ウ〉
賀延阿闍梨号山本御房忠增供奉号習修御房三人
各引率門弟等住大阿闍梨房自叡岳入岩蔵之時西方院

僧正源殊不耐愍憂還見送吾山慶祚推知之敢不見還
岩藏之澤口渡河時驚足音示悟之由互以芳談云々
彼此共住大雲寺興隆佛法始廿八講智者天台法樂霜月會
幷妙樂講常樂講等又於石座宝庭講最勝王経　〈十オ〉
其後依霊託讀誦理趣分□□一長徳三年四月十八日
有其感奉勧請高徳明神七所号八所大明神然後
自所々影向之霊祇加之別社建十二所本地在別紙□更問之
一萬壽五年五月三日當山高岳紫雲聳圓満大僧正明尊
於山本房見之件日叡山慈覺大師被始行如法経供養之
彼堂内立紫雲其雲之尾岩蔵立合依之明尊僧正　〈十ウ〉
於山本御房書寫如法経展十種供養奉埋岩蔵嶺
号如法経峯矣
一成尋阿闍梨事別當于時非職天喜二年補延暦寺阿闍梨於宋朝号善恵大師也
長久年中入唐寛弘八年誕生左京人也父名未詳但母
堤大納言女祖父實方中将也云々智辨之弟子石蔵法印
文慶々々入室弟子成尋也恵燈熾燃戒珠融朗究一乗奥　〈十一オ〉
義頻飛詞花於清涼殿春風深通三部大法朗懸観月於
畢究空晴天製作書典観心論注法華経注法華實相観注

観経抄普賢経科善才童子智識集等也誦持法花四十余年専求現證更期極樂其徳其行敢非凡人従少年時有入唐之志寺務之間殊興隆佛法荘厳講席康平二年四月始行毎月十八日文句講幷石座明神宝前毎月之朔幣二季之神祭等以料田壹町被寄置之畢漸及暮年啓宇治関白亭永辞公請〈十一ウ〉為祈入唐求法素懐如法院之東建立多宝塔号宝塔院内陣築三重壇奉安置木像法花曼陁羅四十六尊□日十二時修法花秘法一千日兼行常住法花三昧住塔艮角晝夜不眠然青衣之天童二人降来宝塔之上聴聞大師之誦経於蓮花房恒久阿闍梨常見之則告申大師此恒久者慶祚大阿闍梨付法之上息或仕護法或飛空鉢現神変人也一宝塔院巽方有大槻樹枝葉茂盛大師坐禅誦経給夜半計無風雪冒件樹枝俄折落地大師〈十二オ〉為恠処其暁自伊勢太神宮或貴舩云々有御使号雙環童子云大師之誦経之聲遥至大梵天不離内外宮聴聞雖為足猶為結縁所参臨也而眷属之神士多居木枝故折畢不可為恠云々成此言訖童子忽隠□一満千日午時現存悲母禅尼居長五寸計首覆帽子合掌礼大師宛如生身無異曼荼羅聖衆中釋迦多寶佛前所顕現也其時大師示圓慶阿闍梨云大師弟子大内記保胤子今度行法之

證如此経云父母所生眼悉見三千界乃至以清浄常躰一切於中現云々
偏示之給歟□一五大尊像大佛師之元祖定肇作奉安置如法院百日之間修　〈十二ウ〉
不動護摩供爐之火中現三尺不動尊云々長久四年三月十三日以
大摂政殿宣宇治殿御息渡唐當宋朝監寧五年十月日依本懐参天
台山次入洛陽城経奏聞云成尋従少年時有順礼志傳聞
拝江南天台定光垂跡金地次至五臺山文殊現身巌洞将欲尋其
本処順礼聖跡而為大雲寺々主三十一年護持大丞相二十年如此之
間不遂本意今齢満六旬餘喘不幾若不遂鄙懐後悔何因之
将附商客船所参来也云々即有勅召阿闍梨官符其文有別紙
一唐記云監寧五年日本成尋阿闍梨来朝同六年三月二日　〈十三オ〉
依宣旨於大内勤仕祈雨御修法□皇帝夢自修法壇上青赤之
二龍競昇天云々翌日自簷瓦黒雲沸出満天大雨忽降三箇日
更不得止時　皇帝自三度礼拝深致皈依号善恵大師云々
一英宋皇帝前生在日本国為成尋□弟子早世而生宋朝成
皇子遂即帝位其後闍梨入宋朝依宿習□皇帝殊以渇仰云々
一於五臺山現奉拝文殊尊容於佛瀧寺示智者大師後身云々
一随身入唐顕密聖教被返送大雲寺文云
右真言顕教経論典藉運納安下処□教法門者勧人披閲書　〈十三ウ〉

寫流布真言秘教者若有本受三部大法灌頂之輩者随縁
披覧廣演弘傳自他兼濟之志在弘法雖秘蔵深望結縁
且修秘法奉祈
一聖王天台智者以蓮華香爐水精念珠献隋陽帝表延祝
今日域之愚僧者以純銀香爐五種念珠進□今上聖主祈誓
萬歳□玉躰弥明固日銀光宝壽長遠殊計萬萬□上表
以聞
　監寧五年十月□日□日本国阿闍梨賜紫成尋上表　〈十四オ〉
一扶桑略記云
監寧七年甲寅十月六日成尋阿闍梨遷化有光明幷種々寄瑞云々
臨終唱云観音来迎弥陁一半云々
一太宋皇帝加礼敬謚善慧国師化縁既盡於東京開宝寺遷化畢
廟塔者壇三重如天台智者廟壇
一大師以大雲寺付属圓生壽院阿闍梨隆覺宇治大納言隆国息智行
兼備此闍梨別當之時舎兄覺猷僧正令補検校別當覚仙　〈十四ウ〉
隆覚弟子京極源納言俊實息也

右略舊記目録等取詮大雲寺縁起如件

永正十七庚辰六月□日□清浄法花禅衆以古本書之
金剛弟子玄祝明善坊

＊本字、底本では読めず、一応「檀」としたが、他の字である可能性も考えられる。

三　東京大学史料編纂所蔵実相院本『大雲寺縁起』について（解題）

はじめに

現在、京都市左京区岩倉に大雲寺という小さな寺院がある。近傍には紅葉の季節には多くの観光客で賑わう実相院があり、冷泉天皇の皇后であった昌子内親王の陵墓も現存している。大雲寺はかつて、齢六十を過ぎ、密航同然に北宋に渡った天台僧・成尋が住寺を勤めたところとして有名であり、現在よりも寺域も広大であった。

成尋に関しては、彼が書き残した渡航記『参天台五臺山記』、成尋の母が彼との別れを切々と歌と文章で綴った『成尋阿闍梨母集』により、渡航前後の状況を詳細に知ることができる。(1) しかし、出生年や出家の状況など成尋の個人的来歴を知るには、『大雲寺縁起』を見ることになる。

現在、『大雲寺縁起』は、一般的に彰考館本を底本としている活字本の『続群書類従』第二七輯上所収本・『大日本仏教全書』寺誌部一所収本を利用している。しかしながら、彰考館本とは内容の異なる諸本も存在している。本稿ではそのうちの一つ、東京大学史料編纂所が所蔵している実相院本『大雲寺縁起』（以下、東大蔵実相院本と称する）を翻刻し、紹介する。[2] なお、東大蔵実相院本の翻刻・紹介に関しては、実相院から特別に許可をいただいている。ここに記して謝意を表したい。[3]

（1）東大蔵実相院本の基本情報と諸本

『国書総目録』によると、写本として、京都大学（京都大雲寺蔵本写）・東京大学史料編纂所（京都実相院蔵本写）・同（尊経閣蔵本写）・尊経閣文庫（貞享元年写）・無窮会神習文庫（文政四年隆賢写）の諸本の存在が確認されている。このうち、本稿の対象である東大蔵実相院本（請求記号…三〇一五—一四）は全一八丁で、「大雲寺縁起」の後に、「大雲寺諸堂目録」と無項目名の大雲寺に関与した名哲の系図（仮題…当寺名哲之系図）[4] が付されている。一九丁目には、

右大雲寺縁起　　一巻
山城國愛宕郡岩倉村實相院蔵本明治十九年
九月編修星野恒採訪二十一年一月影寫了

と記されており、当該本の東大史料編纂所への影写年代（明治二十一年〈一八八八〉）と採訪者（星野恒）が判明する。星野恒は明治政府が行っていた修史事業の中心的人物の一人であり、本「大雲寺縁起」が修史事業の一環として写された可能性が考えられる。

しかし、実は『国書総目録』には収載されていない本が存在していることが、角田文衛氏によって確認されている。[5] 角田氏によると、実相院には、さらに寛永四年藤木敦直書写奥書本・寛永七年恕融書写奥書本があるという。

以下、角田氏の分類を掲げておこう。

（1）『大雲寺縁起』（甲本）…『続群書類従』、『大日本仏教全書』所収本であり、これらの底本は彰考館本である。

（2）『大雲寺縁起』（乙本）…実相院所蔵寛永四年藤木敦直書写奥書本。紙本墨書の巻子本。内容は甲本とほぼ同様で、多少の異同が認められる。

（3）『大雲寺縁起』（丙本）…実相院所蔵寛永七年恕融書写奥書本。紙本墨書の巻子本。記事は最も詳密ではあるが、重要事項については甲乙両本と内容的に変わりがなく、また一方で、伝説的要素がより多く加わっている。また、巻末には跋文がある。

右一巻者、古今先賢所録之縁起并伝記等、雖有之、数巻而弗易見之。故多巻中取肝要、且以中世之伝記補其闕略、考正年代等、為全巻。故不顧禿毫令清書者也。

□寛永七庚寅年八月吉日正教院権大僧都恕融年卅四戒二十

（4）『大雲寺縁起絵巻』…紙本彩色の巻子本。絵詞は、乙本によった和文。大雲寺造営の様子を描いた絵に見られる職人の服装などは、原本が室町時代になったことを証示している。

以上、四種を指摘している。甲本は、「大雲寺縁起」の後に、「大雲寺諸堂記」「当寺明哲之系図」が続き、以下の跋文がある。

古本依繁多。撰略書之。老極ト云。病中ト云。旁以文字之不同落字雖不少其憚。備後覧之亀鏡。若有後見之人者。可預南無阿弥陀仏一返御廻向而已。

天正十七年己丑八月廿八日　権少僧都賢慶生年七十三歳

さらに、

右大雲寺縁起壱冊。元禄壬申之冬、佐々宗淳獲之京師写。

と、書写年代（元禄壬申〔元禄五年、一六九二〕）と書写者（佐々宗淳）が判明する。また、丙本には、「大雲寺諸堂目録」が附されているが、これは甲本に附されている「大雲寺諸堂記」より詳細な内容を有している。

（2）東大蔵実相院本と続群書本との相違点

筆者は「読み下し」に際して、全文を任意に段落分けした。それによって東大蔵実相院本の内容構成を確認すると、〔1〕仏教伝来以前、〔2〕仏教伝来、〔3〕鑑真来日、〔4〕八宗・十宗の成立、〔5〕北禅・南禅の伝来、〔6〕比叡山延暦寺建立、〔7〕最澄入唐・入滅、〔8〕義真、〔9〕円澄・光定・惟首、〔10〕円仁、〔11〕円珍、〔12〕その他の弟子、〔13〕大雲寺概要、〔14〕大雲寺建立縁起（1）、〔15〕大雲寺建立縁起（2）、〔16〕大雲寺建立、〔17〕文慶の霊験、〔18〕式部卿親王（敦儀親王）出家・如法院建立、〔19〕智弁入滅、〔20〕良源、〔21〕慈覚大師の門人・智證大師の門徒、山門を退く、〔22〕高徳明神勧請、〔23〕如法経峯の名称由来、〔24〕成尋の来歴、〔25〕宝塔院建立、〔26〕大槻樹の奇瑞、〔27〕成尋の母、顕現す、〔28〕五大尊像安置、〔29〕成尋渡宋、〔30〕成尋祈雨、〔31〕英宋皇帝の前世、〔32〕成尋の五台山礼拝、〔33〕顕密聖教の返送、〔34〕熙寧五年上表文、〔35〕成尋遷化、〔36〕隆覚、〔37〕跋文、となる（番号は、「読み下し」で付したものによる。以下、同様）。

筆者が本稿で東大蔵実相院本を翻刻することとしたのは、一般的に使用されている続群書本とは、第一にこの内容構成が異なっていることによっている。以下に、両本の構成を東大蔵実相院本を基準に比較してみよう。

東大蔵実相院本	続群書本	備考

〔1〕～〔12〕	なし	大雲寺建立以前
〔13〕～〔16〕	①～④	
〔17〕～〔18〕	⑧～⑨	
〔19〕	⑥	
〔20〕	なし	良源。ただし、「当寺名哲之系図」にあり。
〔21〕	⑤	
〔22〕	なし	高徳明神
〔23〕	⑦	
〔24〕～〔30〕	⑩～⑯	
〔31〕	なし	英宗の前世
〔32〕	⑮	
〔33〕～〔35〕	⑱～⑳	
〔36〕～〔37〕	なし	隆覚
なし	⑰	大雲寺鐘

相互に、含まれていない記述があり、備考欄にその内容を記した。特に大きく異なるのが、〔1〕～〔12〕が続群書本では含まれていないことである。そのため、両本の内容全体の割合は異なる。東大蔵実相院本は、上記の内容構成を大きく分けていくと、〔1〕～〔12〕大雲寺建立以前、〔13〕～〔16〕大雲寺建立、〔17〕～〔23〕各個人や建立物縁起、〔24〕～〔35〕成尋、〔36〕隆覚、〔37〕跋文となる。一方、続群書本は、①～④大雲寺建立、⑤～

⑨各個人や建立物縁起、⑩～⑳成尋となる。続群書本は半数が成尋についてであるが、東大蔵実相院本は建立以前が詳細に語られているため相対的に成尋に関する記述の割合が低くなっている。ただし、続群書本①に「張紙云、北禅ノ事別紙ニ有。南禅ト云ハ今禅宗ニアリ。当初北禅。於東大寺。天竺婆羅門僧正行表和尚等ニ伝教摩訶止観北禅等伝授ス」とあり、本文以外に「張紙」があったことがうかがえるが、これは、北禅・南禅という内容から東大蔵実相院本の〔1〕～〔12〕に相当するものとも考えられよう。

（3）「大雲寺縁起」成立の問題

さて、「大雲寺縁起」は実は正確な成立年代がわかっていない。後に触れるが、『群書解題』第一八下（大森順雄執筆。対象とする「大雲寺縁起」は続群書本）では「古本縁起」の成立を「十一世紀の終わりか十二世紀の初め頃」と想定している。ここで、『解題』が「古本縁起」としているのは、現在の形となる以前にすでに原型となるものがあるとの認識による。実際、東大蔵実相院本・続群書本ともに本文中よりその存在が確認できる。以下に、列挙してみよう。

〔11〕円珍…悉載置古記
〔14〕大雲寺建立縁起（1）…情尋旧記
【続群書本②】…謹記当寺開闢之由来
〔19〕智弁入滅…此験記有別紙
【続群書本⑥】…本縁起正暦元年有。
〔22〕高徳明神勧請…本地在別紙

〔29〕成尋渡宋…其文有別紙
〔37〕跋文…右略旧記目録等取詮大雲寺縁起如件。永正十七庚辰六月□日□清浄法花禅衆以古本書之。
【続群書本⑰】帰朝の意志、大雲寺鐘…此鐘之由来有別紙。
『大雲寺縁起』（丙本）巻末の跋文…右一巻者、古今先賢所録之縁起幷伝記等、雖有之、数巻而弗易見之。故多巻中取肝要、且以中世之伝記補其闕略、考正年代等、為全巻。故不顧禿毫令清書者也。
甲本跋文…古本依繁多。撰略書之。

両本のみならず、丙本も含め「古記」「旧記」「当寺開闢之由来」「別紙」「本縁起」「古今先賢所録之縁起」「古本」という記述が見られる。また、「旧記目録等」「古今先賢所録之縁起幷伝記等」「数巻」「多巻中取肝要」「且以中世之伝記補其闕略、考正年代等、為全巻」「古本依繁多」とあることから、「古本」は複数存在していたことが明らかである。

そこで、現存諸本と「古本」との関係を探るために、東大蔵実相院本と続群書本の全体構成を確認してみよう。まずは、東大蔵実相院本である。

「大雲寺縁起」（永正十七年六月玄祝の跋）→「大雲寺諸堂目録」（「已上」の文字）→（仮題…当寺名哲之系図）
→「右大雲寺縁起一巻。山城國愛宕郡岩倉村実相院蔵本明治十九年九月編修星野恒採訪二十一年一月影寫了」

続いて、続群書本は、

「大雲寺縁起」（跋文なし）→「大雲寺諸堂記」（跋文なし）→「当寺名哲之系図」（天正十七年八月八日賢慶の跋）
→「右大雲寺縁起壱冊。元禄壬申之冬。佐々宗淳獲之京師寫」

となる。傍線を引いたように、ともに「右大雲寺縁起」と述べ、「大雲寺諸堂目録」（「大雲寺諸堂記」）・「当寺名哲之系図」も含め、すべてをまとめて一つと捉えている。ただし、注意したいのは、東大蔵実相院本は「大雲寺縁起」に直接永正十七年の跋文があることである。それは、元来はここまでが「大雲寺縁起」であったことを指し示しているのであり、「大雲寺縁起」と「目録」等はそれぞれが元来は別物として作成・伝来していたと考えられるのである。そして、両者の跋文の記述から、続群書本は遅くとも元禄年間、東大蔵実相院本は明治十九年までには合冊されていたことがわかる。筆者がかつて検討した大安寺関連文書である「大安寺住侶記」「大安寺縁起」「大安寺塔中院建立縁起」が、江戸時代には一冊に合冊されている例があることから[6]、東大蔵実相院本も江戸時代のある時期には合冊されていた可能性は高いであろう。また、「取詮大雲寺縁起」「多巻中取肝要」「且以中世之伝記補其闕略、考正年代等、為全巻」という表現からも、現存諸本は、すべて整理・合本されたものであり、ここから「古本」の表現を特定することは極めて難しいとするほかないであろう。

上述したように、東大蔵実相院本と続群書本とは、異なる点があり系統を異とする可能性が高いのであるが、東大蔵実相院本と近しい関係にあると思われるのが、丙本である。たとえば、両本ともに「大雲寺諸堂目録」と題する部分を有しており（続群書本は「大雲寺諸堂記」と題する）、また、「目録」内の諸堂の配列も両本ともに同じである（続群書本とは異なる）ことが挙げられる。まずは、ここからは「大雲寺諸堂目録」と「大雲寺諸堂記」は異なり、「大雲寺縁起」のみならず「目録」にも諸本があったことがうかがえよう。

また、丙本「大雲寺諸堂目録」[7]には、如法院の項目に「青衣天童」（(25)）の奇瑞が、宝塔院の項目に「伊勢神宮の童子」（(26)）の奇瑞がそれぞれ記されており、後者には東大蔵実相院本にはあり、続群書本にはない「貴船」という記述がある。これらのことから、両本は、非常に近似する内容を持っていると考えられる。ただし、東大蔵実相院本「大雲寺諸堂目録」には上記の奇瑞に関する記述はなく（上記の奇瑞は縁起の本文中にある）、また、丙本にあるという「真覚が余慶の入室の弟子」という記述[8]は、東大蔵実相院本では〔19〕に余慶に関連する記述はあるものの、この記述は見られない[9]。そのため、両本もまた完全に同じものではないことが明らかであり、諸本を大きく続群書本系統（乙本はこの系統[10]）と東大蔵実相院本系統（丙本はこの系統）とに分類することはできるが、各系統内でも差異があり、その差異それぞれが、いずれの「古本」によっているのかを明らかにすることは難しいであろう。

続いて、両本（本来は両系統とするべきではあるが、乙本・丙本を実見できない現状では、このように記す）の作成目的を考察するため、成尋・大雲寺の顕彰という点から比較してみたい。成尋の顕彰に関しては、両本ともに示されている。両本共通のものとしては、成尋が大摂政殿の宣旨により入宋したことや青衣童子などの日本での奇瑞の導入が挙げられ、東大蔵実相院本単独のものとしては、中国の皇帝が成尋の弟子であるという記述が見られ、続群書本単独のものとしては、成尋が帰国したとの誤報が流れたという記事が見られる。いずれにしても、両本共通して成尋を顕彰する記事を収載していることがわかる。

これに対し、大雲寺自体の顕彰という点から考えてみたい。まずは、続群書本には大雲寺の鐘の由来が記されている点が注目される。そして、この由来譚は、続く「大雲寺諸堂目録」にも「鐘之事」として載っており、そこには成尋が入唐渡海したときの出来事に由来していることが語られている。

大師入唐渡海之時、於舟中読経給。時下海之龍神忽海上浮出親聴聞、其内大蛇角載此鐘舟中江振入。但人説大師龍宮城江奉召請御布施此鐘令献之由云々。大師此鐘背負出給龍宮帰給由也。不詳。

これは、龍宮城などの記述から、明らかに後世の付会であり、また「読経→龍神出現」という流れが、縁起本文の「読経→青衣天童・伊勢神宮の童子出現」といった一連の流れと類似している。大雲寺自体を顕彰しながらも、同時に成尋がそれに深く関与していたことを示しているのであって、上述したように続群書本の全体の内容構成が、東大蔵実相院本と比較して成尋により重点が置かれていることを考えると、続群書本は成尋の顕彰を中心とした記述となっていることがわかるであろう。

これに対して、東大蔵実相院本ももちろん成尋の記述が大きな中心をなしていることは間違いないのだが、縁起の最後に隆覚についての記述（36）があることに注目してみたい。本文でも見られるように、隆覚の父親は源隆国である。隆国は成尋とも親交があった人物であるが、大雲寺に関しても多大な貢献をしていたようなのである。「大雲寺縁起」に続く「大雲寺諸堂目録」には、多くの堂舎が記載されているが、その半数ほどの堂舎が隆国の係累によって建立されていることが指摘されているのである[11]。

これらの相違から想定されることは、東大蔵実相院本と続群書本とでは、作成の目的が異なっているのではないかということである。東大蔵実相院本は大雲寺を日本仏教史の流れの中に位置づけることによって、その存在意義を主張するのに対し、続群書本は前提である日本仏教史の流れを削り、成尋をクローズアップすることにより、その存在意義を主張する方法を採っているように思われるのである。もちろん、両本ともに大雲寺を価値づけることを目的としているわけであるが、そのアプローチの方法が異なるのであって、それが両本の記事の相違となっているのではないだろうか。それが、参照した「古本」によっているのか、それとも両本編纂時に組み替えられたものなのかは、判断することはできない。

最後に、『群書解題』の「古本」に関わる記述を挙げておこう。

古本縁起の成立は、思うに、本文中に「熙寧弐稔（一〇六九）己酉卯月日唐国東京成尋」「日域山城国帝都北岩蔵山大雲寺」「円生樹院阿闍梨隆覚門弟中」、あるいは、唐記（仏祖統記〔ママ〕四十五を言うか）として、「熙寧七年甲寅十月六日」等の文を引用しているので、該縁起の原本成立は成尋（一〇一一―一〇八一）、隆覚を降る頃、十一世紀の終わりか十二世紀の初め頃と推定される。ただし、「付」の大雲寺諸堂記および当寺名哲之系図、大雲寺名池、の諸項は、天正十七年（一五八九）八月二十八日、権少僧都賢慶が古本を参考として書き纏めたものと考える。

ここで『解題』は「唐記」を「仏祖統紀」とした上で成立年代を比定しているが、『仏祖統紀』は咸淳五年（一二六九）成立であり、推定年代とはかけ離れている。そもそも、実際は『仏祖統紀』にそのような記事はなく、なぜ『解題』がそのように考えたのか疑問である。また、続群書本の成尋に関わる本文自体でも、「熙寧弐稔」と北宋の年号を記載しながら、「大宋」ではなく「唐国」と記している点や、祈雨の記事において、成尋の見た夢を「皇帝御夢告」と神宗が見た夢となっている点、その夢の内容が、修法の壇上に赤龍（王）と青龍王とが競い合って下ってきているというもので、日本での雨僧正仁海の祈雨伝承などと混同していると思われる点、また、『解題』も（掲げた場所以外で）指摘しているように入宋の年紀に錯誤がある点などから、記述に混乱が見られ、記事に信用がおけない。そもそも、成尋没後からさほど経っていないであろう「十一世紀の終わりか十二世紀の初め頃」に、ここまで成尋に関する記述に齟齬が生じることがあるであろうか。続群書本そのものや『解題』には信が置けず、「古本」の成立年代を想定することは難しい。

おわりに

以上までの点を、成立年代を中心に簡単にまとめておきたい。これまで、「大雲寺縁起」といえば、続群書本が著名であったが、それとは系統を異にする東大蔵実相院本が存在すること、また、それぞれは作成目的が異なっていたのではないかということ、そもそも、それ以前に多くの「古本」が存在していたであろうことなどが明らかになった。

成立年代については、『解題』の年代比定は証拠不十分で成立しえないであろうこと、複数の「古本」の存在が想定され、そのうちどれが原拠であるか確定する術がないことなどから、「大雲寺縁起」の原本成立時期を確定するのは、慎重を期すべきであるといえることが判明した。[12]

また、詳細は別の機会に検討したいと思っているが、成尋の日本における奇瑞（童子の問題）は、中世的世界を示しており、かつ、丙本「目録」に載っていることから、これが「古本」原本成立後の付け足しの可能性もないわけではないが、跋文に「略旧記目録等取詮大雲寺縁起」とある以上、遅くとも永正十七年には組み込まれていたものが存在していたのであろう。いずれにせよ、この点については後考を期したい。

注

（1）単行本に限っても、島津草子『成尋阿闍梨母集・参天台五臺山記の研究』（大蔵出版、一九五九年）、平林文雄『参天台五臺山記　校本並に研究』（風間書院、一九七八年）、宮崎荘平『成尋阿闍梨母集　全訳注』（講談社、一九七九年）、伊井春樹『成尋の入宋とその生涯』（吉川弘文館、一九九六年）、同『成尋阿闍梨母集全釈』（風間書房、一九九六年）、齋藤圓眞『参天台五臺山記』Ⅰ・Ⅱ・Ⅲ（山喜房佛書林、一九九七・二〇〇六・二〇一〇年）、藤善真澄『参天台五臺山記の研究』（関西大学出版部、二〇〇六年）、同訳注『参天台五臺山記』上・下（関西大学出版部、二〇〇七・二〇一一年）、王麗萍校点『新校参天台五臺山記』（上海古籍出版社、二〇〇九年）、森公章『成尋と参天台五臺山記の研究』（吉川弘文館、二〇一三年）、拙著『渡航僧成尋、雨を祈る――『僧伝』が語る異文化の

交錯――』（勉誠出版、二〇一三年）などの成果がある。

（2）東大蔵実相院本を積極的に利用しているのは、管見の限り、僅かに石井正敏「成尋生没年考」（『中央大学文学部紀要・史学科』四四、一九九九年）のみである。

（3）実相院に所蔵の有無を問い合わせたところ、現在、実相院所蔵の数千点の資料の大半が京都市歴史資料館に運ばれて、まとめて京都市の文化財指定を受けるべく確認調査中とのことであり、東大蔵の原本が存在しているかどうかは確認できないとの返答をいただいた。そのため、本稿では東大蔵の本を利用し翻刻している。

（4）この仮題は、続群書本を例にしてつけた。

（5）角田文衞「大雲寺と観音院――創建と初期の歴史――」（『角田文衞著作集　第四巻　王朝文化の諸相』法藏館、一九八四年。初出は一九六八年）。

（6）拙稿「大安寺住侶記」（新川登亀男研究代表『古代における南西アジア文化とヤマト文化の交流に関する調査・研究（総集編）――南天竺婆羅門僧正菩提僊那をめぐって――』早稲田大学・奈良県連携事業成果報告書、二〇一四年）。

（7）丙本「大雲寺諸堂目録」は前掲注（1）島津著の翻刻（五一～五三頁）を参照した。

（8）前掲注（5）角田論文。

（9）この部分、東大蔵実相院本では「別紙」とあるものに含まれているのか。

（10）前田育徳会尊経閣文庫本もこちらの系統になる（東大史料編纂所蔵本を参照した）。

（11）前掲注（1）島津著、原美和子「成尋の入宋と源隆国の説話集編纂」（『アジア遊学』三七、二〇〇二年）。

（12）細かいことではあるが、続群書本よりも東大蔵実相院本の方が漢文らしく、「古本」の古さを感じさせる。たとえば、〔29〕成尋渡宋に載る「以大摂政殿宣宇治殿御息渡唐」が、続群書本では「大摂政殿宣以既為入唐」と、「以」の位置が後方に来て、日本語風になっているようにである。

『西琳寺文永注記』について

加藤謙吉

一　読み下し・語注

河内国古市郡西林（琳）寺の事

　条々

一　縁起の事

　天平十五年十二月晦日記に云ふ

西林寺古市寺

右の寺の縁起は志貴嶋宮に御宇《あめのしたしろし》めしし天忍羽天皇の己卯年九月七日に、始めて[*1]大山上文首阿志高、諸の親属等を将率《ひき》ゐて、此の寺幷びに阿弥陀の丈六の仏像に仕へ奉《まつ》る。

　私に曰はく、広庭は欽明天皇なり。己卯は、即位廿年なり。文首は氏なり。阿志高は名なり。仕へ奉るは、仏を造り、寺を立つの詞なり。

宝蔵安置の金銅弥陀居長一尺六寸の光銘に云ふ

蓋し聞く、法身無相、色を以て求むるに非ず。本姓（性）寂寥、生を以て滅得する（ママ）（得る?）に非ず。但、四生菓を殊にし、六道各々回《めぐ》る。所以に法蔵比丘の四十八願、□（三）輩往生す。是を以て書 大阿斯高《ふみのおおあしこ》君の子、支弥高《きみこ》首、仏法を修行し、西琳寺を草創す。復た以て子梅檀高《おうちこ》*2首、土師《はじ》 長兄高《のながえこ》*3連、羊 古《ひつじこ》首、韓会古《からえこ》首、敢て塔寺を奉る。*4宝元五年己未の正月に二種の智識、敬みて弥陀仏像并びに二菩薩を造る。願はくば此の功徳により現世の親族万世に福延し、七世の父母意の随《まま》に住し、含霊の類、斯の福力を同じうせんことを

【語注】

＊1 **大山上文首阿志高**……後出の「書大斯高君」と同一人。

＊2 **梅檀高**……『万葉集』巻五・七九八に「妹が見し楝（アフチ）の花」とあり、センダン（梅檀・楝）の古名は「おうち」（アフチ）。

＊3 **土師長兄高連**……土師長兄高連は『書紀』大化二年三月条の東国国司の中に記す「百舌鳥長兄」（土師氏の四腹に毛《も》受《ず》腹が見える）に当てる説が有力。西琳寺の所在地（古市郡古市郷）に近接して、河内国志紀郡に土師郷があり、神護景雲三年には志紀郡人の人、土師連智毛智が宿禰姓を与えられている（『続紀』）。大阪府藤井寺市所在の道明寺の前身、土師寺は、この氏の創建寺院であろう。長兄高は、井上光貞（「王仁の後裔氏族と其の仏教」〔『史学雑誌』五四―九、一九四三年〕）が指摘したように、大阿斯高・支弥高ら西文（書）氏一族の姻族とみられる。

＊4 **宝元五年己未**……「宝元」という年号は他に見えないが、己未の干支により斉明天皇五年（六五九）にあてることができる。吉田晶（『羽曳野市史』）第一巻、一九九七年）が指摘するように、「宝元」は斉明天皇の「宝皇女」の諱に

因む宮廷年号と見るべきか。

天暦六年九月廿三日の寺牒に云ふ

右、此の寺、志貴嶋天皇のおほみために、堂塔を建立し、相伝す。柏原天皇[*1]、毘盧舎那仏を奉顕す。私に曰はく、奉顕の毘盧舎那仏は崇重の意か。天平年中記[*2]に正に此の像を載す。延暦年中記に曰はく、朽損すと云々。若し柏原の御造立ならば、延暦以後年序を経ずして、何ぞ朽損すること有らんや。定めて知る。桓武の造立にあらざるなり。

【語注】

＊1　**柏原天皇**……桓武天皇のこと。大同元年の没後に山城国紀伊郡柏原山陵に、殯宮儀礼を経て葬られたため、陵墓に因んで、柏原天皇と呼ばれる。

＊2　**天平年中記**……「天平年中記」は本来、「天平十五年十二月晦日記」や「天平十五年帳」と同一の文書とみられ、井上光貞（「王仁の後裔氏族と其の仏教」〈前掲〉）はこれを天平十五年の西琳寺の資財帳の一部とする。一方、吉田靖雄は撰者の惣持が参照し、記録したのは資財帳ではなく、天平十五年に作成された伽藍縁起であるとするが（『日本古代の菩薩と民衆』吉川弘文館、一九八八年）、惣持の私記で「天平年中記」と対比される「延暦年中記」は「延暦八年帳」を指すとみられるから、資財帳・伽藍縁起のいかんを問わず、彼の手許にあった天平十五年の文書をもとに「天平年中記」が書かれたことは確かであろう。天平十二年（七四〇）に聖武天皇は河内国大県郡知識寺の盧舎那仏像を礼拝しているが（『続日本紀』）、同じ南河内地方の古市郡西琳寺に、ほぼ時を同じくして盧舎那仏像が造立されていたことは、注目に値する。

承安元年七月寺僧慶深常光房記に云ふ

昔、百済国[*1]の王子西より来たり、朝に仕ふ。一巻の書、指腰の故、姓を賜ひて文と称す。晩に栄花を厭ひ、仏道に入りて板茂翁連[*2]の宅に寄宿す。七姓の人に語らひて、当寺を建立す。巨勢[*3]、金集、清内、清野、茅原、板茂、文なりと云々《しかしかいえり》。

又云ふ。当寺西僧坊東第一房の等定[*4]行人、亀瀬山[*5]の直峯《ひたみね》の箕輪の谷に至り、遥かに谷の上を見るに、大師子・小師子並びて居り。近づきて見るに、大師子翁[*6]に変じ、小師子児と成る。行人翁に就《ちかづ》きて児を乞ふ。寺に還りて養ひ奉る。後、帝位に即く。即ち桓武天皇なり。即ち等定を召して僧都と成し、講堂仏聖燈油の料として、長原郷[*7]の田畠三十六町池一町を寄付すと云々。

私に曰はく、若し此等が記す文の如くんば、百済日域両朝の御願寺にして、欽明・桓武　崇重の僧伽藍か。己卯九月草創の後、文永八年辛未に至るまで七百一十三年なり。

【語注】

＊1　**百済国の王子西より来たり**……永和四年（一三七八）頃成立の『西琳寺流記』は、西琳寺建立者の「大山上文首阿志高将軍」を「百済国王子也」とする。文首阿志高（書大阿斯高君）を欽明朝に渡来した百済の王子とする所伝が存在したことが知られ、この百済国の王子も阿古高を指すとみられる。行基没後に弟子の真成が作成した「行基墓誌」（「大僧上〔正〕舎利瓶記」）は、行基を「本出㆓於百済王子王爾之後㆒焉」と記すので、阿志高百済王子説は王仁伝承をもとに作られ、後に広く流布されるに至ったものと推測することができる。

＊2　**板茂翁連**……板茂翁連は未詳。板持（茂）氏（史・連）は、河内国の板持村（石川郡・錦部郡）を本拠とした西文氏配下のカワチノフミヒト（西史部）中の一氏。フミヒトについての詳細は、加藤謙吉『大和政権とフミヒト制』（吉

川弘文館・二〇〇二年）。

＊3 **巨勢、金集～板茂、文なり**……巨勢氏は武内宿禰の後裔と称する大和国高市郡巨勢郷を本拠とした古代の有力在地土豪。なお西琳寺は古代の幹線道路丹比道（竹内街道）の道筋に位置するが、その西方のルート上にある丹比郡（のち八上郡）の金岡の地は、大和絵の創始者とされる巨勢金岡の居住地と伝える。真偽のほどは明らかでないが、あるいはこの地は巨勢氏の勢力が及んだ地域か。金集は、フミヒトの一員であった金集史のこと。「長屋王家木簡」の中に「河内国古市郡古市里金□史□」と記したものがあり（『平城宮発掘調査出土木簡概報』二一・三〇頁）、西琳寺所在の古市郡内に和銅・霊亀の頃、金集史の一族の者が居住していた事実が推測できる。さらに後出の「天平十五年帳」の僧侶歴名中に見える西琳寺住僧の願忠は、族姓者ではあるが、伊予国宇麻郡常里の金集史族の出身であり、金集氏と西琳寺の密接な関係がうかがえる。清内は清内宿禰のこと。旧姓は凡河内直（忌寸）で、天長十年（八三三）に凡河内忌寸紀麻呂ら三人が清内宿禰の氏姓を賜わった（『続日本後紀』）。『三代実録』元慶七年（八八三）六月十日甲辰条の清内宿禰雄行の卒伝によれば、雄行は河内国志紀郡の人。吉田晶は、凡河内氏を摂津国菟原郡を本拠とした在地土豪とし、瀬戸内海航路の要衝、務古水門《むこのみなと》を押さえたことなどにより、五世紀末以降に台頭、西摂地方から河内の重要拠点である志紀地方に進出し、「凡河内国造」の地位を占めて、この地に定着したと推定している（『日本古代国家成立史論』東京大学出版会、一九七三年）。志紀郡は古市郡に隣接しており、清内氏が西琳寺建立の「七姓の人」中の一氏としてあげられるのは、この事実と関連しよう。清野は清野（浄野）宿禰のことで、西文氏の族長的地位にあった文忌寸最弟が、延暦十年（七九一）から同十六年頃までに清野宿禰を賜姓されたもの。茅原はいかなる氏か未詳。ただし氏名を「カヤハラ」とすると、天平～天平勝宝期の河内国石川郡佐備郷や同郡紺口郷の住人に草原首・草原の一族の者が複数認められる（『大日本古文書』二五巻九四・一一九～一二〇頁）。石川郡が古市郡と地域的に接する事実に基づくと、茅原はこの草原（カヤハラ）氏を指す可能性がある。板茂については＊2参照。文は古市郡を本拠とした西文氏（首・忌寸）のことである。

＊4 **等定行人**……等定（七二一―八〇〇）は、『七大寺年表』によると河内の人。天平十年代に東大寺の実忠のもとで華厳教学を学び、神護景雲二年には西琳寺の大鎮僧の地位にあって、寺の運営にあたり、西僧坊東第一房に住した。亀瀬山の話は伝説にすぎないが、等定が桓武天皇の学問の師であったことは確かとみられ、延暦二年（七八三）、東大

寺別当に任ぜられたのも、同九年に律師となって僧綱入りを果たすのも、桓武天皇の抜擢によると推定されている（佐久間竜『日本古代僧伝の研究』吉川弘文館、一九八三年）。『大安寺崇道天皇御院八嶋両処記文』によれば、等定は早良親王の師でもあった。延暦十二年に少僧都、同十六年に大僧都となり、同十九年に没。佐久間（前掲書）が説くように、等定が大鎮僧として西琳寺に迎えられたのは、西文氏ら王仁後裔氏族との密接な関係によるとみられ、『七大寺年表』の河内人の記述とあわせると、彼自身も王仁後裔氏族の出身であった可能性が高いと思われる。

＊5 **亀瀬山の直峯**……亀瀬は大和国平群郡竜田から生駒山地を横断して、竜田越で河内国大県郡の峠・高井田方面へ抜ける大和川沿いの峡谷。『扶桑略記』後一条天皇治安三年（一〇二三）十月二十七日条は、高野山参詣を終えた藤原道長が法隆寺から竜田越で河内に入ったとし、「指二河内国一、進発之間、亀瀬山之嵐、紅葉影脆、竜田川之浪、白花声寒。爰於二山中一仮鋪二草座一、聊供二菓子一。……」と記している。亀瀬山は峡谷の背後にせまる生駒山地の峰を指すと解することができよう。

＊6 **大師子・小師子並びて～養ひ奉る**……『三国仏法伝通縁起』巻中に、「実忠上足有二等定大僧都一、是桓武天皇御師範也、桓武天皇東宮已前於二亀瀬山峯一、現二獅子無畏之身一、示二大聖老翁之姿一、獅子復二本形一顕二童子之形一、必是五髻文殊童子、等定拝レ之進二臨幸於寺一、乃河内国西林寺也、彼寺是天智天皇之御願、等定即彼寺住僧、東大寺為二本寺一習二学華厳一講敷不レ倦、桓武践祚之後修二造西林寺一、興二隆東大寺一顕二揚華厳一紹二続円宗一」と、同様の話を掲げる。獅子は、仏語で仏のたとえ。『類聚三代格』巻二（修法灌頂事）所収貞観十八年六月二十五日付太政官符に、

応下以二延暦寺文殊影響楼一為中誓二護聖朝一処上事

五間楼一基高五丈三尺廣五丈三尺縦三丈八尺

正体文殊座像一軀高四尺八寸

化現文殊乗師子立像一軀高八尺（下略）

と記す。

＊7 **長原郷の～池一町**……長原郷は河内国丹比郡（現大阪市平野区長原）の一帯。永和四年頃成立の『西琳寺流記』に、「桓武天皇御師範等定僧都者、当寺住僧也。仍長原庄三十六町〈段別三斗〉、奉二為講堂仏餉燈油料一御寄進也」とあり、応永元年八月五日付「西琳寺領田畠目録」には「長原庄」の名を挙げ、「長原庄一箇里当知行分田畠」として、七町

一反三百歩、そのほか沙汰人・公文・下司の給など六町二段、合わせて十三町三段三百歩とする。

一　寺号の事

古市寺　延暦延喜の比より多に古市寺と云ふ

西林寺　和銅二年已下の帳に見ゆ
建久二年の長者の宣、此くの如し

西琳寺　延喜十年已下の帳に見ゆ

一　寺官の事

大鎮[*1]　神護曇（景）雲二年記に云ふ、大鎮僧等定

少鎮[*1]　延暦八年帳、少鎮僧勝寵

座主[*2]　康平五年記に云ふ、座主権少僧都

別当[*3]　承和七年帳に云ふ、別当大法師兼行

権別当　天禄三年帳に見ゆ

副別当　寛平六年帳に見ゆ

小別当　承和七年帳に見ゆ

検校　嘉祥三年帳に見ゆ
延喜三年帳、之に同じ

上座[*4]　嘉祥三年已下の帳に多に在り。天平十五年帳に云ふ、上座僧神照[*5]

寺主[*4]　同上

権寺主　同上

小寺主　天慶九年帳に見ゆ

都維那[*4]　天平十五年帳に見ゆ、都維那僧得恵[*6]

権都維那　天禄三年帳に見ゆ

知事　天平十五年帳に見ゆ。知事僧常福[*6]

目代　寛弘元年帳に見ゆ

年預[*7]　天延三年帳に見ゆ

預堂達[*8]　応和二年帳に見ゆ

調直　寛弘六年帳に見ゆ

大政人[*9]　神護景雲二年帳、大政人蔵田長[*10]

少政人[*9]　同帳に云ふ、少政人武生継長[*11]

俗別当　延喜十六年帳に云ふ、俗別当浄野宿禰
永延元年帳に云ふ、俗別当文宿禰

檀越　諸帳に多に有り
浄野　文　板茂　武生　蔵

【語注】

＊1　**大鎮・少鎮**……「鎮」は奈良・平安初期、諸寺に置かれて寺務を総理した僧職。三綱の上位に位し、大・中・小鎮があり、別当と共通する性質を持つ。

＊2　**座主**……寺務を統轄する貫首の職名で、平安初期に成立。

＊3　**別当**……三綱の上位にあって寺務を統轄する僧職。平安時代初期に設置され、史料上の初見は延暦二十三年（八〇四）六月の「東大寺家地相換券文」に記す「(東大寺) 別当大法師位修哲」の例。

＊4　**上座・寺主・都維那**……上座・寺主・都維那は僧尼統制のために各寺院に置かれた三綱の構成員。僧尼令の施行により、広く各寺院に設置され、九世紀初頭に寺家別当が成立すると、その配下にあって寺家政所を形成した。貞観十三年（八七一）には権力の乱用を防止するため、四年の任期制となったが、平安後期に入り、年預五師の台頭とともに次第に寺内での勢力を低下させていった。

＊5　**神照**……後出の「天平十五年帳」に、西琳寺住僧で、「死闕」と注記される神照（俗姓高屋連土形）と同一人物。

＊6　**得恵・常福**……得恵（都維那）と常福（知事）は、後出「天平十五年帳」の僧沙弥二二口の僧十六人の中に含まれる人物とみられる。

＊7　**年預**……「年預」は一年間の寺務を預かるの意。行事・預などとともに寺内の議決機関の運営を指導し、事務を執行した職務。

＊8　**預堂達**……「堂達」は法会・受戒などの儀式の際に、唄師・散華などの下にあって諸事を行い、願文を導師に、呪願文を呪願師に捧げる役僧。

＊9　**大政人・少政人**……寺院の庶務を掌る機関である政所の管理者で、俗人の別当（俗別当）より成る。大政人はその長、少政人はその副であろう。

＊10　**蔵田長**……蔵田長は他に見えず。蔵氏は『三代実録』貞観五年九月十日己亥条に河内国古市郡人の蔵史乙継の名を記し、この氏の居所が古市郡にあったことが知られるが、『続日本紀』神護景雲四（宝亀元）年三月辛卯条によれば、河内国の由義宮に行幸した称徳天皇が、博多川（大和川との合流地点に近い石川）の川辺で遊宴した際に、葛井（白猪）・船・津・文（西文）・武生（馬）・蔵の六氏が歌垣に供奉している。六氏が奏した歌垣は中国・朝鮮半島よりもたらされた踏歌の様式をとり、『令集解』所引「古記」に「野中古市人歌垣」とされるもので、「野中古市人」とは、河内国丹比郡野中郷と同国古市郡古市郷を本拠とした百済系のフミヒトの諸氏を指す言葉である。蔵氏（カバネは首または史）は、王仁の後裔と称した西文氏や武生氏と同族関係にあり、彼らとともに古市郡古市郷を本拠としたのであろう。蔵田長が大政人として西琳寺の維持管理に携わったのは、この氏が王仁の後裔氏であったことに基づいている（加藤謙吉『大和政権とフミヒト制』吉川弘文館、二〇〇二年）。

＊11　**武生継長**……武生継長は他に見えず。武生氏の旧姓は馬史（毗登）。天平神護元年（七六五）に馬毗登国人・同益人

ら四十四人が武生連の氏姓を賜わり、延暦十年（七九一）には武生連真象が文忌寸最弟らとともに宿禰姓を賜姓された（『続日本紀』）。王仁の後裔で、西文氏の同族とされるが（『続日本紀』『新撰姓氏録』）、天平神護元年に武生連を賜姓された右の馬毗登益人は河内国古市郡の人で、『続日本紀』天平神護元年九月丁未条によれば、この時厚見連の氏姓を賜わった馬毗登夷人も古市郡の住人であった。すなわち武生氏は西文氏や蔵氏とともに古市郡古市郷を本拠とした百済系フミヒトの「野中古市人」の一員であり、武生継長が少政人として西琳寺の運営にあたったのも、そのためとみられる。

一　堂舎の事（『　』は原本朱書〔物持の注記〕の部分）

金堂[*1]　天平十五年帳に云ふ、金堂一基二重
延喜十九年帳に云ふ、大破[*2]
『今、全し』

宝塔[*3]　天平十五年帳に云ふ、塔一基五重　座涅槃像
延喜十九年帳に云ふ、□破[*2]
『少損』

講堂[*4]　天平十五年帳に云ふ、法堂一基長九丈六尺 広四丈六尺
延喜十九年帳に云ふ、□破[*2]
『今、全し』

歩廊[*5]　天平十五年帳に云ふ、歩廊一院長各十九丈 広十六丈
延喜十六年帳に云ふ、大破[*6]
『丑寅の角に新造す。余り無し』

中門　延喜十六年帳に云ふ、中破[*6]
同十九年帳に云ふ、中破[*2]を過ぐ
『文永元年三月十九日 南大門[*7]の跡に移す』

岡田堂[*8]　延喜十九年帳に云ふ、中破[*2]
長久五年帳に云ふ、猶在り

『今、跡を知らず』

五間四面堂[*9]
延喜十九年帳に云ふ、大破[*2]して用ゐず
『今、只、礎石を残す。古老の相伝に茅原堂と号づく』

三昧堂
長久五年帳にこれ在り。已前には見えず
『先年、議《はか》ること有りて、茅原堂の跡に移す』

幢々
延喜十六年帳に云ふ、朽崩[*6]
同十九年帳云ふ、無し[*2]
『今は無し』

鐘臺
天平十五年帳に云ふ、鐘臺一基 長二丈一尺 広一丈三尺
延喜十六年帳に云ふ、中破
『大破。故に新造す』

瓦葺双倉壱宇
天平十五年帳に云ふ、門戸二具、各鑼《サシ》(くさり)子を懸く
南の内には経を収め、北の内には楽器等を収む
延喜十六年帳に云ふ、中破[*6]
『今、只、南残れり』

食堂
天平十五年帳に云ふ、食堂一基 長七丈五尺 広三丈五尺
延暦十六年帳に云ふ、大破[*6]
『今、全し』

東僧坊[*10]
天平十五年帳に云ふ、長十丈、広三丈三尺
延喜十六年帳に云ふ、大破[*6]
『焼失。故に新造す』

西僧坊
同上
同上[*6]
『正応三年夏、修理これを始む』[*11]

東小子房　延喜十九年帳に云ふ、無し[*2]

『今、跡無し』

西小子房　延喜十六年帳に云ふ、瓦葺十間の小子坊一宇、大破[*6]

『今、跡無し』

南大門　延喜十六年帳に云ふ、中破[*6]
同十九年帳に云ふ、大破[*2]

『文永元年三月十八日、議ること有りて、中門を以て南大門と為す。昔の門、焼失する故なり』

東大門　延喜十六年帳に云ふ、瓦葺きの東大門一宇大破[*6]

『今、無し』

西大門　延喜十六年帳に云ふ、今年正月五日、大風ありて、吹き崩さる[*6]

『今、無し』

北大門　天暦六年帳に見ゆ

『今、無し』

四面築垣　延喜十六年帳に云ふ、上葺無し。南は頗る全し
東は崩れ大破[*6]

『今、只、跡有り。然れども弘長二年二月廿一日に築き始め、文永二年、東西の大門に至り、南の際、これを築く』

中門　延喜十六年帳に云ふ
檜皮葺の中門一宇（庁の前に在り 中破[*6]）

『已下、今無し』

五間庁屋　[*6]延喜十六年帳に云ふ、五間の庁屋一宇、瓦葺大破[*6]

五間後庁屋　同じく云ふ、五間の後の庁屋一宇庇在り少破[*6]

五間大炊屋　同じく云ふ、五間の大炊屋一宇、大破[*6]

湯屋　同じく云ふ、湯屋一宇築垣の西方に在り大破[*6]

『近年、新造す寺の外の西方に在り』

合屋　天平十五年帳に云はく、合屋十宇

『已下、今無し』

合倉　同じく云ふ、合倉十四間[*12]、本は八間

新入六間」この内、甲一間、板二間、瓦木三間[*13]

東西客房　延喜十六年帳に云ふ、檜皮葺の東西客房、二宇無し[*6]

【語注】

＊1　**金堂**……『西琳寺流記』（以下、『流記』と略記）は元明天皇の和銅七年（七一四）に金堂が再興されたかのように記す。「一縁起事」の条に見える「阿弥陀丈六仏像」について、『流記』は「金堂本尊丈六阿弥陀仏像幷観音勢至二菩薩像也」と記しており、この阿弥陀像が金堂の本尊。

＊2・6　**大破・□破・中破を過ぐ・無し・崩・小破・朽崩・吹壊**……延喜十九年帳（＊2）によれば、金堂・歩廊・五間四面堂・南大門が「大破」、講堂・中門・岡田堂が「中破」と「過中破」、幢々・東小子房が「無」とあり、延喜十六年帳（＊6）によれば、食堂・東僧房・西僧房・西小子房・五間庁屋・五間大炊屋・湯屋の全体もしくは一部が「大破」、中門・鐘台・瓦葺双倉・南大門が「中破」、五間後庁屋が「少破」、幢々が「朽崩」、西大門が「吹壊」、東西客

房が「無」とあって、一〇世紀前半の延喜年間には西琳寺の建物の多くは倒壊または破損していたことが判明する。天平十五年帳に見える堂舎は、金堂・宝塔・講堂・歩廊・鐘台・瓦葺双倉・食堂・東僧房・西僧房・合屋十宇・合倉十四棟である。もとよりこれ以外にも建物は存したであろうが、天平十五年帳に記さず、延喜十六年帳・同十九年帳に見える堂舎の多くは、天平期以降に新たに建造されたものと推定される。すなわち奈良時代後半～平安時代初頭にかけて西琳寺は発展期を迎え、伽藍の拡充が行われたとみられるが、神護景雲二年帳によれば、この時期、大鎮僧として西琳寺を統轄したのは、桓武天皇の信頼を得ていた等定であった。前掲の『三国仏法伝通縁起』が、桓武天皇践祚の後、等定が西林（琳）寺を修造したと記し、天皇が長原郷の田畠三十六町池一町を西琳寺に寄進したとすること（「承安元年七月寺僧慶深常光坊記」）は、寺の発展が等定と桓武天皇の関係に基づき実現した事実を示唆する。しかるにその後西琳寺は急速に衰退し、延喜の頃にはもはや見る影もないほど荒廃していたと推察することができよう。

＊3 **宝塔**……『流記』は、宝塔の草創が欽明二十年で、宝塔の第四層の心柱の銘に「和銅七年より五〇三年後の建保四年（一二一六）の二月に修理した」と記しているとし、和銅七年と建保四年の二度にわたって、塔の修理が行われたとする。宝塔の内陣には釈迦八相図があり、うち二相は転法輪と入涅槃の相。貞治年間（一三六二～六八年）に、講堂は落雷により火災にあったが、仏像と塔婆は無事であったとする。

＊4 **講堂**……『流記』は桓武天皇の延暦年中の建立とし、「但再興歟」と注記。本尊は盧舎那仏で、当初の二階の堂が破損したため、建保の修理の時に、今のように造りかえられたとする。さらに桓武天皇の師範の等定僧都は当寺の住僧で、そのため講堂の仏燈油料として、長原庄三十六町を寄進されたとするが、これらの記事は前出の「天暦六年九月廿三日寺牒」や「承安元年七月寺僧慶深常光坊記」、および物持の付した私注と一致する。

＊5 **歩廊**……『流記』に、中門回廊は永仁年中（一二九三～一二九九）に住持の円忍が発願建立したが、応安元年（一三六八）六月の大地震で倒壊。同年修理したが、東西二方は欠けたままであるとする。

＊7 **南大門の跡に移す**……南大門の項、参照。

＊8 **岡田堂**……岡田堂は西文氏管轄下のカワチノフミヒトであった岡田史と関係があるか。『続日本紀』神護景雲三年九月辛巳条に「河内国志紀郡人、従七位下岡田毘登稲城」らの名が見え、岡田史は古市郡の隣郡の志紀郡に居住していたことが知られる。

＊9　五間四面堂……詳細不明。ただし古老の相伝に基づき、この堂の一名が「茅原堂」であったとすれば、「一縁起事」の「承安元年七月寺僧慶深常光坊記」の項に見える当寺建立七氏の「茅原」氏（前述のように、河内国石川郡佐備郷や紺口郷を拠点とした草原首のことか?）、（前述）と関わる堂の可能性があろう。

＊10　東僧坊……『流記』にも「東僧坊回祿（火災）」とあり、惣持の私注と一致する。『流記』は東僧房を「新造以来三百年」と記すので、『流記』の成ったとみられる永和四年（一三七八）より逆算すると、承暦二年（一〇七八）頃に新造されたと推測することができる。『流記』は、さらに東僧房が応安三年（一三七〇）に修造されたとする。

＊11　正応三年夏……文永八年（一二七一）に一旦『西琳寺文永注記』を書き終えた惣持が、西僧坊修理の正応三年（一二九〇）以降にこの注記を書き加えたことが知られる。

＊12・13　甲・瓦木……「甲」は校倉、「瓦木」は檜の厚板。

一　僧宝等の事

天平十五年帳[*1]に云ふ。

僧沙彌并せて廿二口[*2]僧十六見在口の中、二僧借住、四去るを知らず、三死

僧行会[*3]　年五十四 臈卅三　摂津国住吉郡大国里戸主津 戊申年四月廿八日に飛鳥寺にて受戒し、公験を受く

摂津国住吉郡大国里戸主津

戊申年四月廿八日飛鳥寺にて受戒し、公験を受く。

僧願忠　年五十六 臈三十三　伊予国宇麻郡常里戸主金集史挨麿[*4]の弟得麿 己酉年三月廿八日飛鳥寺にて受戒し、公験を受く

僧神耀　年卅五 臈十五　河内国古市郡下新居郷宮処里戸主文忌寸足門の戸口 同郡麿の男豊国、神亀三年三月廿三日薬師寺にて受戒し、公験を受く

僧智蔵　年五十一 臈十九　河内国丹比〔舟北〕郡余戸郷余戸里戸主依網〔納〕[*5]古渡の男広岡 養老六年三月廿三日薬師寺にて〔に於いて〕受戒し、公験を受く

僧延達 年卅五 臈十五 [6]河内国古市郡尺度郷鴨里戸主県犬養連弓足の姪乙麿 神亀四年三月廿三日薬師寺にて受戒し、公験を受く

右四僧去るを知らず。

僧弁教 年六十九 臈卅六 河内国古市郡[7]細川原椋人広麿の戸口 大宝三年閏〔潤〕四月十五日大官大寺にて受戒し、公験を受く

僧神照 年五十九 臈三十六 河内国古市郡尺度郷戸主[8]高屋連家麿の戸口高屋連土形、大宝三年閏〔潤〕四月十五日大官大寺にて受戒し、公験を受く

僧永基 年五十三臈十八 和泉監大鳥（郡）大村郷山田里[9]比志貴造牛手の男広田 養老五年三月廿三日薬師寺にて受戒し、公験を受く

右三僧死闕。

天平十一年正月一日より十三年十二月卅日に至るまで合はせて参歳三日一千九十三箇日

合はせて米九百三十四石二斗

合はせて単口仏聖僧幷びに衆僧客僧奴婢雇人六万六千百五十四口〔日〕 仏御分を堂の童子料に 聖僧の御分を乞者幷びに病人の昼用に宛つ

仏聖僧二千百五十六軀供米卅八石八斗八合 日別二座軀別一升八合の内粥料三合

衆僧一萬一千二百八十一口食米二百三石五斗八合 口別一升八合の内粥料三合

客僧百六十七口食米三石六合 口別一升八合の内粥料三合

【語注】

*1 **天平十五年帳**……天平十五年帳は、①僧名歴名と、②天平十一年から十三年までの食米計算書、③「一縁起事」条の

「天平十五年十二月晦日記」の三種類から成り、惣持はこれらの記録を「天平十五年帳」と総称したと推察される（吉田靖雄、前掲書）。吉田は、②が天平十一年から十三年までの計算書であることより、それを天平十四年時に作成されたものとし、①で死闕とされる神照が、「一寺号事」条に「天平十五年帳云上座僧神照」と記す人物と同一人であり（前述）、上座僧の神照は天平十五年十二月の晦日に成った③に署名したとみられることから、彼が「死闕」の状態になるのは天平十六年以降で、①の作成期もそれ以降としなければならないとする。吉田はさらに、①に掲げる

表1「僧名歴史」の分析（勝浦案）

勝浦令子「書評　吉田靖雄著『日本古代の菩薩と民衆』」（『史学雑誌』九九編三号、一九九〇年）

	僧名	受戒年次	臈	推定年次	年齢	推定受戒年齢	備考
1	行会	七〇八・四・二八	三三	七四一（T一三）	五四歳	二一歳	◆
2	願忠	七〇九・三・二六	三三	七四一（T一三）	五六歳	二三歳	◆
3	神耀	七二六・三・二三	一五	七四〇（T一二）	三五歳	二一歳	不知去
4	智藏	七二二・三・二三	一九	七四〇（T一二）	五一歳	三三歳	不知去
5	延達	七二七・三・二三	一五	七四一（T一三）	三五歳	二一歳	不知去
6	弁教	七〇三・㊃・一五	三六	七三九（T一一）	六九歳	三一歳	死闕　七四〇年四月迄生存可能性有
7	神照	七〇三・㊃・一五	三六	七三九（T一一）	五九歳	二一歳	死闕　七四〇年四月迄生存可能性有
8	永基	七二一・三・二三	一八	七三八（T一〇）	五三歳	三三歳	死闕　七三九年四月迄生存可能性有

㊃は閏四月。Tは天平。夏安居四月十五日～七月十四日までとして計算した。

＊勝浦氏作成の原表では、備考欄の◆の箇所を〔借住〕と記すが、注解［2］の吉田靖雄説に従って、願忠（第六紙）と神耀（第七紙）の紙継目の間に本来はもう一紙あり、それが亡失したとすると、行会と願忠は借住ではなく、現在僧と見るべきであろう。

八僧の年齢を天平十六年当時のものと仮定すると、受戒年齢が二十歳に満たない者が四人もおり、受戒後の経過年数と臈数との間にも誤差が生じることを指摘し、①の受戒とは比丘戒受戒ではなく沙弥戒受戒を指し、臈数（比丘戒を得た後の安居の回数）との差は沙弥期間を表していると推定する。さらに南都の教団では十五歳未満の得度を認めない慣例があったことに依拠して、①作成年次に三十五歳とされる神耀が十五歳で得度したとすると、①の作成期は天平十八年頃に求めるのが妥当であるとする。これに対して勝浦令子（「書評　吉田靖雄著『日本古代の菩薩と民衆』」『史学雑誌』九九編三号、一九九〇年）は、上座僧神照のケースは天平十五年帳という②の計算書など十五年以前の記事も含むものの中に見える、西琳寺の上座僧の初出例にすぎず、彼が十五年の末まで生存している必要（③の署名者である必要）はないとした上で、①の受戒年次に臈（受戒年を第一回目の臈とする。ただし夏安居の時期中に受戒した場合は翌年からの回数）を加えた年次を算出すると、それぞれ天平十一年から十三年までの間となること、これを①のデータの示す時期として、そこから逆算して受戒時の年齢を割り出すと、すべて二一歳以上となり、受戒は沙弥受戒ではなく比丘戒と考えて差し支えないことを指摘する（表1）。勝浦説に基づくと、天平十一年から十三年までの食米計算書である②は、①の僧侶の異動データと対応することになり、吉田説が仮定的な基準に依拠したものであるのに対して、合理的で説得力があり、従うべき見解と思われる。

＊2

僧沙彌幷せて廿二口僧十六……僧と沙弥あわせて二二口、うち僧は十六口、沙弥は六口。現在（見在）僧は「借住」二、「不知去」四、「死闕」二を除く七口。ただし僧名歴名として掲げる八僧のうち、弁教・神照・永基の三僧が「死闕」、願忠・神耀・智藏・延達の四僧が「不知去」となり、現在僧とみられるのは行会だけである。「一寺官事」条に「見于天平十五年帳」とする都維那僧の得恵と知事僧の常福も、本来は現在僧の中に含まれるとすべきであろうが、この二僧を足しても七口とはならない。さらに「沙弥」六口と「借住」二口の名も記されていない。このような表記上の矛盾に対して、吉田靖雄（前掲書）は、願忠（第六紙）と神耀（第七紙）の紙継目の間に、もとはもう一紙あり、この一紙分は、物持の自筆本が後に巻子装された際に亡失したと推定する。すなわち亡失した一紙には、第六紙の行会・願忠（願忠は行会とともに現在僧）に接続する形で僧五口の名、次いで沙弥六口、借住二口の名を掲げ、それぞれに「右七僧見住（在）」・「右六口沙弥見住（在）」・「右二僧借住」と記し、最後に「不知去」の一人目に相当する僧一口の名を挙げて、第七紙の神耀へと続いていたと想定し、亡失紙の行数を全部で十七行と復原する。亡失紙前後の第四紙から第七紙はどれも十七行から成り、最後の第九紙（一行）を除くと、他もまた近似の十八～二十行の間におさまるから、吉田の推測は当を得たものと判断することができよう。新川登亀男（「法隆寺幡銘管見」『東アジアと日本〈宗教・文学編〉』吉川弘文館、一九八七年）は、「見在口之中二僧借住四不知去三死」の傍点部を「見九口」と判読し、神耀の前の一僧分が切り取られ、九僧を列挙すべきところを八僧しか記さなかったとするが、吉田が指摘するように、この説に基づくと行会と願忠が借住となり、願忠の次に当然「右二僧借住」の一行が付け加えられなければならず、神耀の前の一僧分とあわせて二行が切り取られたことになり、不自然である。吉田が計測した紙幅（四一・七糎）との関連という点から見ても、切り取りが行われた形跡は認められないと思われる。

＊3 **僧行会**……僧行会について、僧名歴名の分注は、「摂津国住吉郡大国里戸主津」と記すのみで、戸主の姓（カバネ）や名、戸口の氏姓名を欠く。吉田靖雄（前掲書）が指摘するように、物持は奈良時代の原本を披見した際に、判読不能な部分を欠字とせずに、判読できる部分にすぐに接続した疑いがもたれる。行会は摂津国住吉郡大国里の「津」をウジとする戸主某の戸口であったことになるが、「津」の下にさらに読めない字が続き、戸主某は「津」とは異なるウジを名乗っていた可能性もあながち否定できない。摂津国住吉郡は航海神の住吉三神の祭祀氏族で、令制下の住吉郡の郡領を輩出した津守連（宿禰）の本拠地であったから、戸主某は津守氏の一族の者と推察することができ、行会もまたその同族であったかもしれない。

＊4 **金集史挨**……挨は「族」で、金集史族は　金集史の同族団の下部組織を構成した族姓者。金集史・金集史族については、「一縁起事」の「承安元年七月寺僧慶深常光房記」の項の注＊3参照。

＊5 **納**……納は「網」の誤り。『和名抄』に河内国丹比郡依羅郷があり、「依網屯倉」（仁徳紀・皇極紀）、「依網池」（崇神記・仁徳記、崇神紀・推古紀）の名が見える。依網屯倉は、河内国丹比郡依網郷から隣接する摂津国住吉郡大羅《おおよさみ》郷にまたがる地域に設けられた屯倉。智蔵（依網広岡）やその父の依網古渡は、無姓（カバネ）とされるが、おそらくカバネは省略されたもので、『続日本紀』神護景雲元年七月辛未条に、「同国同郡人（河内国志紀郡人）従六位上依羅造五百世麻呂、丹比郡人従六位下依羅造里上等十一人依羅連」とする旧造姓の依網（羅）連の一族とみられる。この氏は『新撰姓氏録』河内国諸蕃に百済国人の素禰志夜麻美乃君《そねしやまみのきみ》より出自したと記す依羅連と同一氏で、かつて依網屯倉の経営に関与した渡来系の一族と推定できる。智蔵が西琳寺に住したのは、百済系の渡来氏族の出身で、本拠地が

西琳寺と近接する位置にあった縁故によるのであろう。なお依網屯倉とその周辺地域に拠った依網（羅）氏には、ほかに依羅我孫（宿禰）や物部氏系の依羅連、物部依網連（朝臣）がいる。

＊6 河内国古市郡〜姪乙麿……県（縣）犬養連弓足の本貫地である古市郡尺度郷は、現羽曳野市尺度から蔵之内にかけての一帯（尺度の北方に「鴨」の小字名も残る）と推測され、西琳寺所在地の古市郡古市郷（現羽曳野市古市）とは距離的に近い。県犬養氏は犬養部を率いて県やミヤケの倉などの守衛にあたった伴造氏であるが、安閑紀二年九月条には、桜井田部連・県犬養連・難波吉士らが「屯倉の税」を主掌したと記しており、この屯倉は河内国石川郡桜井（現富田林市）の地に設置された「桜井屯倉」（安閑紀元年十月条）を指すとみられる（岸俊男「県犬養橘宿禰三千代をめぐる臆説」〔『古代史論叢』所収、末永先生古稀記念会、一九六七年〕）。難波吉士の拠点は古市郡の尺度の地の南に接する石川郡の喜志の地（現富田林市）で、桜井の地は喜志に隣接するから、県犬養氏はすでに六世紀代から古市郡尺度郷に居を構え、難波吉士や桜井田部連らとともに、桜井屯倉の経営に従事していたことがうかがえる。さらに『続日本後紀』承和元年九月辛酉条にも古市郡人の県犬養宿禰小成の名が見えるので、少なくとも九世紀前半まで継続して県犬養氏の一族の者が古市郡内に存在したことは確かである。このほか古市郡の隣郡である志紀郡の大路郷（邑智郷）にも、宝亀二年（七七一）の時点で、県犬養宿禰真熊が居住していた（『大日本古文書』六巻、一二九頁）。大路（邑智郷）郷の郷域は未詳であるが、『藤井寺市史・第一巻〈通史編1〉』（一九九七年）が指摘するように、「大路郷」の郷名が藤井寺市船橋から堺市方面へと西進する古代の幹線道路、「大津道」に由来する名であるとすると、この地もまた比較的西琳寺に近い位置にあったことになり、県犬養氏と西琳寺とが地域的な結合関係で結ばれていた事実を推し量ることができよう。

＊7 細川原椋人……細川原椋人の氏姓は他に見えない。「椋人」はクラヒトと読み、倉人・蔵人にも作る。クラヒトは朝廷やミヤケの倉の管理にあたった官人的なトモで、直木孝次郎（「人制の研究」同著『日本古代国家の構造』〔青木書店、一九五八年〕所収）によれば、渡来系の氏族出身者が多く、単姓と複姓の二種が存し、複姓の場合は「地名＋倉（椋・倉）人」の形を取る者がほとんどである。したがって「細川原」も地名を指すとみられるが、未詳。ただ類似の名を持つクラヒトに川原椋（蔵）人と細川椋人の両氏がおり、前者は河内国丹比郡の川原城の地を本拠としたと推察される。細川椋人は天平五年の右京計帳に右京三条三坊の戸主として「細川椋人五十君」の名が見えるのが唯一の

事例であるが、和田萃（「横大路とその周辺」『古代文化』二六巻六号、一九七四年）が指摘するように、「細川」は「細川原」の誤記で、五十君は河内国古市郡を本拠とした細川原椋人の一族の者ととるべきかもしれない。西琳寺の所在地は大和から難波へと向かう「丹比道」（竹内街道）に面しているが、川原椋人の川原城もその沿道にあり、複姓クラヒトの一氏、白鳥椋人の拠点も丹比道沿いの古市郡（白鳥陵の地）にあった。あるいは天平十五年帳の「細川原」の「細」を衍字と見て、「細川原椋人」は「川原椋人」の誤りとすることも可能かもしれないが、その場合は川原椋人の居住区が、丹比道を介して川原城の地から近隣の古市郡にまで及んでいたと理解することができよう。

＊8 **高屋連**……高屋連は『延喜式』神名帳の古市郡高屋神社を氏神社とし、安閑天皇陵のある「河内之古市高屋村」（『古事記』）・「旧市高屋」（『日本書紀』）を本拠とした物部氏系の一族。高屋神社の旧社地と安閑天皇陵に治定される高屋築山古墳は、現羽曳野市古市五丁目（旧古市郡古市郷）に存し、古市二丁目所在の西琳寺とはまさに指呼の間にある。ほかにも『続日本紀』慶雲元年六月乙丑条に古市郡人の高屋連薬女の名を記すので、古市郡一帯に高屋連一族の者が集住していた形跡が認められ、江戸時代に大阪府南河内郡太子町（旧河内国石川郡磯長村）で発見された墓誌に宝亀七年（七七六）に葬られたと記す高屋連枚人も、古市郡の住人であった可能性があろう。なお『文永注記』末尾に、弘長三年（一二六三）、興福寺の都維那範祐から西琳寺別当職を買い取り、叡尊に寄進したとされる「当寺氏人」の源憲俊と源憲経は、小谷利明（「叡尊と河内武士団——西琳寺氏人源憲俊を中心に——」『ヒストリア』一七九号、二〇〇二年）によれば、本姓が「高屋」であり、高屋連の子孫の可能性が高い（詳細は後述）。そうすると高屋氏は、少なくとも天平期の西琳寺上座僧の神照の時代から一三世紀後半に至るまで、一貫して西琳寺と深い関わりを持っていたことになろう。

＊9 **比志貴造**……比志貴造の氏姓は他に見えない。和泉国大鳥郡には菱木村（『和名抄』の大鳥郡日部《くさべ》郷の郷域。現大阪府堺市西区菱木）があり、仁賢紀六年是秋条に見える「菱城邑」の地とみられる。比志貴造はこの地を本拠とし、大鳥郡大村郷にも拠点を有したと推測されるが、和泉国大鳥郡日部郷は行基の出身氏族で、王仁の後裔とされる古志（高志）史（天平神護二年〔七六六〕に連に改姓）の本貫地であった。『新撰姓氏録』によれば、古志連には河内国諸蕃と和泉国諸蕃に本系を掲げる二氏があり、河内を本貫とする一氏は西文氏や蔵・武生氏らの王仁後裔氏族と同じく古市郡古市郷に拠った「野中古市人」に属する百済系フミヒトであり、行基やその父古志史才智（佐陀智）を出した

和泉国の一氏は、古市郷から大鳥郡日部郷の地に、二次的に移住した一族と推察することができる（加藤謙吉、前掲書および「古志史とコシ国」『日本古代史研究と史料』〈青史出版、二〇〇五年〉所収）。すると比志貴造出身の永基が西琳寺の住僧となったのも、古志史の仲介・斡旋による可能性が高いと見るべきであろう。造のカバネを持つ氏族には渡来系の者が少なくないので、比志貴造の出自も同様に考えてよいかもしれないが、その場合、和泉国大鳥郡日部郷で形成された渡来系の古志・比志貴両氏の結合は、かなり強固なものであったと推量される。

神護慶（景）雲二年条
衆僧御供養加益の事
右、頃年の間、頻りに旱亢に遭ひ、供養すと雖も猶乏少なり。今商量して口別四合の米を加へ一升二合と定むること前の如し

神護慶雲二年八月一日

大鎮僧等定

大政人蔵田長　　少政人武生継長

私に曰はく、此等の記に依れば、当寺上代の僧徒の行儀、専ら戒儀を守る歟。一食の長斎[*1]、客僧を隔てず、仏の御分を堂の童子に宛て、聖僧の御分を乞者并びに病人に宛つるの条、専ら仏法に順ひ、頗る心肝に銘ず。

【語注】

＊1　**一食の長斎**……一食は仏道修行を行う僧侶の生活規範として定められた十二頭陀《ずだ》の一つで、午前中に一回だけ取る食

事のこと。長斎はこのような斎食を修行として長く続けることを言う。

一　寄（奇）瑞の事

古老の相伝に云ふ、金堂の弥陀丈六像は百済国より請来せるなり。[*1]女帝臨幸の時、[*2]後戸より正面東西に至る地破裂すと云々。

私に曰はく、天平十五年記に準ずるに、此の朝に造立するが似《ごと》し。但し御使を立て、彼の国に於いて造れる歟。女帝は未だ何れの帝か詳らかならず。破裂の條、今に明鏡なり。

【語注】

＊1　**金堂の弥陀〜百済国より請来**……『流記』に金堂本尊の丈六阿弥陀仏像や観音・勢至の二菩薩像などの諸仏は、「皆百済国阿志高親王所下奉レ渡居中于当寺上也」とする。ただ文首阿志高（書大阿斯高君）を百済の王子（阿志高親王・阿志高将軍）とし、「承安元年七月寺僧慶深常光房記」に記すような、事実とは異なる異伝が生まれるのは、時期的にはかなり下ってからであり、前述のごとく「行基墓誌」に初見する王仁百済王子説に影響を受けて成立したものと推測することができよう。

＊2　**女帝臨幸**……臨幸した女帝が誰かは不明。西琳寺の草創期を推古朝後半とし、宝元五年（斉明五年〈六五九〉）頃に寺が一通り竣工したとすると（詳細は後述）、西琳寺への臨幸が行われる時期はそれ以降と見るべきであろう。斉明以降の天皇で西琳寺に行幸したことが確認できる女帝は存在しないが、ただ元正天皇は在位期間中に二度、譲位後に一度、和泉宮（智渟離宮）に行幸しており、途中竜田越えで河内を経由している。さらに孝謙（称徳）天皇は天平勝宝元年に河内の智識寺に行幸して盧舎那仏を拝しており、重祚後も道鏡のために河内国若江郡弓削郷に由義宮（西京）を営み、天平神護元年以降、再三にわたってこの地に行幸している。したがって元正よりも孝謙の方が蓋然性が

高いと思われるが、前述（「一寺官事」条＊10）のごとく、神護景雲四年（宝亀元年〈七七〇〉）には、称徳天皇が博多川（大和川合流地点に近い石川）の川辺で遊宴した際に、「野中古市人」に属するフミヒト系の六氏が歌垣を奏している。この時、博多川と距離的に近い西琳寺に天皇が臨幸した可能性はあながち否定できないであろう。

一　寺務の事

　別当増暁、都維那宣信に譲るの状に云ふ。

＊1当寺は上代官符の宣を以て補任し来たれる所なり。而るに近古より以降、其の儀久しく絶へ、器量の仁相承の上、本所一乗院の御下文を賜はりて、寺務を執行すと云々。

　私に曰はく、別当明昭の時、当寺を以て一乗院に寄進すること、子細左の如し。

当寺の僧《ゝ》（当寺寺僧）＊2慶深の注文に云ふ。

当寺の氏人文清明、寺外丑寅に一堂を建立し、勝応寺と号く（今勝福寺是なり）。山階寺の別当＊3一乗院信房僧正を請じ奉り、件の堂を供養す。清明喜び礼ひ、言上す。今生の大願既に円満にこれ候ひぬ。最愛の子一人を御布施に進上仕らむ。僧正仰せて言さく、六天四天下、人の子を第一財と為す。子を布施にする事、世に有り難きことに為《し》て。七珍百宝に勝れり。即ち具《とも》に帰りて御弟子と為す。明昭是なり。清明悦びて本免十町に又十町を加へ、明昭を以て別当と為すと云々。

＊4文清明、明昭に譲るの状

譲る与ふ　西琳寺別当職の事

右、彼の寺造立より以降《このかた》、＊5氏人の中《うち》文氏を寺務執行と為し、譜代にあらざる異姓他人の者は、寺務執行無きの寺なり。而うして清明の嫡子明昭を以て、その職に補任する所なり。仍って後代の異論を絶つために、存生《ぞんじょう》の時に所帯の文書を相ひ具《そな》へ、永く別当とせらるること件のごとし。

康平六年正月十日　　散位文清明在判

＊4別当明昭、義尊に譲るの状

譲り与ふ　西琳寺の事

右、件の寺は、曩祖建立の伽藍に為《し》て、年紀既に久し。代々別当職は氏人の中より選任せらるるなり。而うして明昭氏族の末流に陪《はべ》り、一氏の撰に当《かな》ふ。少年より興福寺に常住し、苟も修学者の数に列するなり。是を以て所帯の寺家を興福の末寺となして寄進し、久しく本寺の御勢を蒙りて、頻りに横煩《おうぼん》を禦《ふせが》んとす。しかる間に身病重侵し、余喘《よぜん》何日と知り難し。爰に義尊、既に一族の末胤として常住し修学す。又多年の弟子と為すなり。心操相整《あひととの》ふ。其の才幹を計るに、尤も寺家の別当たるべし。仍て永く譲り与ふる所、件のごとし。

承暦四年二月十日　　法師在判

私に曰はく、此等の状に依るに、別当明昭当寺を以て一乗院に寄進してより以後、既に二百余年に及ぶ。之に依り、延久・永保・康和元年、大治・天承・康治・永暦の比《ころ》当寺牢寵の時、一乗院政所御下文、寺家静謐の正文皆寺庫に在り。しかのみならず永保二年正月の御下文に、正権別当忝なくも御判を載し、皇太后宮御菜使の非理の雑役を停廃せらる。是、実に末代の規模《きも》なり。

侍従都維那範祐別当、弘長三年十月別当職を以て当寺の氏人[*6]薩摩守源憲俊・兵部丞源憲経の両人に沽却せるの後、二人の別当五人の庄官と一味同心して名字を住持三宝に寄進す。尽未《じんみ》来際《らいさい》に管領することを停止し、速やかに戒律弘通の栖《すみか》と為し、永く衆僧止《し》住《じゅう》の砌と為す其の状、別に在り。

右、謹みて旧記を抜き、粗《あらあら》肝要の状を注すること、件のごとし。

文永八年三月廿六日　　比丘惣持[*7]

【語注】

＊1　**当寺は上代官符の～所なり**……『三代実録』貞観十二年十二月二十五日壬寅条に、「又諸大寺并有封寺別当三綱、以㆓四年㆒為㆓秩限㆒、遷代之日、即責㆓解由㆒。但廉節可㆑称之徒不㆑論㆓年限㆒、殊録㆓功績㆒、申㆑官褒賞。自余諸寺、依㆓官符㆒、任㆓別当㆒（下略）」と記し、『延喜式』巻二一玄蕃寮にも同文の法令を掲げる。

＊2　**慶深の注文**……「慶深注文」は、「一縁起事」条に掲げる「承安元年七月寺僧慶深常光房記」の注文か。

＊3　**一乗院信房僧正**……「一乗院信房僧正」の名は、『興福寺別当次第』には見えない。ただ「慶深注文」の後続の部分や、「文清明譲明昭状」・「別当明昭譲義尊状」の記述を通して、文清明の子の明昭が少年時代に信房僧正の弟子となり、興福寺に学んで、康平六年（一〇六三）に父から西琳寺別当職を譲渡されたこと、さらに明昭が一族の義尊に別当職を譲った承暦四年（一〇八〇）には、すでに西琳寺は一乗院に寄進され、その末寺となっていたことが知られる。したがって、信房僧正とは一一世紀半ばから後半にかけて興福寺別当をつとめた一乗院の住持とみられるが、それに該当する僧侶は、「一乗院僧正」と号せられ、寛徳元年（一〇四四）に興福寺別当に任じ、天喜二年（一〇五四）に没した真範と推察することができる。

＊4　**文清明、明昭に譲るの状・別当明昭、義尊に譲るの状**……康平六年と承暦四年の二通の別当職譲状によれば、この間の経緯は康平六年（一〇六三）に文清明が嫡子の明昭に別当職を譲り、承暦四年（一〇八〇）に至って、さらに別当職が明昭から西文氏の末裔で、明昭の弟子であった義尊に譲られたことになる。この間、西琳寺はすでに興福寺一乗

院の末寺となっていたが、末寺化の時期は、明昭の別当職在任中で、かつ後出の惣持の私記によれば、文永八年（一二七一）より「二百余年」前とあるから、おそらく治暦年間（一〇六五～六九）頃に求めることができよう。一乗院の末寺となった後も、別当職は西文氏の一族の者によって占められていたことが知られる。

＊5　**氏人の中文氏～と為し**……「造立より以降、氏人の中、文氏を寺務執行と為し、譜代にあらざる異姓他人の者は、寺務執行無きの寺なり」とあるが、神護景雲二年帳によれば、当時の「大政人」・「少政人」は王仁後裔氏族の一員であるものの、文（西文）氏とは別系統の蔵田長と武生継長であり、西琳寺建立者の「七姓」（「承安元年七月寺僧慶深記」）のうち、巨勢・金集・清内・茅原・板茂の五姓も西文氏とは別氏である。西文氏が西琳寺運営の中核的存在であったことは事実であるが、少なくともこの寺を西文氏一氏の氏寺ととらえることは正しくない。この点については、後掲の「補論　西琳寺の創建とその歴史的性格」で詳述する。

＊6　**薩摩守源憲俊・兵部丞源憲経**……西琳寺の氏人とされる源憲俊と源憲経の二人については長くその素性が不詳とされてきたが、小谷利明（前掲論文）は、「金剛寺文書」・「和田文書」など、鎌倉時代の古文書を渉猟して、源憲俊の実像（憲経はその弟か？）を明らかにしている。すなわち源憲俊の祖父は源憲貞、父は憲清であるが、この一族は西琳寺俗別当職・金剛寺修理別当職・「惣大判官代職八上郡内金田長曾祢郡司書生以下諸職等」、そのほか散所所領を有する古市周辺を基盤とした関東御家人の一族で、「源」以外に「高屋」・「北」・「金太」・「古市」の姓を名乗る。このうち本姓は「高屋」であり、『記紀』の「古市高屋村」（「旧市高屋」）や『延喜式』の「高屋神社」の地を本拠とし、天平十五年帳に見える上座僧の神照（古市郡尺度郷の高屋連家麿の戸口同姓土形）を出した高屋連の後裔の一族と推察される。憲俊と憲経の二人は、弘長三年（一二六三）に氏寺である西琳寺の別当職を興福寺都維那範祐から買い取り、五人の荘官と「一味同心」して叡尊に寄進。これによって西琳寺は、興福寺末寺から「戒律弘通」の律宗寺院へと転じるのである。叡尊の自伝的日記である『感身学生記《かんじんがくしょうき》』によれば、叡尊は建長六年（一二五四）三月、西琳寺東の顕珍〈上野房〉の家で三日間説戒しているが、『羽曳野市史』第一巻（中世篇第二章第三節、大石雅昭執筆）が指摘するように、上野房顕珍もまた、源憲俊・源憲経らと同じく南河内の在地領主（武士身分）で、西琳寺の氏人と推定できる。正嘉二年（一二五八）に、叡尊は甥の惣持（日浄律師）の請により、西琳寺を訪れ二百五十六人に菩薩戒を授けているが（『西大勅諡興正菩薩行実年譜《さいだいちょくしこうしょうぼさつぎょうじつねんぷ》』）、これによれば惣持は正嘉二年以前に入山していたことになり（『律苑僧

宝伝』や『本朝高僧伝』は入山の時期を建長末年とする）、叡尊が別当職を寄進される弘長三年よりも早く、実質的に西琳寺の律宗寺院化が始まっていたことがうかがえる。

＊7　**惣持**……惣持については、後出の「『西琳寺文永注記』解題」の項を参照。

二　翻刻・校異

［凡例］

・文字・改行などは原本（大東急文庫本）のままとした。ただし、異体字は正字に訂正。

・惣持自筆原本の朱書の箇所には『　』を付した。

・惣持自筆原本の文字墨抹箇所は、文字の右に〻を付した。

・校訂に使用した諸本およびその略号は次の通り。

底本＝荻野三七彦校訂本（荻野三七彦「河内国西琳寺縁起に就いて」『美術研究』七九号、一九三八年）

東急本＝大東急文庫本（黒板勝美旧蔵惣持自筆原本）

石本＝石田茂作校訂本（石田茂作『飛鳥時代寺院址の研究』聖徳太子奉讃会、一九三六年）

羽曳本＝『羽曳野市史』第四巻（史料編1）所収校訂本

続群本＝『続群書類従』釈家部所収本

西大寺本＝西大寺所蔵本（惣持自筆原本の写本、書写年代不詳）

新＝新川登亀男（「法隆寺幡銘管見」〔『東アジアと日本〈宗教・文学編〉』吉川弘文館、一九八七年〕所収）の解読

山＝山路直充（「『西琳寺文永注記』「堂舎事」の検討」〔『藤澤一夫先生卒寿記念論文集』同刊行会、二〇〇二年〕所収）の解読

河内國古市郡西林寺事
條々
一　縁起事
天平十五年□□□□（十二月晦）日記□（云）
西林寺古市寺
右寺縁起奉為　志貴嶋大宮□□（御宇）
天忍羽廣庭天皇己卯年九月七日始□□（大山）上□（文）首
阿志高將率諸親屬等　仕奉此寺幷阿彌陀
丈六佛像
私曰廣庭者□□（欽明）天皇□□□□（也己卯者）即□（位）廿年
也文首者氏也□□□□□□□□□□□（阿志高者名也仕奉者造佛）
立寺之詞也
寶蔵安置金銅彌陀居長一尺六寸□（光）銘云
盖聞法身無相非以色求本姓[1]寂寥非以生滅得
但四生殊菓六道各[2]囘所以法蔵比丘卌八願□
輩往生是以
書大斯高君子支彌高□□□□□□□□□□□（首修行佛法草創西林寺）
復以子梅檀高首土師長兄高□□□□□□□（連羊古首韓會古）首

敢奉塔寺寶元五年癸未正月□□□（二種智）識敬造彌陀

（紙継目）

佛像幷二菩薩願此功徳現世親族福延萬世七世
父母隨意住含霊之類同斯福力
天曆六年九月廿三日寺牒云
右此寺奉為志貴嶋天皇□□□□□（建立堂塔相傳）柏原
天皇奉顯毗盧遮那丈六佛
私曰奉顯毗盧遮那佛者崇重之意歟天平年中
記正載此像延曆年中記云朽損云々若柏原御
造立者延曆以後不經年序何有朽損哉定知
不桓武造立也[3]
承安元年七月寺僧慶深常光房記云
昔百濟國王子西来仕朝一巻之書指腰之故[4]
賜姓稱文晚厭榮花入于佛道寄宿板茂翁連
之宅語七姓人建立當寺巨勢　金集　清内　清野
茅原　板茂　文也云々
又云當寺西僧坊東第一房等定行人至龜瀬山
直峯《ヒタミ子》箕輪之谷遙見谷上大師子小師子

並居近而見之大師子變翁小師子成兒行人
就翁乞兒還寺奉養後卽帝位卽桓武天皇
也卽召等定成于僧都講堂佛聖燈油之料

（紙継目）

寄付長原郷田畠卅六町池一町云々
私曰若如此等記文者百濟日域兩朝之御願寺
欽明桓武崇重之僧伽藍歟己卯九月草創之
　後至于文永八年辛未七百一十三年矣
一寺號事
古市寺自延暦延喜之比多云古市寺
西林寺和銅二年已下帳見之建久二年長者宣如此
西琳寺延喜十年已下帳見之
一寺官事
大鎮神護曇雲《ママ》二年記云大鎮僧等定
少鎮延暦八年帳少鎮僧勝□（寵）
座主康平五年記云座主權少僧都
別當承和七年帳云別當大法師[5]兼行
權別當見于天祿三年帳

53 副別當見于寛平六年帳
54 小別當見于承和七年帳
55 撿挍見于嘉祥三年帳延喜三年帳同之
56 上座嘉祥三年已下帳多在天平十五年帳云上座僧神照

（紙継目）

57 寺主同上
58 權寺主同上
59 小寺主見于天慶九年帳
60 都維那見于天平十五年帳都維那僧得惠
61 權都維那見于天祿三年帳
62 知事見于天平十五年帳知事僧常福
63 目代見于寛弘元年帳
64 年預見于天延三年帳
65 預堂達見于應和二年帳
66 調直見于寛弘六年帳
67 大政人神護景雲二年帳大政人藏田長
68 少政人同帳云少政人武生継□（長）
69 俗別當延喜十六年帳云俗別當浄野宿禰永延元年帳云俗別當文宿禰

70 檀越 諸[6]帳多有 浄野文 板茂 武生 蔵

71 一堂舎事

72 金堂 天平十五年帳云金堂一基二重 延喜十九年帳云大破 『今全』

73 寶塔 天平十五年帳云塔一基五重 坐[8]涅槃像 延喜十九年帳云[7]□破 『少損』

……（紙継目）……

74 講堂 天平十五年帳云法堂一基 長九丈六尺 廣四丈六尺 延喜十九年帳云中破 『今全』

75 歩廊 天平十五年帳云歩廊一院 長各十九丈 廣十六丈 延喜十六年帳云大破 『丑寅角新造 餘無』

76 中門 延喜十六年帳云中破 同十九年帳云[9]過中破 『□□（文永）元年三月十九日 □□（移于）南大門之跡』

77 岡田堂 延暦十九年帳云中破 長久五年帳云猶在 『今不知跡』

78 五間四面堂 延喜十九年帳云大破不用 『今只残礎石古老相伝號茅原堂』

79 三昧堂 長久五年帳在之已前ニハ不見 『先年有議移于茅原堂跡』

80 幢々[10] 延暦十六年帳云朽崩 同十九年帳云無 『今無』

81 鐘臺 天平十五年帳云鐘臺一基 □□□（長二丈）[11]一尺 □□□（廣一丈）三寸 延喜十六年帳云中破 『大破故新造』

82 瓦葺雙倉壹宇 天平十五年帳云門戸二具各懸鏁子 南内収經北内収楽器等 延暦十六年帳云中破 『今只南残』

83 食堂 天平十五年帳云食堂一基 長七丈五尺 廣三丈五尺 延喜十六年帳云大破 『今全』

84 東僧坊天平十五年帳云長十丈廣三丈三尺 延喜十六年帳云大破 『焼失故新造』

85 西僧坊同上 同上 『正應[12]三年夏修理始之』

86 東小子房延喜十九年帳云無 『今無跡』

87 西小子房延喜十六年帳云瓦葺十間小子房一宇大破 『今無跡』

88 南大門延喜十六年帳云中破 同十九年帳云大破 『文永元年三月十八日有議[13]以中門為南大門昔門焼失スル故也』

89 東大門延喜十六年帳云瓦葺東大門一宇大破 『今無』

90 西大門延喜十六年帳云今年正月五日大風被吹崩 『今無』

（紙継目）

91 北大門見天暦六年帳 『今無』

92 四面築垣延喜十六年帳云無上葺南頽全 [14]東崩大破 『今只有跡然弘長二年二月廿一日築始文永二年至東西大門南際築之』

93 中門延喜十六年帳云 檜皮葺中門一宇在廳前 中破 『已下今無』

94 五間廳屋延喜十六年帳云五間廳屋一宇瓦葺大破

95 五間。後廳屋同云五間後廳屋一宇在庇 少破

96 五間大炊屋同云五間大炊屋一宇大破

97 湯屋同云湯屋一宇在築垣西方 大破 『近年新造在寺外 西方』

98 合屋天平十五年帳云合屋十宇 『已下今無』

99 合倉 同云合倉十四間本八間 新入六間之中甲一間板二間 [15]瓦木三間
100 東西客房 延暦十六年帳云檜皮葺東 西客坊二宇無
101 一僧寶等事
102 天平十五年帳云
103 僧沙彌幷廿二口僧十六[16]見在[17]口之中二僧借住 四不知去三死
104 僧行會 年五十四 臈卅三 攝津國住吉郡大國里戸主津 戊申年四月廿八日飛鳥寺受戒受公驗
105 攝津國住吉郡大國里戸主
106 戊申年四月廿八日飛鳥寺受戒受公驗
107 僧願忠 年五十六 臈三十三 伊預國宇麻郡常里戸主金集史挍麿弟得[18]麿 己酉年三月廿八日飛鳥寺受戒受公驗

（紙継目）

108 僧神耀 年卅五 臈十五 河内國古市郡下新居郷宮處里戸主文忌寸足閇戸口 同郡[19]麿男豊國神亀三年三月廿三日薬師寺受戒受公驗
109 僧智藏 年五十一 臈十九 河内國丹比[20]郡餘戸郷餘戸里戸[21]主依網[22]古渡男廣岡 養老六年三月廿三日於薬師寺受戒受公驗
110 僧延達 年卅五 臈十五 河内國古市郡尺度郷鴨里戸主縣犬養連弓足姪乙麿 神亀四年三月廿三日薬師寺受戒受公驗
111 右四僧不知去
112 僧辨敎 年六十九 臈卅六 河内國古市郡細川原椋人廣麿戸口 大寶三年潤四月十五日大官大寺受戒受公驗
113 僧神照 年五十九 臈三十六 河内國古市郡尺度郷戸主高屋連家麿戸口高 屋連土形大寶三年潤四月十五日大官大寺受戒受公驗

僧永基 年五十三 臈十八 和泉監大鳥[23]大村郷山田里戸主比志貴造牛手男廣田 養老五年三月廿三日薬師寺受戒受公験
右三僧死闕
従天平十一年正月一日至于十三年十二月卅日合參歳三日一千
九十三箇日
合米九百三十四石二斗
合單口佛聖僧并衆僧奴婢雇人六萬六千百五十四日
佛聖僧二千百五十六軀供米卅八石八斗八合 日別二座軀別一升八合之内粥料三合 佛御分[24]宛堂童子料 聖僧御分乞者并病人晝用
衆僧一萬一千二百八十一口食米二百三石五升八合 口別一升八合之内粥料三合
客僧[25]百六十七口食米三石六合 口別一升八合之内粥料三合
神護慶[26]雲二年状
衆僧御供養加益事

（紙継目）

右頃年之間頻遭旱亢[27]雖供養猶欠少今商量加口
別四合米定一升二合如前
神護景雲二年八月一日
大鎮僧等定

大政人蔵田長　　　　少政人武生繼長
私曰依此等記當寺上代僧徒行儀專守戒儀歟
一食長齋不隔客僧佛御分宛堂童子聖僧御分宛
乞者幷病人之條專順佛法頗銘心肝矣
一寄瑞事
古老相傳云金堂彌丈六像者百濟國請來也女
帝臨幸之時自後戸至正面東西地破烈云々
私曰準天平十五年記似此朝造立但。立御使於彼國
被造[28]歟女帝者未詳何帝破烈之條于今明鏡也
一寺務事
別當增曉譲都維那宣信狀云
當寺者上代以官苻宣所補任來也而近古以降其儀
久絶器量之仁相承之上賜本所一乗院御下文
執行寺務云々
私曰別當明昭之時以當寺寄進一乗院子細如左

（紙継目）

當寺之寺僧慶深注文云

當寺氏人文清明寺外丑寅建立一寺号勝應寺今勝福寺是也
奉請山階寺別當一乗院信房僧正供養件堂
清明喜[29]禮言上今生乃大願既圓滿之候[30]怒寂
愛乃子一人御布施仁進上仕[31]僧正仰言六天四天
下人子於爲第一財子於布施仁寸留事世爲難有勝
于七珎百寶卽具[32]而歸爲御弟子明昭是也清明悦
天本免十町又加十町以明昭爲別當云々

文清明讓明昭狀

讓與　西琳寺別當職事
右彼寺自造立以降氏人之内文氏爲寺務執行不譜
代異姓他人者無寺務執行寺也而清明之嫡子以明
昭其職所補任也仍爲絶後代異論存生時相具所
帶文書永所別當如件
康平六年正月十日散位文清明在判

別當明昭讓義尊敬狀

讓與　西琳寺事
右件寺者爲曩祖建立伽藍年紀既久代々別當職
氏人之中所撰任也而明昭陪氏族之末流當一氏撰従少

（紙継目）

年常住興福寺苟列修學者之數也是以所帶寺家寄進於興福寺之末寺久蒙本寺御勢頻禦横煩而間身病重侵餘喘難知何日爰義尊既爲一族之末胤常住修學又爲多年之弟子也心操相調也計其才幹尤可爲寺家別當仍永所讓與如件

承暦四年二月十日法師在判

私曰依此等狀別當明昭以當寺寄進一乗院以後既及二百餘年依之延久永保康和元年大治天承康治永暦之比當寺牢籠之時一乗院政所御下文寺家静祕（謐）正文皆在寺庫加之永保二年正月御下文正權別當忝載御判被停廢皇（太）[33]天后御菜使非理雑役是實末代之規模焉

侍[34]従都維那範祐別當弘長三年十月以別當職沽却于當寺氏人薩摩守源憲俊兵部丞[35]源憲經兩人之後二人別當五人庄官一味同心寄進名字於住持三寶停止菅（管）領

180 於盡未来際速爲戒律弘通之栖永爲衆僧
181 止住之砌矣其狀在別
182 右謹披舊記粗注肝要之狀如件

……………………………………………………………（紙継目）

183 文永八年三月廿六日　　　　比丘惣持

【校異】


1…底本「舜」に作る。

2…囘（回）。石本「因」、羽曳本「同」に作る。

3…底本・羽曳本なし。ただし東急本・西大寺本には「立」の字あり。石本も同じ。

4…石本「柏」に作る。

5…西大寺本・石本「無」に作る。

6…石本「位」に作る。

7…石本・西大寺本「中」に作る。

8…底本欠字。石本・山路、「坐（座）」に作る。西大寺本も。

9…底本欠字とするも、東急本・西大寺本により「過」に訂正、山路同じく「過」に訂正。

10…石本「二」、西大寺本「壹」に作る。

11…石本は欠字。

12…「三年夏」石本は三字欠字とする。

13…石本欠字。

14…「東崩大破」の四字、底本に無し。東急本・西大寺本により改む。山路、同じ。

15…西大寺本・石本「凡」に作る。山路も「凡」と判読し、「凡」は「丸」の誤写で、「瓦木」は「丸木」のこととする。

16…石本、六の下に「僧」字を記すも、東急本・西大寺本には無し。

17…底本・西大寺本・続群本「廿」に作り、新川「九」とする。東急本は文字判然とせず。今、石本に従う。

18…底本「操」に作るも、石本・西大寺本により訂正。

19…石本、郡を「部」に作る。

20…丹・比の二字、底本「舟」・「北」に作る。

21…里・戸の二字、東急本は判読不能、西大寺本・羽曳本により補訂。

22…底本「納」に作るも、西大寺本には「網」とする。丹比郡内に依羅郷や依網屯倉が存し、依羅氏の居住地なるをもって、「網」の字に訂正。

23…東急本・底本・西大寺本・石本、「郡」の字脱字。

24…石本「合」に作る。

25…石本「一」の字を加えるも、東急本には無し。

26…慶ハ「景」の誤記。

27…底本・羽曳本「几」に作る。石本により改む。

28…石本、造を「送」に作る。

29…底本、禮を「札」に作る。

30…石本、候を「終」に作る。

31…東急本、「仕」と「僧」の字の間に文字（一字分）あるも、判然とせず。石本・羽曳本、「盤」に作る。

32…石本、而を「與」に作る。

33…東急本は「天」に作るも、底本、「太」の誤字とする。西大寺本は「大」に作る。

34…東急本・底本「待」に作る。石本により訂正。

35…底本「烝」・石本「至」に作る。

◆水戸彰考館所蔵『河内国西琳寺文書』所収写本附記

「河内国古市郡古市村西琳寺古文書一巻、文永八年比丘惣持真蹟

寛政八年丙辰晩秋両日、借覧摸写之、遺文可考、古色可掬寺伝云惣持中興祖

料紙長一尺広一尺三寸八分　無仏幹

廿七夜以副本一校了」

三　『西琳寺文永注記』解題

『西琳寺文永注記』は、文永八年（一二七一）に西大寺僧叡尊の甥（叡尊の弟、源景親の子）で、西琳寺の住職をつとめた日浄房惣持が、西琳寺伝来の文書・記録類を抜粋してまとめた寺誌である。惣持は寛元二年（一二四四）、伯父叡尊の弟子として西大寺で出家。戒律復興運動の中心を担った叡尊の河内布教に協力し、正嘉二年（一二五八）以前、おそらくは建長末年（一二五五～五六）頃に西琳寺に入山。住持として荒廃していたこの寺を中興するとともに、同寺を河内における律宗の中心寺院へと引き上げた功労者で、叡尊の後継者とも目された西大寺律宗の重鎮である。惣持の活躍により、西琳寺は西大寺につぐ戒律復興の重要拠点となったようで、『西琳寺流記』には「若西大寺律法衰微之時、可㆑被㆑移㆓于当寺㆒之由、契約状西大寺在㆑之云々」と記している(1)。

『西琳寺文永注記』の原本（惣持自筆）は、黒板勝美旧蔵の巻子本全一巻で、一一葉（縦二九・二センチメートル）の楮紙より成り、天地に界線を施している。惣持は所々に朱書で注を加えているが、「一堂舎事」条の「西僧坊」の項の注には「正応三年夏修理始之」とするから、文永八年後にも彼は追記を加え、その期間は正応三年（一二九〇）の西僧坊修理以後まで及んだことがわかる。黒板本は一時、海外の収集家に買い取られたが、その後、大東急文庫の所蔵に帰し、現在に至っている（以下、東急本と略記）。なお東急本にはもともと書名がなく、「河内国古市郡西林寺事」という書き出しで始まっている。

写本の主なものには、水戸彰考館の蔵本や書陵部蔵続群書類従本があり、前者は奥書に、寛政八年（一七九六）、藤貞幹（無仏幹）が東急本をもとに副本と校合して書写したとする（以下、彰考館本と略記）。東急本は現在損傷が目立ち、文字の判読できない箇所が少なくないが、彰考館本によりその補塡が可能である。ただし昭和二十年（一九四五）の水戸空襲によって彰考館本は焼失し、現存しない。後者は安永八年（一七七九）に惣持の原本を書写したもの。誤写脱落が多い。表紙に「西琳寺縁起惣持大徳記幷寺務職考証写」とするが、『続群書類従』編入の際に表題を『西琳寺文永注記』に改めている。このほか西大寺に惣持自筆原本の写本（「西琳寺縁起写」との表題がある）が所蔵されており、その写真版が大阪府文化財調査報告書第三輯『河内西琳寺の研究』（大阪府教育委員会、一九五五年）に収録されている。ほかにも書陵部蔵池底叢書本（文化十年書写）、書陵部蔵伴信友写本（文化十年書写）、内閣文庫蔵本（天保七年書写）などがある。

東急本（黒板本）は、昭和十一年（一九三六）、石田茂作により紹介され（『続群書類従』本の抄本である『大日本仏教全書』収録本（寺誌叢書三）により補訂[2]）、昭和十三年には荻野三七彦が黒板本の欠字を彰考館本によって補い、解説を加えた校訂本を公開した（以下、荻野本と略記[3]）。荻野はこの時、書名のない黒板本に仮称として『河内国西琳寺縁起』という表題を付けたため、その後本書は『続群書類従』本の『西琳寺文永注記』か、『河内国西琳寺縁起』の名で一般に知られるようになった。ただ内容・体裁という点に鑑みると、本書は厳密には縁起という範疇には含まれないので、ここでは便宜的に『西琳寺文永注記』という表題に従っておきたい。昭和五十六年（一九八一）には『羽曳野市史』第四巻（史料編2）に本書の全文（荻野本に依拠し、彰考館本により校訂）が収録され、さらに同市史第一巻（本文編1）（二〇〇七年）には、原本（東急本）の写真版が掲載されている。

本書は縁起事、寺号事、寺官事、堂舎事、僧宝等事、寄（奇）瑞事、寺務事の七箇条から成り、この寺の創建に関わる史料として、「天平十五年十二月晦日記」や「宝蔵安置金銅弥陀光銘」・「承安元年七月寺僧慶深常光房記」などを挙げ、僧宝等事条には「天平十五年帳」や「神護慶（景）雲二年状」の古記録を引用する。前者には西琳寺の住僧たちの年齢・出身・受戒年・臈などが記されており、天平期の官僧たちの実態をうかがうことのできる史料として重要である。「天平十五年帳」以外にも、本書は和銅二年（七〇九）・神護景雲三年（七六九）・延暦八年（七八九）・承和七年（八四〇）・寛平六年（八九四）・延喜三年（九〇三）・延喜十年（九一〇）・天慶九年（九四六）・応和二年（九六二）・天禄三年（九七二）・天延三年（九七五）・永延元年（九八七）・嘉禄二年（一二二六）などの諸帳を随所に引用しており、康平六年（一〇六三）と承暦四年（一〇八〇）の二通の別当職譲状や惣持の書き加えた私記などと合わせることによって、西琳寺の隆盛・衰退の過程、およびこの寺が戒律の道場へと変貌する経緯を実証的にたどることが可能である。

なお本書の類書に『西琳寺流記』（『続群書類従』釈家部）があり、文中の各所に南北朝期の永和四年（一三七八）より逆算した記述があるので、その頃の成立とみられ、本書成立後の西琳寺の変遷を知る上で参考になる。

四　補論　西琳寺の創建とその歴史的性格

「一縁起事」条の「宝蔵安置金銅弥陀光銘」は、（Ⅰ）書大斯高君とその子の支弥高首、（Ⅱ）もしくは書大斯高君の子の支弥高首が、西琳寺を草創し、支弥高の子の梅檀高首と土師長兄高連・（文首）羊古と（文首）韓会古が塔を建て、宝元五年己未（斉明五年〈六五九〉）に阿弥陀像と二体の菩薩像が制作されたことを伝える。前述（当該箇所の【語注3】）のように、土師長兄高連は西文氏の姻族であり、羊古首と韓会古首の二人は西文氏の一族で、支弥高や梅檀高の近親とみられる。一方、同条の「天平十五年十二月晦日記」は、欽明天皇の己卯年（五五九）の九月七日に、大山上の文首阿志高が諸親族を率いて寺と丈六の阿弥陀仏像を建立したと記している。

西琳寺の草創を欽明天皇の己卯年とすることは時期的にあまりに早すぎ、阿志高が大化五年（六四九）制定冠位の「大山上」を帯することからも、このままでは不都合である。そのため己卯年を干支一巡繰り下げて、推古二十七年（六一九）とする説[4]が有力視されているが、「一縁起事」条の「天暦六年九月廿三日寺牒」にも「右、此の寺、志貴嶋天皇のおほみために堂塔を建立し、相伝す」と記しており、西琳寺の草創を欽明朝とする所伝が奈良・平安期にはかなり浸透していたとみられる。したがって年代の整合性という理由だけで、干支一巡下げることは控えるべきであろう。

西琳寺の建立者は、「宝蔵安置金銅弥陀光銘」の記述に基づくと、（Ⅰ）・（Ⅱ）のどちらの意にも取ることができるが、草創の実情に鑑みるならば、（Ⅱ）の解釈が妥当である。すなわち西琳寺建立の発願者はもともと支弥高首ひとりであったのを、「弥陀光銘」の作成後に、当寺の起源を仏教伝来時の欽明朝に比定しようとする意図から、「天平十五年十二月晦日記」のような所伝が作られ、欽明朝ごろの人物であった支弥高首の父の文首阿志高（書大阿斯高君）が、支弥高首とともに発願者に加わる形へと発展したと推量することができる。その場合、「大山上」は阿志高の冠位ではなく、支弥高か孫の梅檀高のそれ（世代的には後者か）が竄入したと考えなければならないが、己卯年をつじつま合わせ的に推古朝に比定するよりは、このように解した方が合理的であろう。ただ西琳寺の創建年代は、出土した軒先瓦の編年などによると七世紀前半の飛鳥時代Ⅰ期まで遡るから[5]、結果的には草創期が推古朝であったことに変わりはない。

ここで「弥陀光銘」の西文氏の人物群中、書大阿斯高君だけが「首」のカバネを帯びず「君」の尊称を付し、人名に「大」の美称を冠していることに留意したい。この人物は西文氏一族にとって特別の意味を持つ祖であった可能性が高い。すなわち書大阿斯高君は、「書（文）首」の氏姓が確立し、この氏の王権への職務奉仕の体制が整った時期の一族の代表者ではなかったか。すでに別に論じたように、六世紀半ばから後半にかけて、渡来系の有識者を糾合して文筆・記録の任に当たらせるヤマト・カワチのフミヒト（東・西史部）の組織が編成され、西文氏はカワチノフミヒトを率いる伴造職に就任する。西文首（カワチノフミノオビト）の氏姓はそのツカサ（職）に因むもので、ヤマトノフミヒトを率いる東文直（ヤマトノフミノアタイ）の氏姓と対をなす(6)。「天平十五年十二月晦日記」に見える「文首阿志高」は、伴造としての氏姓が定まった後の二次的な表記にほかならない。すると阿斯（志）高が西琳寺の創建者として付加された理由は、仏教伝来時の人物であったこととあわせて、彼が「西文氏」というウジの成立期の族長であり、実質的な始祖の位置を占めていたことに基づくと見るべきであろう。

西琳寺は一般に西文氏一族の氏寺と見なされている。「弥陀光銘」や「晦日記」によれば、姻族とみられる土師長兄高も加わってはいるが、もっぱら西文氏の氏人の手によって建てられた寺院とされ、何よりも「一寺務事」条の文清明の別当職譲状に、「右、彼の寺造立より以降《このかた》、氏人の中《うち》文氏を寺務執行と為し、譜代にあらざる異姓他人の者は、寺務執行無きの寺なり」と記すことが、そのことを強く印象づける。しかし「一縁起事」条の「承安元年七月寺僧慶深常光房記」には、西文氏や清野氏（西文氏より改姓）のほか、巨勢・金集・清内・茅原・板茂の諸氏も寺の造立に関わったように記している。しかも既述（当該箇所の【語注2・3】）のように、彼らの多くは西琳寺所在地の近傍に拠点を持ち、それに加えて金集・板茂の両氏は西文氏配下のカワチノフミヒトに属する氏族である。

さらに「一寺官事」条には「神護景雲二年帳」を引いて、神護景雲二年（七六八）当時の大政人と少政人が蔵田長と武生継長であったと注記する。蔵氏と武生氏は当該箇所の【語注10・11】で述べたように、どちらも西文氏と同じく王仁の後裔と称し、「野中古市人」と呼ばれた百済系のフミヒトであるが、西文氏との同族関係は擬制的に形成されたもので、本来は西文氏とは別族である(7)。ところがこの両氏が政所の別当的な役割を担って西琳寺の経営管理に当たっており、檀越についても、諸帳を引用して浄（清）野・文の西文氏系二氏のほかに、板茂・武生・蔵の三氏の名を挙げている。「一僧宝等事」条の「天平十五年帳」の僧名歴名に見える西琳寺住僧八名も、西文氏の出身者は一名だけで、他は津守（?）・金集史族・依網・県犬養・細川原椋人・高屋・比志貴の諸氏の出身者であった。「一堂舎事」条に見える「岡田堂」や「五間四面堂」の別名「茅原堂」も、憶測の域を出ないが、河内国志紀郡のフミヒトである岡田史や前述の茅原氏（河内国石川郡の草原首か?）のウジ名に因むものと解することができるならば、この両氏がこれらの堂の造営に関与した事実を想定することが可能であろう。

氏寺を通説的な概念に基づき、「氏族の族長・氏上が建立し、その子孫により帰依相伝せられた寺」と規定すると[8]、西琳寺はその条件を十分に満たしているとは言いがたい。栄原永遠男は「弥陀光銘」に「宝元五年己未正月二、、、種智識敬造二弥陀仏像并二菩薩一」とあることに着目し、西琳寺が知（智）識の力を結集して造立された知識寺的性格を有する事実を推測するが[9]、これは妥当な見解であろう。西琳寺の造営・管理に関与した西文氏以外の諸氏を整理すると、①河内国古市郡やその近在の地に拠点を持つ一族（武生・蔵・土師・板茂・金集・清内・茅原（?）・依網・県犬養・細川原椋人・高屋・岡田）、②カワチノフミヒト系諸氏（武生・蔵・板茂・金集・岡田）、③渡来系（フミヒト系を除く）諸氏（依網・細川原椋人（?）・比志貴（?））に分類することができ、この寺が西文氏を中心として、西琳寺の周辺地域を居所とした在地土豪系・フミヒト系・渡来系諸氏の協力のもとに建立された寺院であったことが知られるのである。

「一寺務事」条末尾の物持の私記に、弘長三年、興福寺都維那の範祐から西琳寺別当職を買い取り、五人の荘官と「一味同心」して名字を住持三宝に寄進したとされる源憲俊と憲経の二人は、当該箇所【語注6】に述べたように、本姓が「高屋」であり、「天平十五年帳」の西琳寺上座僧神照を出した高屋連の後裔に当たる氏族と推察される。そうすると高屋氏は、少なくとも天平期から弘長期まで五百年以上にわたって、何らかの形で西琳寺との関係を保っていたことになり、この寺が本来、知識寺的側面を有する寺院であったことを示す一証左となろう。

かように見ると、文清明の別当職譲状に、寺の造立以来、文氏が寺務執行権を掌握していたとし（前述）、明昭の別当職譲条に「代々別当職は氏人の中から選任せらるるなり」と記すことは、必ずしも創建期から続くこの寺の実情を正確に伝えたものかどうか疑わしい。寺院別当制が施行される時期は延暦末年になってからであるが、西文氏が寺務のほとんどを独占する体制が整うのは、西琳寺が急速に衰退する九世紀後半～一〇世紀初頭以降ではなかろうか。それは西文氏の地位が優位になったからではなく、寺勢の退潮にともない、従来、西文氏とともに西琳寺の維持・管理に当たっていた諸氏の多くが、必然的に寺の運営から身を引いた結果と理解すべきであろう。

西琳寺は大阪府羽曳野市古市二丁目（令制下の河内国古市郡古市郷）に所在。古代の西琳寺の法燈を継ぐ同名寺院が同所にあり、現在の境内はかつての西琳寺の一部に当たる。古代の東西幹線道路の丹比道（竹内街道）と南北幹線道路（東高野街道）が古市の地を通過するが、この両古道は西琳寺寺地の西南隅で交叉しており、西琳寺はまさに河内の交通の要に位置する。石田茂作は西琳寺を飛鳥時代中期以降に創建の法起寺式伽藍配置を持つ寺院と推定し[10]、その後、大阪府教育委員会や羽曳野市教育委員会の調査により、この寺の古代の景観が次第に明らかになってきた。いま『羽曳野市史』により、その成果をまとめると[11]、次のようになる。

塔心礎は上方が平らで下方が狭まった巨大な花崗岩（長辺三・二メートル、短辺二・八メートルの方形、高さは一・九五メートル）から成り、上面中央に直径七五センチメートル、深さ四一センチメートルの円孔を穿って柱穴とし、四方に突出した添柱穴を設けている。柱穴の底面に「刹」の字が刻まれているが、創建時のものかどうかは不詳。一九五五年と一九七八年の調査で、寺域南西部において回廊跡と判断される根石が確認された。一九七九年の調査では、寺域の北限に当たるとみられる溝を検出。その結果、東西・南北とも一五〇メートルの範囲を寺地とし、主要伽藍を囲む回廊は東西七一メートル、南北四九メートルの長方形であること、西に金堂、東に塔を配した南面する法起寺式伽藍配置の寺院であることが判明した。

また出土した軒先瓦の分類に基づき、上田睦は西琳寺の造営に四つの画期があったことを指摘し、そのうち第一期と第二期は推古朝と斉明朝に該当し、『西琳寺文永注記』に記す伽藍造営の変遷とよく符合すること、第三期は西文氏の一族の書首根麻呂が戦功を挙げた壬申の乱の時期に当たるとし、根麻呂が中心となって寺の拡充・発展がはかられたと推定する。(12) 続く第四期は桓武天皇の学問の師であった等定が大鎮僧としてこの寺を統轄した時期と一致するが、前述(「一堂舎事」条【語注2・6】)のごとく、「天平十五年帳」の作成以降に建造された堂舎が少ないことから、華厳教学の大家で、西文氏一族の出身とみられる等定のもとで、(13) 西琳寺はさらに発展を遂げたと推測することができよう。

注

(1) 細川涼一「西琳寺惣持と尼――中世律宗と『女人救済』――」(シリーズ女性と仏教2『救いと教え』平凡社、一九八九年所収)を参照。
(2) 石田茂作『飛鳥時代寺院址の研究』(聖徳太子奉讃会、一九三六年)。
(3) 荻野三七彦「河内国西琳寺縁起に就いて」(『美術研究』七九号、昭和十三年)。
(4) 井上光貞「王仁の後裔氏族と其の仏教」(『史学雑誌』五四編九号、一九四三年)、『羽曳野市史』第一巻本文編1(吉田晶担当執筆、二〇〇七年)ほか。
(5) 羽曳野市教育委員会『古市遺跡群』一一・一二(一九九〇・一九九一年)。

（6）加藤謙吉『大和政権とフミヒト制』（吉川弘文館、二〇〇二年）。
（7）同右。
（8）『国史大辞典』の「氏寺」の項の説明（田村圓澄執筆）。
（9）栄原永遠男「興道寺廃寺の規模と関係氏族」（美浜町シンポジウム記録集5『ここまで分かった！興道寺廃寺』〔美浜町教育委員会、二〇一一年〕所収）。
（10）石田茂作『飛鳥時代寺院址の研究』（聖徳太子奉讃会、一九三六年）、同「河内国西琳寺伽藍の復原」（『日本美術工芸』一二四号、一九四九年）。
（11）『羽曳野市史』第三巻史料編1（北野耕平執筆、一九九四年）。
（12）羽曳野市教育委員会『古市遺跡群』一〇・一一（一九八九・一九九〇年）所収。
（13）佐久間竜『日本古代僧伝の研究』（吉川弘文館、一九八三年）。

あとがきにかえて

――増尾伸一郎氏と成城大学民俗学研究所共同研究――

北條勝貴

二〇一四年七月、増尾伸一郎氏が亡くなった。もともとの専攻は日本古代史だが、とにかく〈越境〉の権化のような人であり、主に説話・伝承研究の関連から、中国、韓国、ベトナムへと翼を広げ、仏教の疑偽経典や道教、陰陽道も専門とした。〈学際〉という堅苦しい言葉にはこだわらずに、天才的な嗅覚と旺盛な好奇心で他の学問との境界を軽々と飛び越え、人と人、団体と団体を結び合わせて新しい研究動向を創り出してゆく。氏の魅力的な笑顔や雑学溢れる談論、面倒見のよい人柄を媒介にして、初めて成り立っていた研究者のネットワークも多かったと思われる。

成城大学民俗学研究所の共同研究においても、増尾氏の存在は絶大だった。一九九九年から続くその成果をまとめた論文集で、氏は、「今の時の深く智れる人――景戒の三教観をめぐって――」(『日本霊異記を読む』吉川弘文館、二〇〇四年)、「源為憲と初期天台浄土教――慶滋保胤との対比を通じて――」(『三宝絵を読む』同、二〇〇八年)、「藤氏家伝の成立と懐風藻」(『藤氏家伝を読む』同、二〇一一年)の三点の論考を寄稿している。その研究史的価値については今さらいうまでもないが、氏でなければ到底見出しえない斬新な視角とアイディアは、報告の度に私たちを驚嘆させたものだった。また、他のメンバーの報告に対する指摘・教示も極めて的確で、共同研究自体の方向性、論文集の書名や構成を考える際にも、彼の優れた意見が多く指針となった。まさしく、増尾氏は本共同研究のまとめ役であり、牽引者だったのである。

二〇一一年度から始まった今回の「寺社縁起の研究」研究会においても、そのことは変わらなかった。氏は、自身の提言により主要な研究対象となった醍醐寺本『諸寺縁起集』から、とくに「子嶋山寺建立縁起」を選び、謎に満ちた子嶋寺の原像に迫ろうとして、以下四回の報告を行っている。

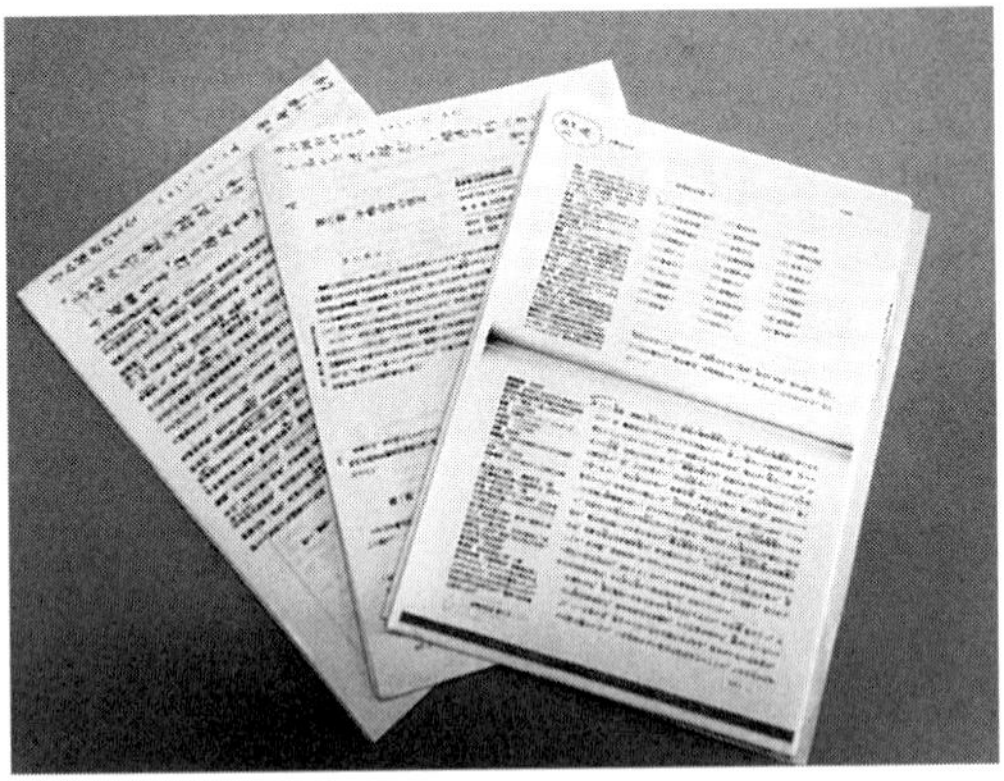

増尾伸一郎氏の報告資料

二〇一一年十月二十五日　「子嶋山寺建立縁起大師伝」

二〇一二年六月二十六日　「『子嶋山寺建立縁起』と関連史料」

二〇一三年九月二十四日　「子嶋山寺建立縁起と清水寺縁起」

二〇一四年六月十七日　「子嶋山寺縁起と清水寺」

手許に遺されたレジュメによると、第一回目の報告では、「子嶋山観覚寺縁起」、『本朝神仙伝』行叡居士・教待和尚・報恩大師、『元亨釈書』巻九 釈報恩、『今昔物語集』巻一一―三二など、すでに関連史料が網羅され、「子嶋山寺建立縁起」の試訓も提示されている。第二回目の報告では、先行研究として逵日出典氏の論考が検討され、

『日本霊異記』巻上―二六に見える「法器山寺」の記述や、『延暦僧録』巻二 長崗天皇菩薩伝の関連記事について論究がある。第三回目の報告では、『扶桑略記』延暦十七年七月二日条所引の「清水寺縁起」のほか、「清水寺建立記」、「清水寺新造堂願文」などが取り上げられ、延鎮・行叡・報恩らの活動を手がかりに、子嶋寺と清水寺との関係が追究されている。第四回目の報告では、『高取町史』とたなかしげひさ氏の論考が先行研究として検討されたほか、同年三月に、今は無住となっている奈良県上子島の南清水寺周辺を踏査し、資料収集に当たった折のことが発表の中心となった。増尾氏のレジュメは、常に切り貼りの引用史料が大半を占め、考察の概要についてはほとんど記されていないのだが、報告の語り口は立て板に水を流すようで、見たこともない文献が紹介されているのも魅力であった。しかし、最後の報告のレジュメはほぼ論文や道路地図のコピーのみで、当時、「かなりお忙しそうだな」との感想を抱いた記憶がある。氏の訃報に接したのは、それからわずか一ヵ月後のことだった。

子嶋寺に関する研究は、現在まったく進んでいない。増尾氏の論考が完成していれば、同寺はもちろん、清水寺や南法華寺（壺阪寺）、山岳寺院研究全般に新風が吹き込まれたことは間違いない。しかし、氏の調査や考察がひとつの論文として実を結ぶことは、永久になくなってしまった。

本論文集に、編者でもある増尾氏の論考が掲載されていないことは、本当に残念でならない。しかし、氏の研究会における活躍の痕跡は、この書物の至るところに確認できるはずである。

あとがきにかえて

――成城大学民俗学研究所共同研究「寺社縁起を読む」について――

小林真由美

本書は、成城大学民俗学研究所の共同研究「寺社縁起を読む」（二〇一一～二〇一四年度）の成果報告である。これまでに、この共同研究と共通するメンバーによって、成城大学民俗学研究所の共同研究を三次にわたって行った。その成果として、『日本霊異記を読む』（小峯和明・篠川賢編、吉川弘文館、二〇〇四年）、『三宝絵を読む』（小島孝之・小林真由美・小峯和明編、吉川弘文館、二〇〇八年）、『藤氏家伝を読む』（篠川賢・増尾伸一郎編、吉川弘文館、二〇一一年）を刊行した。この三つの共同研究は、一つのテキストを、日本史・東洋思想史・国文学・美術史などの多分野から読むという学際的研究を目的としたものであった。

十年以上にわたる三つの共同研究を終えたことを一つの締めくくりとし、次の新たな研究テーマとして持ち上がったのが、寺社縁起研究であった。本書「総論　寺院縁起の古層」（藤巻和宏）の中に述べられているように、寺社縁起は、一九九〇年代頃から文学研究の対象としても注目されるようになり、当共同研究のメンバーが共通して関心を抱いていたものであった。多種多様に存在する寺社縁起を共同研究として読むにあたって、研究の方法を統一することになり、テキストはそれぞれが選択をするが、注釈的研究を基本に据えて、テキストの史料的価値を再検討するという方向性に定まった。その際に、増尾伸一郎氏が、醍醐寺本『諸寺縁起集』について、『校刊美術史料』（藤田経世編、中央公論美術出版、一九七二年）以後のテキスト研究がほとんどないため、注釈的研究の意義が大きいことを指摘された。そのことが共同研究中の小共同研究というべき「醍醐寺本諸寺縁起集注釈抄」執筆の契機になった。

研究報告会はほぼ毎月行われ、共同研究四年目の二〇一四年の七月まで続けられた。毎回、共同研究の一員である中川久仁子氏に連絡や資料の手配と配布などの労を取っていただいた。成城大学民俗学研究所には醍醐寺本『諸寺縁起集』の昭和五年のコロタイプ版複製（一七冊）を購入していただいた。一〇〇部しか刊行されなかったという複製本を研究所の蔵書に入れていただき、調査作業の効率が大きく向上した。そのほかにも常にご協力をいただいてきたことに感謝を申し上げる。

また、刊行を快く引き受けてくださった法藏館と、いつも細やかな配慮をくださった編集担当の田中夕子氏に厚くお礼を申し上げる。

本書編者の一人である増尾伸一郎氏の急逝の知らせを受けたのは、最後の研究報告会から十日後の、平成二十六年七月二十五日であった。私たちは、いまだ増尾氏の不在を受け入れられていない。ただ心より深く、増尾伸一郎氏に感謝を捧げる。

平成二十七年三月

執筆者紹介〈掲載順。編者は奥付に掲載〉

藤巻　和宏（ふじまき　かずひろ）
一九七〇年生まれ。近畿大学文芸学部准教授。主な編著書に藤巻和宏編『聖地と聖人の東西——起源はいかに語られるか——』（勉誠出版、二〇一一年）等がある。

冨樫　進（とがし　すすむ）
一九七三年生まれ。東北大学大学院文学研究科助教。主な著書に『奈良仏教と古代社会——鑑真門流を中心に——』（二〇一二年、東北大学出版会）等がある。

藤井由紀子（ふじい　ゆきこ）
一九六三年生まれ。同朋大学仏教文化研究所研究員。主な著書に『聖徳太子の伝承——イメージの再生と信仰——』（吉川弘文館、一九九九年）等がある。

北條　勝貴
奥付に記載

磯部　祥子（いそべ　しょうこ）
一九六七年生まれ。成城大学非常勤講師。主な論文に「『三宝絵』における橘奈良麻呂像」（小島孝之・小林真由美・小峯和明編『三宝絵を読む』吉川弘文館、二〇〇八年）等がある。

小林真由美
奥付に記載

榊原　史子（さかきばら　ふみこ）
一九七一年生まれ。成城大学民俗学研究所研究員。主な著書に『『四天王寺縁起』の研究——聖徳太子の縁起とその周辺——』（勉誠出版、二〇一三年）がある。

水口　幹記（みずぐち　もとき）
一九七〇年生まれ。藤女子大学文学部准教授。主な著書に『古代日本と中国文化——受容と選択——』（塙書房、二〇一四年）等がある。

加藤　謙吉（かとう　けんきち）
一九四八年生まれ。成城大学・中央大学兼任講師。主な著書に『大和政権とフミヒト制』（吉川弘文館、二〇〇二年）等がある。

【編者】

小林真由美（こばやし　まゆみ）
1963年生まれ。成城大学文芸学部准教授。主な著書に『日本霊異記の仏教思想』（青簡舎，2014年）等がある。

北條　勝貴（ほうじょう　かつたか）
1970年生まれ。上智大学文学部准教授。主な編著に『環境と心性の文化史』上・下（共編著，勉誠出版，2003年）等がある。

増尾伸一郎（ますお　しんいちろう）
1956年生まれ。東京成徳大学人文学部教授在職中，2014年7月急逝。主な著書に『万葉歌人と中国思想』（吉川弘文館，1997年）等がある。吉川弘文館より『日本古代の典籍と宗教文化』が2015年夏に，汲古書院より『道教と中国撰述仏典』が2015年秋に刊行予定。

寺院縁起の古層——注釈と研究——

二〇一五年三月三一日　初版第一刷発行

編　者　小林真由美
　　　　北條　勝貴
　　　　増尾伸一郎
発行者　西村　明高
発行所　株式会社　法藏館
　　　　京都市下京区正面通烏丸東入
　　　　郵便番号　六〇〇-八一五三
　　　　電話　〇七五-三四三-〇〇三〇（編集）
　　　　　　　〇七五-三四三-五六五六（営業）

装幀者　高麗隆彦
印刷・製本　中村印刷株式会社

ISBN978-4-8318-5730-9 C3015

考証　日本霊異記　上　本郷真紹監修　山本　崇編　八、〇〇〇円
日本霊異記と仏教東漸　多田伊織著　一二、〇〇〇円
平安時代の寺院と民衆　西口順子著　八、七〇〇円
沙石集の構造　片岡　了著　一〇、〇〇〇円
神仏と儀礼の中世　舩田淳一著　七、五〇〇円
中世日本紀論考　註釈の思想史　原　克昭著　一二、〇〇〇円
聖地の想像力　参詣曼荼羅を読む　西山　克著　三、二〇〇円
普通唱導集　翻刻・解説　村山修一編　五、五〇〇円
薬師寺所蔵　黒草紙・新黒双紙　奈良文化財研究所編　一〇、〇〇〇円

法　藏　館　　価格は税別